浙江智库
ZHEJIANG THINK TANK
浙江师范大学非洲研究院

非洲区域国别学系列丛书
总主编 / 刘鸿武
非洲法律翻译及研究丛书
主 编 / 吴 卡

非洲联盟法
一个自成体系法律秩序的兴起

[英] 奥卢菲米·阿矛 / 著　　吴卡 / 译

African Union Law
The Emergence of
A Sui Generis Legal Order

Olufemi Amao

Routledge
Taylor & Francis Group
法律出版社 LAW PRESS
北京

著作权合同登记号
图字：01－2021－0740

国家社科基金重大项目《“五位一体”构建中非命运共同体的战略路径探索与实践创新研究》
（21ZDA129）

非洲区域国别学系列丛书总序*

一、编纂非洲区域国别学系列丛书的缘起

在“区域国别学”从学术边缘走向学术前沿的历史进程中，浙江师范大学非洲研究学术团队，一直发挥着某种特殊而关键的前沿探索、基础搭建、体系建构等开拓、引领作用。多年来，我们以非洲大陆及其上的54个国家为对象，进行重要的“区域国别”研究，扎根于斯、行走于斯、创作于斯，逐渐在实践中探索出了一条具有知识原创性、学理建构性、实践指导性的区域国别学建设之路，形成了“学科建设为本体、智库服务为功用、媒体传播为手段、扎根非洲为前提、中非合作为路径、协同创新以赋能”的“六位一体”的实践路径，以及中非学者紧密合作、双向推进“中国非洲学”和“非洲中国学”的发展模式。

2021年，国务院学位委员会发出《关于对〈博士、硕士学位授予和人才培养学科专业目录〉及其管理办法征求意见的函》，将“区域国别学”列为新增“交叉学科”门类首批6个一级学科之一，这是中国高校学科建设的一个具有方向性启示意义的重要调整变化，表明国家与时代对“区域国别学”之重要性有了更高的认可与期待。在此背景下，以创新举措与务实方式建设好“区域国别学”，既是时代赋予中国学人的新使命，也是中国高校

---

* 本序原为刘鸿武的《中国特色区域国别学的建设目标与推进路径》一文，载《大学与学科》2022年第3期，此处有改动。

学科创新建设的重大前沿领域，在此方面尚有许多重大的实践与理论问题有待中国学人去探索，去实践。

中国古人治学，常说“著书立说”，当“有典有册”，将多年积累的学术成果编辑成册并结集出版，将无形的知识与思想用图书形式固定下来，以便跨越时空的保存、收藏与传播，正是所谓“文献名邦”以书香浸润天下、感化后人、泽被万世。可见著书立说实为学术传承与发展的基础，虽然今日电子信息时代，图书也非学术传承之唯一形态，但从学术发展的长远考虑，重视专业学科建设中的系列图书出版，依然是学术累积、学派形成、品牌建构的不可或缺的途径。

不过，成书并累积成系列、成文库、成大典，实非易事，当有专人作规划、推动，举凡经费之筹措、编纂之实施、校编之完善，环环相扣，缺一不可。事实上，早在2007年9月浙江师范大学非洲研究院创立之初，我们就在《光明日报》首次发布了面向海内外的《浙江师范大学非洲研究文库》编纂通告，一时响者甚众，那以后的十五六年，我们这一非洲研究文库坚持高起点、国际化原则，汇集海内外中非学者资源，先后推出“非洲当代发展研究”“非洲重点区域与领域研究”“非洲通史与国别史研究”“非洲教育与中非教育合作”“非洲经济与中非经贸合作”“非洲艺术与文化研究”“面向非洲国家的中国改革开放与发展实践研究”等系列，其中有的系列还获得国家出版基金的立项资助，保证了图书的顺利出版。此外，过去10多年，通过协同创新的方式，浙江师范大学校内其他相关学院如经济与管理学院、外国语学院、法学院、国际文化与社会发展学院等，也陆续编纂出版了各自学科领域涉非著(译)作数十种。这样，截至2023年，浙江师范大学学术团队组织编纂出版的聚焦非洲的各学科领域著(译)作，累计已超过200部，成为进入21世纪以来全国编纂出版的规模最大的非洲研究成果集成。

为更好推动非洲区域国别学学科建设与人才培养事业的发展，2023

年年初，经多方论证，浙江师范大学决定在过往基础上，启动新一轮更加专门化的“非洲区域国别学系列丛书”大型编纂工程，以求进一步拓展研究领域，增加系列类型，提升成果的学科化和专门化水平，并在《光明日报》再次推出《非洲区域国别学系列丛书》编纂征聘通告，面向海内外征聘遴选非洲区域国别学著作，以非洲区域、非洲国别、非洲专题的形式，再次集结为非洲区域国别学研究的新十大系列丛书，以形成既具备学科覆盖面与系统性，又各具特色、重点突出的非洲区域国别研究成果，打造非洲区域国别学知识群落，为中国区域国别学建设探索新路径，提供新模式，树立新标杆。

“著书不为稻粱谋，惠及民生方为高。”一时代有一时代之学术，学术作为时代的窗口，往往与时代演化交互作用。纵观当今之世界，多元文化碰撞激荡，各种思潮往来竞逐，世界百年未有之大变局使人类面临的问题和挑战越来越复杂，世界比以往任何时候都更迫切地需要建构起一种人类共建、共通、共享的知识、思想与文化体系，从而让人类以更加理性、主动、积极的方式，携手相向而行，采取共同行动，塑造共同利益，担当共同命运。在构建这样一种人类共享知识体系的过程中，中国可以也应该发挥更多建设性作用。有中国特色和精神气度的新兴交叉学科“区域国别学”作为一门行走世界、认识寰宇、服务天下的学科，自当在当今世界复杂背景下发挥积极作用，以学术服务于中国之治和世界之治，进而推进人类命运共同体之建构。我们当由此背景和高度上来理解“中国特色区域国别学”建构的时代意义，并寻求开阔通达的前行目标与推进路径。

从战略层面上看，中国特色区域国别学是助力建设和谐美好世界的“人类命运共同体建构之学”，是对冲、消解、替换维护西方特权霸权“冷战知识体系”的“人类共建共通共享知识体系建构之学”。从学科层面上看，建构区域国别学对中国高校创新发展也有特殊意义：一是有助打破学科壁垒，破解“内卷”困局，推动高校学科建设的融合发展；二是有助搭建对外桥梁通道，推动中国高校学科建设的国际化进程，提升中国高校的国际影响力；三是有助延伸大学知识的价值链，使一流学科兼具特色智库功能。

概言之，中国特色区域国别学的逻辑起点、推进路径和最终归属，都必须努力融入国家与时代的发展大潮。在此方面，浙江师范大学非洲区域国别学"'六位一体'集成建设"的实践探索，或许可为全国高校区域国别学建设提供某种路径参考。

二、区域国别学的概念阐释与内涵解读

作为一门新兴的、建设中的实践性学科，我们对"区域国别学"的基本定义做这样的表述："区域国别学是一门聚焦于特定的地域性问题的综合性、交叉性、实践性的新兴学科，它重视自身创造知识与思想形态的地域适应性和时空关联性，重视从特定地域时空结构上来开展适宜性研究，通过建构综合性与适地性的知识体系，努力形成对这一特定区域的一般性、普遍性、特殊性问题具有解释力、运用性、操作性的集成化的区域国别学学科群落与知识体系，以为天下治理之大用。"①

这里，我们对上述定义做一些分析解释。

第一，我们说区域国别学"聚焦于特定的地域性问题"，这是相对于以往那些"聚焦于领域"或"聚焦于专业"的学问而言的。所谓"聚焦于领域与专业"的学问，包含了诸如聚焦于经济问题的经济学、聚焦于政治问题的政治学等；而"聚焦于某个特定的区域、地域、地区、地方，并对这个区域作整体性综合性专门化研究"的区域国别学，则包含如"聚焦于非洲问题的非洲学""聚焦于中东问题的中东学"等。至于"被聚焦的地域"，则可以依研究之需要而有大有小，大者如洲际规模的"非洲""亚洲""拉丁美洲"，小者如次区域的"非洲大湖地区""中南半岛""巴尔干半岛""加勒比海地区"等。这些或大或小的"区域""次区域"往往都具有问题的区域关

① 刘鸿武：《中国区域国别之学的历史溯源与现实趋向》，载《国际观察》2020年第5期。

联性与整体性，可以作为具有内在联动性的“单位”进行综合观察、专门分析与系统研究。从这个意义上说，所谓的“国家”，也是一个“区域”，一个“地方”，如中国这个区域、印度这个地方，我们可以把国家作为一个“整体”来研究观察，形成关于中国、关于印度的知识体系与理论成果。总体上说，区域国别学是聚焦于某个特定地域上的学问。

第二，区域国别学是一种新时代中国学术与思想发展的策略路径，通过它的创新发展与实践，并交叉整合于其他学科，必将大大有助推动今日中国之学术发展与学科建设更多地传播到世界上不同区域、不同国家，从而使传统的“聚焦于领域专业之学”（如经济学、政治学、历史学）与新兴的“聚焦于地域国别之学”（如非洲学、中东学、拉美学、南亚学）两大知识领域，得以相辅相成，进而让我们对今日之大千世界的各个区域、各个国家、各个民族，看得更清楚，说得更明白，解释得更完整，合作得更有效。

第三，所谓“重视自身创造知识与思想形态的地域适应性和时空关联性，重视从特定地域时空结构上来开展适宜性研究”，是指通过“聚焦于特定区域的知识与学问”而形成的种种知识体系与思想形态有一个突出特点，即这些知识与思想必定与其研究的特定区域相关联、相适应，这些知识与思想只能产生于对这一特定区域的长期观察、体验、分析、思考和研究的过程中，而不是产生在其他地方，更不是产生在长期远离研究对象之时空的学者的“沙发”上。区域国别学不是在远离研究对象区域、远离研究对象具体时空环境的“真空”中作抽象概念推演而形成的各种空泛假说与虚浮臆想。区域国别研究者所形成的知识与思想，必须产生并适应于这一特定区域、地方和地域的鲜活实际情况，经得起在这一特定区域的实践查证、检验和追问。

第四，通过上述努力，“形成对这一特定区域的一般性、普遍性、特殊性问题具有解释力、运用性、操作性的集成化的区域国别学学科群落与知识体系”，这里包含三层意义：一是学者的知识创造与思想探索，可以用来很好地解释、解答其所研究的特定区域、特定国家、特定地方的一般性、普遍性、特殊性问题;二是这样的知识与思想不是分散的、局部的、零落的,而是集成化的、整体的、系统的,是一个关于特定区域、特定国家、特定地方的集成化的知识群落与知识体系;三是人们也可以运用这些知识与思想来指导、支撑、帮助他们去认识和解决特定地方的各种复杂问题,即所谓"学可以用,智可以启"。

第五,"一方水土养一方人",一方水土也养一方学人,成一方学问。比如研究贫困问题,一般性的经济学家可能更多是从普遍的、抽象的、理念的层面,来分析贫困的原因,解释贫困的根源,但区域国别学研究者则有所不同,其针对具体的地区、国别实际做出的具体研究,当特别呈现知识与思想的可操作性、可运用性和可实践性,凸显与研究对象特殊形态相关联的知识针对性。贫困是人类社会的"顽疾",但贫困的发生与解决,在不同的区域、国别、地方会有不同的根源和表现,也需要不同的对策和举措。现实生活中,非洲的贫困与中东的贫困,尼日利亚的贫困与坦桑尼亚的贫困,一定有所不同,呈现地方特殊性。如果要用知识去帮助解决不同地方的具有特殊根源与表现的贫困问题,我们就必须深入这些不同的国家、不同的区域、不同的地方,去真实地、具体地、全面地研究当地贫困的实际情况,方可从空洞的概念推演落地到真实的生活大地上来并付诸实践,避免犯纸上谈兵、本本主义、教条主义的错误。如此,知识才会是有用的、能用的、管用的。

第六,区域国别学是一个集成化的学科群落与知识体系,是一个用于国家治理、天下治理的实践知识体系。在某种意义上,区域国别学既可以称为"交叉学科",亦可以称为"博物学科",因其"集成化"的知识体系与知识群落,我们说区域国别学本是一个"博学"的知识形态,它需要将研究对象的各类知识统筹、汇聚起来,形成纵横交错、层叠相加、相互印证的集成化知识群落,方可获得对于特定区域国别的系统化、整体化、通识化的把握,求得对一区域国别复杂问题的统筹通揽,即所谓“认得大体、辨得大局、把得大势、成得大业”。

第七,从实践的角度看,区域国别学是一个实践的过程,是一门实践性、操作性突出的新兴学科。它既是综合交叉、跨学科的,又是个体经验、个体实践的。我们经常讲,区域国别学是培养研究对象的“国别通”“区域通”。“通”者,通古今之变、通天人之际、通史地之源、通中外之交,打通知识体系,方可纲举目张、把握潮流、辨识大局,从而顺势而为,因势利导。从实践操作角度上看,这个“区域国别”无论是大是小,我们都可以把它作为一个特定的“区域”来作整体性研究,通而观之,集化成识。就此来说,“学科交叉”之起步只是初始形态,“交叉学科”之建成才是完成形态。也就是说,通过学科之交叉而形成交叉之学科,集众学科之大成而深度融合,汇通众人之博识而得“集成化的学科群落”,方是作为“交叉学科”的区域国别学之真正完成。

第八,区域国别学之研究路径方法有两个重要维度,就是需作时间和空间的综合把握与宏观认识并落地生根。从事区域国别研究,一定要到对象国去,扎根于对象国特定的环境、时间和空间,重视研究对象特定的历史进程与时间关系,重视研究对象的环境背景、基础动力和演进过程。先说事、后论理,论由史出,因事求理。简言之,区域国别学要能把对象的事情说得很清楚、讲得很明白,每当世界上某个地方发生事件时,我们的区域国别研究者能够“摸得到路,找得到人,说得上话,办得成事”,在相关研究成果与专业人才方面确保“国家用得上、部委离不开、队伍靠得住、建议可信赖”。作为一门接地气、能运用、可操作的“行动之实学”,区域国别学要从“概念之虚学”里走出来,脱虚向实。总体而言,区域国别学是一门“研实际、求实理、重实践、做实事、育实才、务实效、得实功”的“七实之学”。

第九,区域国别学并非新事物,也非舶来品,“周虽旧邦,其命维新”。中国有深厚的区域国别的学术传统与实践积累,历史上的中国不仅要处理好国内东西南北间复杂多元的民族、种族与文化关系，而且作为一个周边国家、民族和文化极其复杂多样的洲际规模的大国，中国自上古之时起就特别重视对中原与边疆、华夏与四夷、本国本族与他国他族之复杂关系的认知，从而形成了丰富而久远的中国区域、地理、环境、民族和文化等不同维度的知识传统和治理经验。中国最早一部有关区域研究的经典之作是孔子整理的《诗经》。《诗经》之十五国风，就是当时通过田野调查、民间采访所获得的国情、区情或民情。按孔子的理解，这些资料可观民情、听民声，从而美教化、移风俗、施良策、治天下。汉代以后，中国知识思想体系渐趋成熟，班固撰《汉书》，专门设《地理志》之部，承继《诗经》十五国风的传统，推论自黄帝以来至汉初的国家疆域沿革变迁、政区设置和治理特点。这一传统后世连绵传承，促成中国古代史上形成了发达的具有资政治国意义的“疆域地理学”或“政区地理学”。除正史外，发达的方志学、郡国志、地理志也是中国“区域研究”重要的知识传统。国家治理、社会协调和区域管理都强调“入乡随俗”，要“因地制宜”“到什么山唱什么歌”，这些思想传统都十分重要且有价值。

第十，从“分散的、个体的、分割的区域国别研究”提升到“集成化的、学科化的、体系化的区域国别学”，这是区域国别学作为一门新文科建设成长的基本方向和应有之义。一般来说，“区域国别研究”与“区域国别学”两个概念在许多时候是可以换用的，“区域国别研究”这一概念的内涵十分明确，无须特别解释，凡一切与区域国别有关的研究活动、研究领域和研究内容都可总归其门下，而“区域国别学”则有所提升，它更加突出了学科主体性、学理建构性、知识系统性和理论专业性，更多地关注区域国别研究的理论旨趣、学科路径、体系建构和方法创新，重在探索学科表现形态的某些普遍性、基础性问题。

三、世界百年未有之大变局下中国学术的志向担当

当前，国家重视中国特色区域国别学的学科建设。近年来，党中央提

出对内要铸牢中华民族共同体意识，对外要推动构建人类命运共同体、建构新型国际关系。为此，必须要有能支撑、解释和服务这一命运共同体和新型国际关系的人类共建、共通、共享的知识体系、思想理念与行动智慧。但是，这一知识体系不会凭空而降，也不能由某一区域、某一国家的知识来充当普遍性的人类知识。过去百年，尤其是冷战结束以来，西方的本土知识逐渐传播于全球，包括西方对于非西方世界的认知与研究所形成的知识形态，一度被冠以所谓"普世主义"的光环，并在相当大的程度上主导或支配了人类的知识形态，给世界的知识创造和人类的相互关系带来许多矛盾和冲突。这是今日世界动荡不安、冲突迭起的一个非常重要的思想与知识根源。②

然而，人类社会面临的问题和挑战越来越复杂，没有任何一个国家的区域国别知识可以应对全球挑战。中国特色区域国别学，是中国学者与世界各国学者通过共同合作、平等对话、海纳百川而成之学，并非中国一家所独建独占，更不是要用中国的区域国别知识去替代西方的区域国别知识而成为另一个自封的"放之四海而皆准"的知识。中国特色区域国别学建设的出发点与目标宗旨是，通过推进开放包容、兼收并蓄的世界各个地区、各个国家、各个民族的共建、共通、共享的人类知识体系的努力过程，来与世界人民一道共同创造一个真正具有全球性包容吸纳特征的人类新知识体系。

就此来说，今日中国特色区域国别学建设中要做的一件事情就是，把西方世界近代以来创造的所谓的"普世知识"，总体上重新"还原"为"欧美的区域国别知识"或"美西方的区域国别学"，从而让我们得以历史地、理性地看待其成就与不足，取其精华，去其糟粕，而这正是今日中国学术思想界"重新认识欧美"的另一次思想解放与学术自觉过程的开始。

---

② 参见刘鸿武:《中国区域国别之学的历史溯源与现实趋向》，载《国际观察》2020 年第 5 期。

长远来看，中国特色区域国别学之建设必须花大力气来广泛而充分地汲取、开发、继承、扬弃古往今来世界各个国家、各个民族、各个区域的传统知识和现代智慧。在这个基础上，通过平等对话、多元交流，如江河入海，综合创造出超越个别区域、个别国家范畴的人类共建、共通、共享的知识体系，从而让人类以更加理性、主动、积极的方式，相向而行，采取共同行动，塑造共同利益，担当共同命运。

从这个意义上来说，中国特色区域国别学是建设和谐美好世界、构建人类命运共同体之学，它也必须是应对中国与世界所需的"问题导向之学"，而不是"对标西方理论之学"。中国特色区域国别学需要正本清源、校正前行方向，从过往的西方概念、理念、模型导向的研究，转向服务时代、服务国家，解决现实问题的自主创新研究，从"用中国和发展中国家材料去印证阐释西方理论的依附研究"转向"基于自身实践考察而建构自主理论知识体系的创新研究"，从书斋论道、自说自话的"闭门书生"式的研究转向扎根大地、起而立行、知行合一的开放研究。

我们知道，当今世界正处在南北力量、东西力量对比转换前的复杂相持阶段。在这个阶段，一是美西方维持其全球霸权和特权的决心与力度不断增大；二是当前南方国家和亚非拉国家总体上尚未形成合力，且被分化的趋势还在加强。但无论如何，整个非西方世界的崛起和南方国家的发展是世界历史之大势。在这种情况下，中国的战略思想和知识创造需要有超越美西方的更高远的追求，需要统筹好中华民族伟大复兴战略全局和世界百年未有之大变局，开展协同研究，从知识层面上为对内铸牢中华民族共同体意识、对外构建人类命运共同体作出特殊贡献。

为此，今天中国战略思想知识界必须要"有破有立"："破"者，破"美西方冷战知识体系"之高墙深壕；"立"者，立构建人类命运共同体知识体系之开阔平台。简言之，就是要从过去几十年美西方主导的冷战知识体系肆虐传播的旧形态，过渡到人类命运共同体知识体系建构传播的新形态，这是当前中国哲学社会科学努力发展的重大方向，更是区域国别学这一新兴学科首先应该着力的方向。今日中国的知识创新在世界范围内的一个时代任务，就是要破除这个笼罩在世界知识界、学术界、理论界、话语界的陈旧僵化的"美西方冷战知识体系"，而以一种崭新的、开放的、包容的人类命运共同体知识体系来创造人类共同的未来。

我们认为，自20世纪80年代末以来，经过三四十年的演化交手，目前关于人类命运共同体知识体系和"美西方冷战知识体系"的基本内容已然清晰可辨。首先，关于建设合作共赢美好世界的人类命运共同体知识体系，我们已经有一系列相对完整的理念概念的知识表述与实际的行动方式，有了诸多关于人类命运共同体知识体系的理念和原则，如合作共赢、平等相待、相互尊重、和合共生、同舟共济、文明互鉴、多边主义、共同安全等。在这些理念和原则的基础上，我们也提出了很多具体概念并付诸行动，如独立自主、主权安全、政治稳定、发展权、生存权、经济增长、民生改善、基础设施建设、脱贫减贫、绿色发展、国家建构、政府能力、有效市场、有为政府等。

以上这些中国知识体系的积累与提炼过程，体现在当代中国区域国别学科建设实践的不同层面。例如，自2011年以来中非双方已在中国和非洲召开了"中非智库论坛"12届会议，中非双方学术智库界通过对中非全方位合作发展的直接观察与深入研究，及对构成这种发展的基础与背景的世界史、现代性和全球化现象的重新思考，日益有了自己的问题意识与自主意识，并逐渐开始"生成"自己独立的话语形态与理论面相，逐渐有了属于自己的知识基础、理念特色乃至话语概念。③ 可以说，"中非智库论坛"十余年的发展正是围绕上述这些理念、概念、知识与实践创造而不断推进的。

同样，多年来美西方维护其特权霸权的"冷战知识体系"也是清晰可辨的，比如这样一些耳熟能详的语词：唯我独尊、零和游戏、相互对抗、信奉

③ 参见刘鸿武：《非洲学发凡：实践与思考六十问》，人民出版社2019年版，第132页。

霸权、维护强权、支配全球、遏制战略、领导世界等。在这些理念和原则的引导下，美西方也创造出了很多具体的概念标签并且付诸全球行动，比如民主国家、专制国家、选举自由、价值观外交、历史终结、威权体制、庇护主义、家长制、资源诅咒、债务陷阱、制裁干涉、保护责任、转型国家、结构调整等。这些概念与行动具有突出的实用主义与双重标准的特点，本质上都是维护美西方利益的工具手段。

因此，中国特色区域国别学，不是西式的殖民帝国之学、霸权强权之学，而是融汇人类各区域、各国家、各民族文明成果的人类共建、共通、共享知识体系，是“人类命运共同体建构之学”，用让世界相向而行、合作共赢、相互欣赏、美美与共的“人类命运共同体知识体系”，去对冲、消解、替换让世界撕裂、对抗并维护美西方霸权特权的陈旧的“冷战知识体系”。这是当代中国学术的历史使命与时代责任，也是开放包容的“中国特色区域国别学”的学术志向与学术担当。

四、区域国别学建设的内生动因与目标

高校是国家科技竞争力的战略平台，未来中国在全球的科技发展、学术发展、思想文化发展的实力与竞争力，很大程度上取决于中国高校的人才培养和知识创造。“十三五”以来，中国高等教育取得了快速发展，目前中国已成为世界上高等教育大国，建成了世界上规模最大的高等教育体系，每年培养一大批高素质专门人才。党的十八大以来，中国特色社会主义进入新时代，哲学社会科学和高校学科建设迈上了一个新的台阶，国家的发展越来越需要高等教育和哲学社会科学提供战略性支撑，提供新的学术思想和知识创造，培养创新型人才。国家对高等教育和哲学社会科学的期待是过去从未有过的，尤其是“一带一路”倡议启动以来，高校在“一带一路”倡议中的支撑作用越来越明显。可以说，中国高校比以往任何一个时候都更加深入地参与到了国家的发展战略中，这给中国高等教育的发展

带来了前所未有的机遇。④

但当前高校不能适应国家经济社会和对外交往合作快速发展的缺点还是十分明显,2016 年 5 月 17 日,习近平总书记在哲学社会科学工作座谈会上指出,“面对新形势新要求,我国哲学社会科学领域还存在一些亟待解决的问题。比如,哲学社会科学发展战略还不十分明确,学科体系、学术体系、话语体系建设水平总体不高,学术原创能力还不强……”⑤“中国特色哲学社会科学应该涵盖历史、经济、政治、文化、社会、生态、军事、党建等各领域,囊括传统学科、新兴学科、前沿学科、交叉学科、冷门学科等诸多学科,不断推进学科体系、学术体系、话语体系建设和创新,努力构建一个全方位、全领域、全要素的哲学社会科学体系”。⑥

区域国别学对中国高校学科的新型发展,以及对建设世界一流大学有什么特殊意义?笔者认为,可以从三个方面来理解。

第一,打破学科壁垒,破解“内卷”困局,拆除过往人为建构起来的一些学科界限,尤其是阻碍学科融合创新发展的知识樊篱,推进高校内各学院各学科的交叉融合。区域国别学的建设目标是要形成有关研究对象区域国别的集成化知识群落,这离不开高校内部学科建设的协同化、集成化发展。今天的中国,是一个有 14 亿多人口,经济总量位居世界第二的巨型国家,无论是中国自身的事情,还是中国与外部世界的关系问题,往往都是极其复杂的。所谓“大国之事”“大国之治”,都必须由“大国之学”来解决,须有“集大成之学”来应对。实际上,自以“2011 计划”为核心内容的高校推进协同创新工程实施以来,一些传统的学科隔膜、人为制造的障碍已经逐渐被打破,一些新兴的研究领域与知识体系正在被建构起来,集成化和系统化的学科平台与知识高地也在探索中呈现。现在通过建立体制

---

④ 参见张平文:《关于〈大学与学科〉的若干思考》,载《大学与学科》2020 年第 1 期。

⑤ 习近平:《在哲学社会科学工作座谈会上的讲话》,人民出版社 2016 年版,第 7 页。

⑥ 习近平:《在哲学社会科学工作座谈会上的讲话》,人民出版社 2016 年版,第 22 页。

化的一级交叉学科区域国别学,通过形成相应的学科平台和学位体制,就可实现从"协同创新的行动实践"到"交叉学科的体制构建"的重大飞跃,把多年推进协同创新的成果规范化、体制化、学科化。在这方面,国家自然科学基金委员会已经做了比较重要的先行先试,2020年国家自然科学基金委员会在以往的七大学部之外,新成立了"交叉科学部",其目标就是以重大基础科学问题为导向,以交叉科学研究为特征,统筹和部署面向国家重大战略需求和新兴科学前沿交叉领域的研究,建立健全学科交叉融合资助机制,促进复杂科学技术问题的多学科协同攻关,推动形成新的学科增长点和科技突破口,探索建立交叉科学研究范式,培养交叉科学人才,营造交叉科学文化,从而建设集成化的、综合化的知识体系与人才队伍,去攻克那些事关今日中国国家建设发展的重大"卡脖子"的难题,如集成电路科学与工程。就此来说,人文社会科学、管理科学也需要跟上时代的变化,有力推进学科的交叉与创新。区域国别学应是一个具有开放视野的,整合文理工各学科领域的集成知识领域,它对于今日中国高校的学科创新发展具有重要的推进引领意义。

第二,高校开展区域国别学科建设,可有效推动高校学科建设的国际化进程,提升中国高校在对象区域、对象国家的影响力。中国高校的各专业各学科的科研人员与教师,通过与研究对象区域国别的学术机构和科研人员的深度合作或无缝对接,在合作研究的过程中,向对象区域国别派遣访问学者、联合培养学生,将有效提升中国高校在研究对象区域国家的综合影响力。我们认为,区域国别学科的建设,不是中国学者"关起门来"在国内"沙发"上做学问,而是要走到研究对象区域国别去,与对象区域、对象国家的知识思想界无缝对接,与研究对象区域国家学者一道构建原创性的合作建构的知识与话语体系。比如,过去十多年,浙江师范大学通过开展全方位的对非教育合作与建构非洲区域国别学科,全校各学院各专业都启动了基于自身学科特色和地方发展需要的多学科跨学科的对非合作,在这个过程中，不仅浙江师范大学在非洲国家的影响力获得了快速而意义广泛的提升，而且也大大推进了整个浙江省各行各业的对非合作，浙江省对非人文交流、教育合作、智库对话和民间交往也取得重大进展。由此，浙江省尤其是金华市已经成为中国对非合作的“全国高地”，形成“对非合作，全国看浙江，浙江看金华”的区域对非合作新现象。

第三，区域国别学的学科特征使其天然具有特色智库的功能，可服务于国家重大战略需求，是实现当代中国国家治理和全球治理专业化、科学化和民主化的重要路径之一。区域国别学围绕国家发展重大领域和前沿问题，努力延伸大学知识价值链，让大学的一流学科兼具特色智库功能，助推了国家治理和全球治理的专业化、科学化和民主化。总体而言，中国特色区域国别学是一个内外跨学科赋能的过程，它赋予高校各传统学科以新的能力。从这个意义上来理解，区域国别学的建设，对高校来说并不是多一门学科、少一门学科的问题，而是要通过建设这样一个新型的特色交叉学科，创造一种当代中国高校办学模式、学术创新和思想变革的新工具、新方法与新路径。通过这样一种学科的创新建设和特色发展，优化提升中国高校学科建设与人才培养的新方向，让中国高校更加主动地融入国家的发展战略，更加主动地服务国家的发展战略，推动中国学术更多地落到今天中国和世界的现实大地上。

中国人素来讲究“天时地利人和”，这一思想传统对于今日构建中国特色的区域国别研究学科依然具有整体上的启示滋养意义。所谓“天时”，是指人类普遍性的文明精神与规则原理，是人类共享共用的自然规则和社会规律，天道、法则、天理，大致如此。所谓“地利”，则是指因为人类生存的地域空间与生态环境上的多样性而形成的区域、国别和民族的文化个性与文明特点，它具有依时空变化而形成的差异性与多样性，而这种区域上的差异性和多样性的存在，正是国别与区域研究学科建立的基础所在。所谓“人和”，主要是指通过人类自身的主观努力，通过主动的知识交流与思想沟通，在平等对话、相互学习、共享共建的基础上，将不同国别与地域的人类知识体系与思想智慧一步步沟通和连接起来，让具有地域性和国别性的文化知识汇入具有普遍性的人类知识思想的洪流中去，从而成为全世界可以相互理解、沟通共享的知识与思想，最终成为具有普遍性的人类思想财富。⑦

五、"六位一体"集成建设的实践探索与案例路径

浙江师范大学非洲研究院作为国内高校首个综合性、实体性的非洲研究院，经过16年学科建设创新性实践，已经开辟了一条有中国特色、原创性的区域国别学学科建设之路，形成了"学科建设为本体、智库服务为功用、媒体传播为手段、扎根非洲为前提、中非合作为路径、协同创新以赋能"的"六位一体"集成建设路径，以及中非学者双向建构"中国非洲学"和"非洲中国学"的集成知识体系与丰富经验，为中国特色区域国别学学科发展做出了系统化、专门化的创新探索。

2012年3月，全国高校区域和国别研究培育基地第一次工作会议在浙江师范大学成功召开，数百位专家学者参观考察了浙江师范大学非洲学的建设经验，从那时起教育部已有规划地推动区域国别学学科发展。⑧ 在2017年5月国务院新闻办公室举行的"一带一路"沿线国家民心相通情况发布会上，时任教育部副部长田学军称赞浙江师范大学非洲研究建设成果是中国高校服务国家"一带一路"民心相通工程的典范，相关实践成果"具有代表性、示范性、推广性"⑨。下面，我们具体介绍一下浙江师范大学非

---

⑦ 参见刘鸿武：《中国区域国别之学的历史溯源与现实趋向》，载《国际观察》2020年第5期。

⑧ 参见教育部办公厅：《区域和国别研究培育基地第一次工作会议成功召开》，载中华人民共和国教育部网，http://www.moe.gov.cn/jyb_sjzl/s3165/201204/t20120417_134244.html。

⑨ 《国新办举行"一带一路"沿线国家民心相通情况发布会》，载中华人民共和国国务院新闻办公室网，http://www.scio.gov.cn/xwfb/gwyxwbgsxwfbh/wqfbh_2284/2017n_8019/2017n05y11rxw/。

洲学“六位一体”集成建设实践取得的成效与面临的问题,并在此基础上提出若干对策建议。

第一,学科建设为本体:必须花大力气把学科建设基础工作做起来。学科是高校演化的“基础细胞”,也是人类认识世界、把握世界的工具和手段,同时也是知识转化为实践的桥梁。学科的形成与演进是一个历史的过程,需要根据人类认识世界进展和从事科学研究而不断调整、丰富和完善。区域国别学作为新的一级交叉学科,首先要把学科的基本建制与平台建设起来,并逐步完善提升。学科建设,包括专门化的学术、学位、学者和学生的形成,也包括专门化的课程体系、教材体系和师资体系的建设,以及相应的考核标准、评价体系等环节的形成。这需要在吸收其他学科理论与方法、知识与思想的基础上,一步步地探索自身成长的道路,建构起自主性的学科体系,完成“由学科交叉的努力到交叉学科的形成”的创新建构过程,从过去的“聚焦抽象化的领域专业之学”转化为一门“聚焦具体化的区域国别之学”。

在从“学科交叉”到“交叉学科”这一过程中,区域国别学涉及的学科大体上可分为核心学科、支撑学科和相关学科三个层次。总体上看,区域国别学的基础性核心学科有三个:一是历史学;二是地理学;三是外国语言学。历史学和地理学分别支撑了研究对象纵横交错的历史时间意识与环境空间意识,乃一切研究的基础。所谓“历史时间意识”,是指研究者当重视事物发生、发展、演变的历史进程与时间关系,重视事物的背景、基础、动力与演进,先说事,后论理,论由史出。而“环境空间意识”则指重视事物生存发展的空间环境的差异与多元,各区域之环境不同,地理相异,就需因地制宜,因时而变,入乡随俗,分类施治。从学科交叉的角度来看,“历史时间意识”主要指向历史学,涉及文化、民族、宗教等;“环境空间意识”主要指向地理学,涉及地理、环境、生态等。史地之外,则为工具之学外国语言学,它涉及通用语、非通用语、文字、口传、翻译等。因而我们说,历史学、地理学、外国语言学是区域国别学的三大基础性核心学科。

在此基础上,则需根据重点方向及领域之不同而与政治学、经济学、法学、社会学、教育学、自然科学与技术科学作交叉融合,从而形成层次不同、取向有异的跨学科交叉借用形态,最终支撑建立起一个相对独立的区域国别学。⑩

就浙江师范大学而言,它一直以来建设的核心目标就是把有中国特色的"非洲区域国别学"建设好,这"是一门专以非洲大陆的人文与自然现象为研究对象、探究非洲文明历史进程及其当代政治经济与社会发展问题的各类研究活动,以及由这些研究活动所累积而成的有关非洲的各种知识成果汇集而成的一门综合性国际性交叉学科。换句话说,这是一门在特定时空维度上将研究目光聚焦于非洲大陆这一空间区域,对这块大陆的自然与人文现象进行综合性、专门化研究的新兴学科。这门学科对创造中非共享知识,完善当代中国学术体系,助推中非命运共同体建构,都有重要的意义"。⑪

那么,区域国别学作为一门面向新时代与国家重大需求的"新文科",它"新"在哪些方面呢?从我们这些年建设有特色的"非洲区域国别学"实践来看,建设单位或依托平台必须有一些"标准配件与门槛",应该有如下方面的持续努力:其一,有一个实体化长期稳定存在的专门机构;其二,有一支高水平能力强的科研与管理队伍;其三,有特色鲜明品牌化的重点领域优势方向;其四,有多元多维的财政来源与足够经费投入;其五,有设施齐备运作有效的现代化办公环境;其六,有在对象区域国别的紧密合作伙伴平台。

除此之外,还应该有一些建设学科的必备平台与软硬要件:一是有专门化的博物馆、翻译馆、影像馆、资料馆、数据库和接待馆;二是有专门的出

---

⑩ 参见刘鸿武:《非洲学发凡:实践与思考六十问》,人民出版社 2019 年版,第 4 页。

⑪ 刘鸿武:《非洲学发凡:实践与思考六十问》,人民出版社 2019 年版,第 6 页。

版文库、期刊杂志、档案中心、多语种开放网站和运营的品牌;三是有在对象区域对象国的前方研究基地、有在对象区域对象国的国际化合作队伍、有研究成果的转化途径、有相应的媒体发布平台等。

这些所谓的“标准配件与门槛”,并非一日建成,规模与层次也可因地制宜,但总的原则就是能用、管用、可用,这些都是需要花大力气并且具有专业化的人才来建设和管理的。以往那种“一张纸一支笔,一篇文章一辈子”的传统手工作坊式的国际问题研究,作为个体的科研人员与教师,当然还可以继续延续下去,保持学术研究的个体自由空间,但对一个学科的建设而言,对一个服务国家发展战略的新兴学科建设而言,就需要在上述方面作出持续的努力,形成共同的知识平台与创新空间,方可取得实质性、根本性的突破。

形象地说,只有具备了坚实有力的“一流人脉、一线体验、一手资料”的平台支撑与资源滋养,当国家和社会提出需求的时候,我们的区域国别研究机构与学者们,才能够在对象区域对象国别“摸得到路,找得到人,说得上话,办得成事”,是“可信赖、靠得住、能管用”的,是“政府信得过、部委离不开、企业愿合作”的学术机构与人才培养机构。这些,都是这门新文科之“新”的学科特征所在,也是其建议内容所在。

第二,智库服务为功用:济世之学当有新气象、新格局、新作为。学术当为天下用,惠及民生方为高。今后我们评价中国的区域国别研究学科建设得好不好,是不是一流的,标准是什么,一个重要方面就是看它能不能解决中国现实中的问题,能不能解决中国与世界各区域各国家合作中面临的问题,这是区域国别学作为新增交叉学科的一大特征和重要使命。因此,提供广义上的智库服务是区域国别学的题中之义。我们说“学科建设为本体”,但不是“本位”,不是自己为自己服务,这个“体”要能为天下所用,为天下人服务。目前,区域国别学建设存在的一个明显短板是普遍缺乏政、企、社、学、商之间的整体协同与统筹安排来提升成果的实际效用。

经世致用是中国传统地理学、区政学的核心精神,今日中国区域国别学科建设也应该紧密围绕"国家关心、企业关心、社会关注、百姓关心"的主线来开展研究、评价成果、奖励贡献,目前国内许多区域国别研究还是停留在自己体制内作学者间的微循环,自说自话,所谓的"影响因子"其实只是学者小圈子的相互引用,对国家、社会、大众能产生的影响或关联很小,在对象国的影响就更小了,这种自我封闭的状态需要做出实质性的调整改变。

笔者认为,区域国别学建设其实是给高校提供了一个机会,即由专业学科拓展为特色智库,将一流学科与高端智库的建设结合起来,借此推进高校的供给侧结构性改革,从而延伸大学的知识、思想、人才的价值链,努力让智库的"想法"变为领导的"说法",让智库的"文章"变为上级的"文件",让智库的"谋划"变为组织的"规划",让智库的"言论"变为社会的"舆论",让智库的"对策"变为政府的"决策",这一智库服务国家、服务天下、服务人民的过程,其实也是当代中国国家治理的专业化、科学化和民主化的过程。

第三,媒体传播为手段:建构起当代中国知识的全球战略传播新渠道。区域国别学建设是一个与国家对外合作密切相关的领域,它不应再是学者们坐在书斋里喝茶聊天的文人自赏,它的建设过程与建设成果,一开始就面临一个如何有效地推进与对象区域对象国家进行紧密沟通、独立自主的国际传播的问题,学科建设与智库功能的发挥都必须在对外交往的平台上来实现,对外传播就成了区域国别学建设的题中应有之义。区域国别学开展的媒体传播就是国际传播,由于区域国别学本身包含了对不同地域、不同国家、不同群体受众的研究,有助于提升国际传播的区域化表达、分众化表达,有助于探索更为精准的传播方式,增加国际传播的有效性和影响力。

"学而不传则怠,传而不远则虚。"对外传播之所以重要且特殊,与中国学术和中华文化的传统特点有关。我们知道,中国学术是一个由汉语汉字建构起来的特殊体系,进行国际传播首先要突破汉语汉字的“瓶颈”,因而需要借助外语学科尤其是翻译学科来推进中外知识的内外转换,于是国际翻译学对中国区域国别学之发展就起着特殊的支撑桥梁作用,这正是区域国别学一开始设置在外国语言文学一级学科下的原因。

第四,扎根非洲为前提:将新学科建设根基深深扎在对象区域大地上。区域国别学是对象国家的学问,无论是做学科、建智库还是做传播,要想做得真、建得实、传得开,就不能坐在“沙发”上,守在“书斋”中,只在“象牙塔”里做研究,而必须扎根于研究对象区域与国家。具体而言,区域国别学不是从书本到书本、从概念到概念的研究,而是要做成扎根中国大地、扎根对象区域国别大地的研究;不是拾人牙慧、照搬照抄、小圈子自说自话的研究,而是起而立行、知行合一、脚踏实地、解决实际问题的研究;不是要做接轨西方、依附跟随、学人言语的模仿抄袭研究,而是要做自尊自立、自主创新的开拓性研究。因此,在建设非洲学科和培养人才的过程中,我们特别强调中国的非洲研究者在去欧美留学前,最好能先去非洲对象区域和对象国家留学、调研、考察,获得“一手体验、一线资料、一流人脉”以后,再去欧美国家交流学习。事实上,重视调查研究、扎根田野、实事求是,重视文明发生发展的地域制约性和时间影响力的观察认知思维,本是中国学术的传统,中国区域国别学应继承这一传统并发扬光大,走扎根对象区域国别生活大地之路。

区域国别研究,往往具有冷门、绝学的特点,在这样的研究领域,人才的成长、成果的积累、学科的建设,是需要日积月累的,赶时髦、追热点、急功近利,不可能成得大事。在我看来,大体上10年是一个基本的区域国别学科建设的基础单位。这些年,根据培养非洲区域国别研究人才的经验,我们提出了区域国别研究人才成长的“十年十个‘一’计划”。第一个“一”,去一个非洲国家留学、进修、调研1年以上,而且最好是反复去,长期跟踪一国一地。只有长期扎根对象区域对象国,去除偏见而对非洲历史文化怀有赏析关爱之情,以自己的经历去观察研究非洲,知己知彼,才能开展客观公正的研究。第二个"一",翻译出版一本研究对象的经典性、代表性著作。这本著作最好是请对象国的一流学者来推荐,最好是对象国本土的学者所撰写的著作,能原汁原味地反映对象区域国别的真实情况的。在翻译这本著作的过程中,自然需要广泛查找相关的背景资料、熟悉专业词汇与特殊知识,理解感受研究对象的精神特质,积累起最基本的也是比较全面的研究对象的基础知识。一般来说,最好是研究对象的历史地理方面的通史性著作,以求得对研究对象的登高远望的宏观把握。在此基础上,以后可以根据研究的实际需要选择翻译第二本、第三本著作,领域也可以适当扩大。翻译的目标是了解研究对象的基本情况,对前人他人的研究有辨识能力,知道自己应该从哪里起步,方向大致如何。第三个"一",建立一个自己的专题数据库。第四个"一",组建一个自己的小学术团队。第五个"一",在非洲拥有一个学术合作朋友圈。第六个"一",主持完成一个国家社科基金项目。第七个"一",发表一组论文及一部代表性的著作。第八个"一",为国家提供一份管用的咨询报告。第九个"一",搭建一个自己的学术创新平台。第十个"一",成为一个优秀的非洲研究学者。

第五,中非合作为路径:以人为师,双向建构,形成知识共生形态。今天中国的区域国别学还有一个特殊使命和时代担当,就是要与研究对象区域对象国家进行知识与思想、学科与学术的双向建构。这种双向建构进程需要中非学者的相互合作和共同努力来完成:一方面,中国学者在非洲学者帮助下开展中国的非洲研究,建立"中国的非洲学";另一方面,中国学者也应到非洲去,帮助非洲国家的学者开展基于非洲视角、非洲需要、非洲特色的非洲的中国研究,建立"非洲的中国学"。通过中非学者紧密合作和双向建构来创造中非共享的新知识,形成中非共通的新话语形态和概念体系,改变以往通过美西方文献观察描述非洲和中国的偏颇局面。

笔者一直认为,就对非洲的了解来说,没有谁比非洲人自己更了解非洲，我们做非洲研究，就要拜非洲人为师，向非洲人学习，非洲人就是我们的“先生”。离开了非洲学者的帮助，离开了非洲人民的支持，我们不可能真正懂得非洲。中国的非洲研究要真正成长起来，一个关键前提是今后我们必须有一批年轻学子直接到非洲的大学去留学，在非洲导师的指导下开展研究，读非洲人自己撰写的著作，倾听非洲人民自己的心声，中国学者也应该经常去非洲的高校和科研机构进行长期的驻点研究、合作研究。

第六，协同创新以赋能：政、学、研、商、企、智、媒需多方合作，集成而建。区域国别学作为交叉集成化学科，能不能交叉得起来，如何集成化，很大程度上取决于我们从事学科建设的人是否具有开阔心胸与气量基础上的协同协调能力、沟通互动能力，及相应的动用各种资源、动员各种人才的组织才干。中国古人常讲，做学问需“才、学、识、德”融一体方可成大事、成大识。跨学科交叉学科的本质就是协同基础上的创新、合作基础上的共赢。近代以来，学科建设总体上是依对象而立的，大学分专业而建，学者依学科而行，大学之墙也越建越高，形成相对封闭内环的所谓“学术共同体”。应该说，高校学科“分科而治”，有其精深之优势，但若要实现“综合而立”，尤其是在交叉融合中实现突破，则必须推动各学科各要素相互协同，形成概念互补、资料互补、方法互补、平台互补、人才互补的聚合网络，方能塑造新结构、发挥新功能、产生新效用，更好地聚焦和解决当今时代面临的重大问题。

协同创新与集成化说起来简单，但做起来不易，因为涉及复杂的体制机制上的创新变革，更需有开阔心胸、高远视野、包容情怀，能“各美其美，美人之美，成人之美，美美与共”，方可协同、融合、共享、共建、共赢。我们需要把高校内部的学科建设和人才培养工作，放置在中非合作的时代大潮中，努力打破行业壁垒，通过资源共享、优势互补，增强协同效应，实现学科内外、学校内外、领域内外、国内国外的“大循环”“大协同”，将学术研究、人才培养、资政服务、舆论引导、公共外交等集成起来而融合推进，以取得明显的成效。

最后,我们对推进中国区域国别学建设,提几条操作性的建议。

第一,把“区域国别学”提升到服务国家发展重大战略的支撑学科的高度,作为“特色学科”列入新一轮国家“双一流”大学和学科建设体系中,给予专门化支持。以切实举措加强专业学科基础建设,形成专门化的“区域国别学”的学科、学位、师资、课程、教材建设平台。建议尽早出台政策,使“区域国别学一级学科”可以直接授予博士硕士学位,其下设二级学科,建立专门化的教学指导委员会、学位学科评审组,努力培养专门化师资,编撰专门化教材,建设专门化课程,培养专门化人才。

第二,大力推进专业化的区域国别学的科研条件建设,包括专业数据库开发,世界各大区综合博物馆、专题博物馆、特色语言文字和文献档案馆建设。区域国别研究是具有古典气质的基础研究,许多专题领域研究具有冷门、绝活、秘传的特点,没有专业化、系统化的知识积累和基础条件建设将很难实质性地推进。建议各高校和科研机构努力建设非洲博物馆、亚洲博物馆、拉美博物馆、中东博物馆,以及专题领域如古典文明博物馆、东方语言文字博物馆、丝绸之路博物馆、亚非人类学博物馆等。目前在培养相关专业的硕士博士方面,一些特色工具手段不足,应努力补上短板。

第三,采取切实可行而特殊的举措,制定一个系统推进中国区域国别研究人才培养的国家方案与国家标准,努力培养复合型、跨学科、专业化和外语能力通用型区域国别人才。制定基本的目标与方向、原则与框架,由各高校和科研机构根据自己的区域国别研究对象特点来细化方案,包括在本科、硕士、博士、博士后阶段的对于不同专业的阶梯式人才培养方案。本科阶段采用通识型的人才培养方案,从世界文明史与古典学术层面系统学习“文史哲 + 外语”通识型专业,获得广博知识积累;硕士生和博士生阶段,则偏向于区域国别专业化的深化学习,如非洲研究、拉美研究、亚洲研究、欧洲研究、美洲研究、亚太研究等,毕业时分别授予区域国别学专业的学士、硕士、博士学位。

第四，审慎而积极地引进研究对象国家的高级专业人才，尤其是需要启动一个专门面向非洲、拉美、亚太国家的各类区域国别专业研究人才与师资队伍的培育引进专项，实现我国区域国别研究人才队伍的国际化改造，逐渐形成中国学者与对象国学者紧密合作、相互学习、共同创造知识的局面。建议启动“国家社会科学基金外国学者特殊专项”，主要为非洲、亚洲、拉美、亚太地区的发展中国家学者申报，也可面向在中国学习的相关国家留学硕士生和博士生。启动诸如“非洲学者论非洲”“拉美学者论拉美”丛书撰写项目，由亚非拉和中国学者合作重新撰写世界与本国的著作，改变以往通过欧美西方学者著作来看世界的缺陷。

第五，重视跨学科跨领域的专业人才整合，建立一批具有综合实验、数据处理、信息加工、智能服务的文理工交叉的“区域国别学综合实验室”，开发编辑相关专题数据库，制定人才培养与成果转化的指南，形成以我为主的话语形态与概念体系。分区域、分地域、分主要国家和组织推进相关专业数据库、信息库、实验室、文献收藏室的建设，并且通过与研究对象国的国家档案馆、博物馆合作，双向培养中方人才与对象国人才，支持研究对象国也相应地建设中国博物馆、中国研究中心等机构，形成诸如“中国的非洲学”与“非洲的中国学”的双向建构与知识共享，最终建立起中外共建、共通、共享的知识体系，为建设人类命运共同体提供知识与思想准备。

六、结语

“读书不作儒生酸，跃马西入金城关。”习近平总书记指出，“历史表明，社会大变革的时代，一定是哲学社会科学大发展的时代。当代中国正经历着我国历史上最为广泛而深刻的社会变革，也正在进行着人类历史上最为宏大而独特的实践创新。这种前无古人的伟大实践，必将给理论创造、学术繁荣提供强大动力和广阔空间。这是一个需要理论而且一定能够产生理论的时代,这是一个需要思想而且一定能够产生思想的时代”。[12]当今世界正经历百年未有之大变局,国内正处于实现中华民族伟大复兴的关键时期,国际力量对比深刻调整,单边主义、保护主义、霸权主义、强权政治对世界和平与发展的威胁上升,逆全球化思潮上升,世界进入动荡变革期。面对复杂严峻的国际形势和前所未有的外部风险挑战,我们必须牢牢把握新时代工作大局,紧扣服务民族复兴、促进人类进步这条主线,高举和平、发展、合作、共赢的旗帜,一如既往地以世界眼光关注人类前途命运,从人类发展大潮流、世界变化大格局、中国发展大历史正确认识和处理同外部世界的关系。[13]

“文章千古事,得失寸心知。”书生自古以天下为己任。中国特色区域国别学是应时代之需而推动建立的一门“经国济世之实学”,一门行走世界、认识寰宇、服务天下的大学问,也是一门实践性、操作性突出的新兴学科,它既是综合的、跨学科的,又是个体的、经验的、实践的,其建设路径尚有赖今日中国学界根据自身实际及研究对象特点而做多元化、多方位的探索,有赖于中国学术思想界努力形成自尊、自信、自立的治学精神去实践,并在努力走向外部世界的过程中,与世界各国家各区域各民族的学者一起,共同创造人类共建、共通、共享的知识体系。

举高慕远,躬身力行,求实创新,见远行更远,中国特色区域国别学必能走上开阔大道!期待我们编纂的这套领域广泛的非洲区域国别学系列丛书,为此大道之推进起到铺设砖瓦、架桥砌基之作用。

刘鸿武

[12] 习近平:《在哲学社会科学工作座谈会上的讲话》,人民出版社2016年版,第8页。

[13] 参见《中共中央关于党的百年奋斗重大成就和历史经验的决议》,载新华网,http://www.news.cn/2021-11/16/c_1128069706.htm。

非洲法律翻译及研究丛书总序*

发展同非洲的友好合作关系,是我国一以贯之的基本政策和坚定不移的战略选择。① 自20世纪中叶中华人民共和国成立和大批非洲国家纷纷独立以来,中非双方在半个多世纪的治国理政实践中都积累了丰富经验;自1978年中国改革开放,尤其是2000年中非合作论坛成立以来,中非双方在近几十年的互利合作实践中也积累了丰富经验。这两方面的丰富实践经验,在中非共建"一带一路"携手打造更紧密命运共同体的当下,需要我国学术界作出理论上的回应,从而为中非更好开展治国理政经验的交流互鉴和更好发展各领域的互利合作提供更具解释力和前瞻性的思想智慧与知识工具。②

在此背景下,近年来,非洲研究在国内逐渐得到重视和加强,其研究领域和方向不断拓展和延伸,日益成为当代我国学术研究的"新边疆"。③ 不仅如此,2020年8月27日,以浙江师范大学非洲研究院为建设主体的"非洲学"等交叉学科经教育部认可和批准设立,这是全国高校第一次直接冠

---

* 本序原为陈钊、吴卡的《中国非洲法研究的时代意义与推进建议》一文,载《外国法制史研究》2021年,此处有改动。

① 参见《杨洁篪在结束访问非洲三国之际接受新华社书面采访》,载新华网,http://www.xinhuanet.com/world/2019-12/21/c_1125373359.htm。

② 参见刘鸿武:《论中非关系三十年的经验累积与理论回应》,载《西亚非洲》2008年第11期。

③ 参见刘鸿武:《非洲研究:中国学术的"新边疆"》,载《光明日报》2009年11月9日,第8版。

以“非洲”名称的学科,这一“正名”为我国非洲研究学科建设与人才培养开创了新历史。2022 年 9 月 13 日,国务院学位委员会、教育部发布新版《研究生教育学科专业目录(2022 年)》,“交叉学科”正式成为新设的第 14 个学科门类,“区域国别学”(编号 1407)则成为“交叉学科”下设的 9 个一级学科之一,并明确“可授经济学、法学、文学、历史学学位”,我国非洲学在内的区域国别学被国务院学位委员会、教育部正式确认。

在我国对非洲的研究中,非洲法研究是不可分割的组成部分。“法律是治国理政最大最重要的规矩”④,非洲国家自独立以来如何推进法治建设以实现治国理政目标?“国际合作,法律先行”,中非各领域合作自开展以来如何运行在法治轨道上以行稳致远?这两大方面的法律问题,即“当代非洲法律发展”与“新时期中非合作法律问题”,随着中非共建“一带一路”以构筑更紧密命运共同体不断拓展广度与深度,也需要我国法学界作出理论上的回应,从而为非洲国家治国理政和中非各领域互利合作提供中国法律智慧与法律方案。

一、非洲法研究的时代意义

基于上述时代背景和重大需求,非洲法研究在当下已经日益凸显其重要的时代意义,这体现在学术和实践两个方面。

就学术意义而言,首先,学术具有时代性与中国性。在中非共建“一带一路”以构筑更紧密命运共同体的当下,法律是助推这一策略行稳致远的重要利器。“文章合为时而著,诗歌合为事而作。”开展非洲法研究,有助于拓展我国对非洲法律的认知从而完善中国的法学学术体系,在此基础上推动构建中国的非洲法学术理论、提炼中国的非洲法学术话语、产生中国的非洲法学术影响。其次,学术具有共享性与互鉴性。构建中非命运共

---

④ 中共中央文献研究室编:《习近平关于协调推进“四个全面”战略布局论述摘编》,中央文献出版社 2015 年版,第 100 页。

同体,应有支撑、解释和服务这一命运共同体的中非共建共享共通的知识体系。开展非洲法研究,有助于夯实中国的非洲法律知识基础,拓展中国法学的学术视野,并积累中非共享知识,为中非治国理政法治经验的交流互鉴提供学术保障和智力支持,助推中非命运共同体建设。再次,学术具有专业性与交叉性。2020 年 8 月,“非洲学”交叉学科已被教育部认可和批准设立。我国对非洲法律问题的研究,既涉及法学的专业性研究,又可结合“非洲学”的交叉性研究,从而使研究既更具动力与活力,又可增添特色与优势。最后,学术也强调实践性与参与性。法学是实践知识、实践学问,它总是通过实践来获取知识,并把法学知识应用于解决法律实践问题,为此提供答案。⑤ 开展非洲法研究,既有助于我国学者进一步开展对非洲法律的理论研究,又可推动其深入非洲社会生活和中非各领域合作的具体实践开展调研,进行应用研究。

就实践意义而言,首先,开展非洲法研究,有利于推动形成中非间以法治为核心的营商环境。“水深则鱼悦,城强则贾兴。”好的营商环境犹如阳光和空气,可促进中非经贸关系健康成长,而“法治是最好的营商环境”⑥。开展非洲法研究,可以更畅通地获取对非合作法律信息,推动中非法治化营商环境的形成,进一步提升中非企业在对方经商投资中的信心。其次,有助于防控对非经贸投资法律风险与纠纷。大量实践案例表明,中国企业在非洲遭遇法律风险和法律纠纷,在很大程度上是因为对非洲当地法律不了解。开展非洲法研究,提供及时准确有效的非洲国家法律信息,有利于我国企业了解非洲国家的宏观与微观法律环境,从而使其有效防控和解决相关法律风险与纠纷。最后,有助于推动中非法律外交,推进中非法律共享互鉴以更好开展治国理政经验交流。法律外交,是以法律为基础、形式、

---

⑤ 舒国滢:《并非有一种值得期待的宣言——我们时代的法学为什么需要重视方法》,载《现代法学》2006 年第 5 期。

⑥ 2019 年 2 月 25 日,习近平总书记主持召开的中央全面依法治国委员会第二次会议深刻阐述了这一重要论断。

内容、目的或手段的外交。[⑦] 在深入研究非洲法的基础上,可以夯实、丰富、增强中非法律外交的基础、内涵和特色,增进中非以法治为核心的治国理政经验的交流。

二、我国非洲法研究的概况

我国对涉非法律问题的研究,主要聚焦于两个方面:一是非洲法律的历史与现状;二是中非关系尤其是经贸关系中的法律问题。

对非洲法律历史与现状的研究,肇始于20世纪90年代末。当时,湘潭大学在国内最早成立了非洲法研究所,组建了非洲法相关研究团队,开始了非洲法律的翻译与研究工作。20多年来,以洪永红教授为主要负责人的该团队相继出版了《非洲法导论》(2000年)、《非洲法律发达史》(2006年)、《非洲投资法概览》(2012年)、《作为一门独立学科的非洲法》(2017年)、《埃及法专题研究》(2019年)、《非洲实用商事法教程》(2023年)等力作。这些成果聚焦非洲法律的历史积累尤其是当代发展,并注重与区域国别研究紧密结合,既开了我国非洲法律研究之先河,又为我国开展非洲法研究奠定了良好基础。此外,夏新华的《非洲法律文化史论》(2013年)、孙谦和韩大元的《非洲十国宪法》(2013年)、韩良的《非洲商事法律制度精析》(2015年),以及朱伟东的《非洲经济一体化的法律问题》(2018年)、《非洲商法协调组织》(2018年)、《非洲大陆自由贸易区法律文件汇编》(2020年)等专著、译著,对非洲宪法、法律文化、商事法律制度等做了梳理与分析,这些成果也都属于对非洲法的基础性研究。

对中非关系尤其是经贸关系中法律问题的研究,主要是随着近10多年中非经贸关系的发展而开展的。这方面的专著或译著主要有:朱伟东的《非洲涉外民商事纠纷的多元化解决机制研究》(2013年)、《中非争议解决:仲裁的法律、经济和文化分析》(2017年)和《中非双边法制合作》

---

⑦ 谷昭民:《法律外交》,中国法制出版社2018年版,第45~50页。

(2019年),张泽忠的《新时期中非经贸合作机制研究》(2013年),吴卡的《中非产能合作国际法律保障机制研究》(2019年)等。此外,韩秀丽、胡充寒、刘阳、郭彤荔、赵文杰、乔慧娟等学者在其著述中也就中非经贸关系所涉各领域法律风险防控和争议解决等问题做了研究。这些研究,旨在为我国提供非洲法律尤其是经贸领域法律发展现状的最新资料,并试图为中非经贸关系中的前沿性法律问题提供对策建议。

虽然我国的非洲法研究随着近年来中非各领域合作关系的发展而大有勃兴之势,但总体而言,我国的非洲法研究仍然处于初步探索阶段,还存在几个方面的明显短板:一是研究机构和人员偏少,成规模的研究团队则更少;二是研究成果偏少,非洲国别法与非洲区域组织法等研究成果更是缺乏;三是国内协同、中外协同尤其是中非协同研究较少,跨国内外高校的有组织性的科研力量极其薄弱;四是研究成果的影响力尤其是国际影响力偏小。总之,相较于非洲在政治、经济与外交等方面对我国的重要性,我国的非洲法研究现状与之不甚相称,有待提升。

三、我国非洲法研究的实践进路

鉴于上述研究现状与短板,需从研究思路与原则、研究机构和团队建设、研究内容、研究方式方法和研究目标等方面,进一步廓清我国非洲法研究的实践进路。

(一)研究思路与原则

1. 研究思路

以“当代非洲法律发展”与“新时期中非合作法律问题”两大研究主题为导向,以理论与实践两方面目标为引领,坚持国际化、协同化和交叉性等原则,进一步加强中非协同创新团队建设,采用社会调查、历史分析、比较研究、跨学科等多元研究方法,依循翻译—解读—研究—建议—数据库建设的路径,扎实推进非洲法研究,为中非各领域合作和中非法治经验交流提供既有理论深度又切合实需的意见建议。

2. 主要原则

一是国际化与协同化相支持原则。研究非洲法,既不能闭门造车、自说自话,又不能故步自封、妄自尊大,中非双方应互以平等开放的心态,组建以中非法学学者为主体、其他领域学者为补充的国际化研究团队,对非洲法开展协同研究。

二是基础性与前沿性相结合原则。聚焦"当代非洲法律发展"与"新时期中非合作法律问题"两大主题,前者主要就非洲国家和国际组织法律的历史沿革、当代发展及其在非洲治国理政中的效能等基础性问题进行研究;后者重点对中非合作尤其是经贸合作中的前沿法律问题进行研究。

三是理论性与应用性相促进原则。与非洲法研究两大主题相对应,在研究方法上应实现理论性与应用性相互促进。就"当代非洲法律发展",需要对非洲法律开展系统化的翻译与研究,因此以理论研究为主;就"新时期中非合作法律问题",需要在翻译与研究非洲法律的基础上,具体对中非关系中的法律问题进行调研与分析,因此以应用研究为主。

四是专业性与交叉性相协调原则。开展非洲法研究,既要重视对非洲法自身的研究,也不能脱离非洲特殊的政治、经济、文化、传统和历史等因素以及中非之间独特的政治、外交、经济等各领域合作关系,因此开展跨学科研究实属必要。

(二)研究机构和团队建设

目前,我国从事非洲法研究的机构和团队还很少,这既对我国非洲法研究成果的数量与质量造成了严重制约,又不利于在国内外开展非洲法的协同研究。鉴于此,中国法学会、最高人民法院等我国法学法律界的权威机构可根据中非合作战略需要,选择有条件的法科院校或涉非科研院所,合作设立非洲法研究机构,组建非洲法研究团队。我国有条件的法科院校或涉非科研院所也可根据实际需要,自行设立非洲法研究机构,打造非洲法研究团队。设立非洲法研究机构可以采用两种形式:一是设立非洲法学术研究机构;二是设立非洲法查明研究机构。这两种机构在功能上有所侧重,前者偏向对非洲法的学术研究,后者偏向对非洲法的社会服务。但总体上,任何一个非洲法研究机构,无论其名称如何,都应兼具科学研究和社会服务等功能。

鉴于我国没有专门的非洲法人才培养机制,所以非洲法研究团队的建设,首先,可以吸纳国内从事法学研究尤其是国际法研究的人员参加。这是因为,非洲法研究,特别是中非关系中的法律问题研究,大量涉及国际法问题。但是,非洲法研究也必须吸纳国内法研究人员,因为非洲法研究涉及对非洲各国各领域国内法的研究。其次,由于非洲法研究既不能脱离非洲特殊的政治、经济、文化、传统和历史等因素,又需要结合中非之间独特的政治、外交、经济等合作关系,所以非洲法研究还可以吸收上述领域的中外研究人员,这不仅有助于在中外开展非洲法的协同研究,也有利于形成跨学科研究的特色与优势。最后,非洲法研究团队建设,不能没有来自我国涉非实务部门人员的参与。涉非实务部门,如我国驻非使领馆、涉非企业、法院、律所等,是开展非洲法研究的我国自己的"一流人脉"资源,可以为我国非洲法研究提供必要的课题、案例或资料,从而使我国的非洲法研究更"接地气"、更具实用性。

特别值得一提的是,非洲法研究机构和团队的建设,离不开和非洲机构与人员的合作。在首届中非法学院院长论坛上,尼日利亚大学法学院院长伊费奥马·埃纳莫(Ifeoma Enemo)教授发言指出,中非法学院校间的交流尚未开展,中非在经济、政治、贸易、金融、文化等领域的合作都需要有法律的支持,中非法学院校间的合作有利于促进这些领域的进一步合作。[⑧] 鉴于此,当前亟须加强中非法学院校间的交流合作,特别是建立中非法学院校间的师生交流学习机制,不仅支持非洲国家法学院校师生来华访学交流,而且更重要的是,中国法学院校应积极引导和支持师生到非洲开展访学、交换、攻读学位等活动。[⑨] 在此交流合作基础上,将非洲法学院校及其人员吸收进我国的非洲法研究机构和团队,从而搭建我国非洲法研究在非洲的"一流人脉"资源,进而形成更紧密和有效的合作关系。为加强中非间协同研究,还可与非洲知名高校法学院校合作,在非洲设立非洲法研究机构。[⑩]

总之,我国的非洲法研究首先应加强机构建设,在此基础上形成一支以我国法学研究人员为主体,各涉非领域的中非研究人员为重要补充,我国各涉非实务部门人员为基本依托的研究队伍。

(三)研究内容

"当代非洲法律发展"与"新时期中非合作法律问题"是开展非洲法研究的两大主题。前一主题,主要涉及如何提升当代非洲法律在治国理政中的效能问题。亦即法律作为"治国理政最大最重要的规矩",在非洲国家半个多世纪的治国理政中究竟发挥了怎样的作用?影响和制约非洲国家法律的治国理政效能的历史与现实、国内与国际、主观与客观等方面的因素是什么?中国如何与非洲国家开展法治经验交流互鉴以共同提高治国理政能力和水平?因此,"当代非洲法律发展"这个主题要解决的是,在非洲这样一个发展中国家最集中的大陆,法律如何才能成为推进非洲各国主

---

⑧ 《中国法学院院长代表团赴南非开普敦参加"首届中非法学院院长论坛"》,载中国法学创新网 2013 年 4 月 7 日,http://www.fxcxw.org.cn/dyna/content.php?id=3129。

⑨ 吴卡、田峰:《中非产能合作国际法律保障机制研究》,社会科学文献出版社 2019 年版,第 73~74 页。

⑩ 例如,2019 年 5 月,浙江师范大学法政学院与达累斯萨拉姆大学法学院合作共建的"中非法律研究中心"在达累斯萨拉姆大学孔子学院进行了揭牌仪式,这是目前为止,国内高校与非洲知名大学共建的为数不多的几个法律研究中心之一。

权安全、政局稳定、政府有效、经济发展、社会进步、民族融合和民生改善的基本工具。后一主题,涉及法律如何为中非合作保驾护航问题。亦即既然“国际合作,法律先行”,那么如何让中非各领域合作运行在法治轨道上?第三方介入中非关系,会产生哪些法律问题?应如何解决?因此,这个重要命题要解决的是,中国这个最大的发展中国家和非洲这个发展中国家最集中的大陆,法律如何成为助推双方互利合作关系行稳致远的利器。

这两个主题中,前一个更多的是基础理论研究,后一个则以应用对策研究为主。中国非洲研究的前途在于深耕基础理论研究,如果基础理论研究“立不住”,那么应用对策研究难能“用得上”。⑪ 据此,中国的非洲法研究,首先应更多重视和开展对前一个主题的研究,才能为后一个主题的研究提供坚实的理论支撑。但从现有非洲法研究实践来看,对前一个主题的研究显然不够。

围绕这两大主题,中国的非洲法研究可具体开展以下工作。

1. 非洲国家法律文本的翻译

这是最基础的工作。根据中非共建“一带一路”和产能合作布局需要,可以首先在非洲各区域各选取几个重点国家,就这些国家的贸易、投资、金融、税收、劳工、环保等领域的法律文本开展区域性、国别性与专题性翻译,在此基础上,翻译这些国家的其他相关法律文本,并逐步将范围扩大到所有非洲国家。须注意的是,这里所指的翻译,并非目前常见的对非洲法律的“走马观花”式的零散粗浅的翻译,而应是旨在产出翻译精准且成体系法律文本的“下马观花”式的翻译。

2. 非洲法律发展与中非法律比较研究

在对非洲法律进行精准和成体系翻译的基础上,可重点开展三方面研究:一是对非洲法律进行历时性研究,考察其产生、发展与规律。二是对非洲法律进行共时性研究,比较研究非洲各国不同的法律制度,分析它们的

---

⑪ 张宏明:《中国的非洲研究70年述评》,载《中国非洲学刊》2020年第1期。

性质、特点以及相互关系。[12] 三是中非法律的比较研究,通过比较研究中非法律,可发现其差异,对此提出协调方案,从而构建中非法律协调机制。通过这三个方面的研究,可为中非间开展治国理政法治经验交流和非洲国家法治建设提供建议。目前,我国对非洲法律文本的翻译成果已有一些,但对非洲法律发展和中非法律比较研究的成果还不多,而且这方面的研究属于基础理论研究,因此这方面的研究亟待加强,从而为应用对策研究提供更好的理论支撑。

3. 中非合作法律问题研究

这主要属于应用对策研究。这方面的研究内容也主要有三:一是研究中非经贸关系法律问题,这是当前研究的重点。对此,可与我国涉非实务部门尤其是在非中资企业合作,深入非洲,"驻马种花",开展实地调研,获取一手资料,并结合非洲国家的法律文本,就非洲国家的经贸投资法律环境进行全面深入地解读与分析,为在非中资企业预防和解决经贸投资的法律风险与争议提供建议。二是研究中非其他合作领域中的法律问题,如政治、外交、军事、科技、人文等领域。三是对第三方介入中非合作关系时所涉法律问题的研究。

4. 非洲国际组织法律文本的翻译与研究

这也属于基础理论研究。鉴于非洲国际组织在非洲各领域的作用日益凸显,也需要对其相关法律开展研究。首先可选取非洲联盟、非洲经济共同体、非洲商法协调组织等非洲区域性国际组织,其次选取东非共同体、西非国家经济共同体、南部非洲发展共同体等非洲次区域性国际组织,就其相关法律文本进行翻译研究。在此基础上,逐步将范围扩大至非洲所有国际组织。在对非洲国际组织法律文本翻译研究的基础上,可进一步开展应用对策研究,为我国深化与这些组织的合作提供针对性的建议。

---

[12] 张文显主编:《法理学》(第5版),高等教育出版社2018年版,第5页。

5. 非洲国家与地区法律文本的数据库建设

就上述非洲国家与地区的法律文本，可以逐步分地区、分国家、分领域、分主题地开展数据库建设，该数据库不仅储存并及时更新法律文本及其译文，而且附以相应介绍或解释。鉴于非洲国家和法律的数量众多，且数据库建设需要长期、持续、大量的投入，这将是一项长期的工作。

（四）研究方式方法

根据非洲法研究的上述原则和内容，我国开展非洲法研究应采用国际化、协同化、应用性和交叉性等方式方法。一方面，开展非洲法研究，宜采用国际化和协同化的方式，即在中外尤其是中非间开展协同研究。对此，可将翻译“一带一路”重点非洲国家的重要法律文本作为起点，由我国涉非机构尤其是驻非使馆和在非中资企业委托我国法科院校组成中非联合课题组开展协同翻译。另一方面，非洲法研究在方法上应把理论研究与应用研究结合起来，既要“下马观花”，对非洲国家和国际组织的法律文本进行精准且成体系的翻译与研究；又要“驻马种花”，深入非洲一线进行调研，拿到一手资料，拿出一流成果。为此，可由驻非使馆或在非中资企业提供必要的协助，并与中非法科院校开展协同研究。为形成我国的非洲法研究特色与优势，在方法上还可融合领域学、区域学、国别学和专题学，并结合非洲独特的政治、经济、文化、传统和历史等开展跨学科研究。

（五）研究目标

非洲法研究的目标有四个方面：一是从“小船出海”到“集群共生”，这是研究队伍方面的目标；二是从“个小体弱”到“量多质优”，这是研究成果方面的目标；三是从“低端集成”到“智能制造”，这是研究创新方面的目标；四是从“本土品牌”到“国际品牌”，这是研究影响方面的目标。

具体而言，这四个方面的目标可以投射到学术和实践两个维度上。一方面,在学术上,通过对非洲国家和国际组织的法律文本协同开展分领域、分区域、分国家、分主题的系统化的翻译研究和相应数据库建设,我国的非洲法研究机构与团队得以发展壮大,中外协同研究能力得以提升,我国非洲法研究成果的数量和质量得以提高,我国非洲法研究的理论基础得以夯实,我国法学界对非洲法律的认知得以拓展。在此基础上,我国的非洲法学术体系得以构建,我国的非洲法学术话语得以提升,我国的非洲法学术影响得以扩大。另一方面,在实践上,我国对相关非洲国家和地区法律文本的翻译成果与研究成果真实可靠、切合实需,我国对非合作法律信息获得途径基本通畅,对非法治化营商环境得以优化,我国企业预防和解决对非经贸投资法律风险与争议的能力得到提升,中非官方与民间尤其是法学院校间的法律交流合作实现常态化,中非间以法治为核心的治国理政经验的交流互鉴得以广泛深入开展。

四、结语

我国的非洲法研究,历经20余年的发展,随着中非共建"一带一路"以构筑更紧密命运共同体的日益推进,已进入提质增效的新阶段。如今,"非洲学"作为交叉学科已被教育部正式确认,这也将为我国的非洲法研究注入新动力、激发新活力。我国法学界尤其是非洲法学界,理应顺势而为,奋发有为,扎实推进非洲法研究,为中非合作和非洲发展提供中国法律智慧与法律方案。

2023年7月修订于金华芙蓉峰下

本书研究了作为一个法律秩序的非洲联盟(African Union)法的兴起及其对该区域现有秩序的影响。作为研究非洲联盟法发展的权威性书籍,本书涵盖了非洲联盟的立法权、职能,非洲联盟法的直接效力、辅助原则、干预主义和执法等相关问题。

奥卢菲米·阿矛(Olufeimi Amao)指出,非洲联盟法律秩序正逐渐从政府间主义向超国家主义过渡,他研究了这一过渡过程对国家主权的渐进性淡化,而国家主权这一概念在非洲引发了诸多问题。以欧洲联盟法为比照对象,本书也思考了超国家主义的发展对人权、民主改革、领土、部落与宗教争端和经济关系等关键问题的影响。

作为对非洲联盟法律发展的全方位研究,本书对研究国际法、国际关系和非洲等方面的学生、学者和执业者十分有益。

奥卢菲米·阿矛　苏塞克斯大学法学院的高级讲师,曾任布鲁内尔法学院讲师、伦敦布鲁内尔大学本科生研究主任和爱尔兰科克大学学院讲师,著有《企业社会责任、人权与法律:发展中国家的跨国公司》(劳特利奇出版社2011年版)一书。

本书献给现代非洲的伟大建设者(排名不分先后):

纳尔逊·曼德拉(Nelson Mandela)、夸梅·恩克鲁玛(Kwame Nkrumah)、帕特里斯·卢蒙巴(Patrice Lumumba)、朱利叶斯·尼雷尔(Julius Nyerere)、海莉·塞拉西(Hailie Selassie)、利奥波德·塞达尔·森戈尔(Leopold Sedar Senghor)、穆哈马德·安瓦尔·萨达特(Muhamad Anwal-EL Sadat)、赫伯特·麦考利(Herbert Macaulay)、奥巴菲米·奥沃洛沃(Obafemi Awolowo)、阿布巴卡尔·塔法瓦·巴莱瓦(Abubakar Tafawa Balewa)、纳姆迪·阿齐克维(Nnamdi Azikwe)、阿米努·卡诺(Aminu Kano)和其他无法详尽罗列为现代非洲、非洲联盟及其法律秩序做出贡献的人们。

还献给我亲爱的已去世的兄弟奥卢塞贡·阿矛(Olusegun Amao)。

最好的我们,正与最伟大的人同在。

前　言

《非洲联盟法：一个自成体系法律秩序的兴起》对非洲联盟（African Union，以下简称非盟）这一形成中的法律秩序进行了研究，其学术性强、论证严谨、文笔优美。在书中，奥卢菲米·阿矛为非洲法学界和非盟研究群体做出了重要贡献。他认为，一个新的大洲级的法律秩序正在非洲形成，为此他分析了非盟法律秩序的历史、背景、规范基础以及该秩序的"独特特征"。这些独特特征包括特殊的殖民历史、多元化的法律制度与宪法传统，以及对非盟社会经济一体化的种种争议性愿景。

本书明确将《非洲联盟章程》定位为泛非主义有关政治和经济一体化理想蓝图的一个进步标志。奥卢菲米·阿矛认为，与其前身非洲统一组织（Organisation of African Unity）不同，非盟是一个规范创设机构。奥卢菲米·阿矛指出，非盟这种规范发起者的能力，已经在不断拓展的非洲人权法机构中结出果实，并引入各种法律渊源以推动非盟实现一个更加紧密的政治目标。

法律渊源是本书的核心问题，奥卢菲米·阿矛对包括欧盟法在内的各种渊源的作用持一种开放包容的态度。非盟法作为新兴的大洲级的法律秩序，具有多样性和动态性。奥卢菲米·阿矛没有从通常的审慎的法律视角看待非盟法律制度的多元化和开放性，他认为，法律渊源的碎片化和非盟秩序基础性规范的碎片化，并不是一个值得担忧的问题，而是非盟这个新兴法律秩序的丰富资源。

就西方法理学和国际法规范对非洲法律和法律制度的否定,奥卢菲米·阿矛进行了巧妙和高明的批判。他主张,规范个人、群体和部落集体的行为准则,为恢复性与和解性司法以及集体责任的概念奠定了基础。时至今日,这些概念仍然持续影响着非洲法律秩序的发展和非盟秩序自身的发展。通过援引埃利亚斯(Elias)等人的著作,奥卢菲米·阿矛指出了非洲习惯法在非洲统一组织规约中的地位,以及非盟向更为"激进的一体化主义"的法律和政治的转变。对这一转变,他大体上是支持的。

非盟法律及其独特的法律秩序在非盟一体化计划中居于中心地位。奥卢菲米·阿矛指出,不断演化的非盟法律秩序是"自成一体"的,而且在发展目标和法律形式上,与欧盟法的超国家秩序并无二致。通过援引埃多齐(Edozie)的观点,奥卢菲米·阿矛认为非盟可以被合理地描述为一个新兴的超国家组织。他主张,非洲统一组织由于坚持不干涉内政原则而受到限制,但非盟法律秩序以一套独特规范为前提,其中包括"不漠视"原则、人权原则以及保护责任等原则。奥卢菲米·阿矛指出,虽然人权原则是非盟新兴原则中覆盖范围最广的,但经济一体化和非洲商法协调组织(the Organisation for the Harmonisation of Business Law in Africa,OHADA)的工作对泛非主义有关建立更紧密联盟目标的实现至关重要。

本书的一大特色是它结合了非洲政治、经济一体化和非洲的人权实践。与大多数法律学者不同,奥卢菲米·阿矛没有回避跨国经济一体化的复杂性和人权保护所面临的本土挑战(包括男女平等原则)。凭借自己在国际商法和人权法方面的学术地位,奥卢菲米·阿矛就非盟法对这两个领域的贡献进行了令人信服的分析。通过运用有关同性性行为和关系的法律规范,奥卢菲米·阿矛对以非洲特殊性为由对同性关系犯罪化的做法提出了疑问。他认为,对性少数者和各种形式性取向的"他者化",在很大程度上是殖民主义的遗留物,并可归因于基督教和伊斯兰教向非洲大陆及其法律秩序的输入。非洲人权法律和非盟本身,都有希望对有关平等和不歧视的国内法律规范进行协调,并确保对扩张中的关于身份认同和权利的国际法律进行遵守。奥卢菲米·阿矛承认,这项任务十分艰巨且因殖民遗留问题而非常复杂,同时还会涉及不同的宗教传统和国家主权主张所具有的政治性。尽管奥卢菲米·阿矛特别关注美洲人权体系在同性关系认同方面的发展,但他不愿承认非洲人权法对性少数者主张的权利直到目前都极为有限。

在欧盟等地区对人员自由流动设置种种挑战和限制之际,奥卢菲米·阿矛却正确地将非盟推进更大行动自由的举动认定为实现非洲经济和政治一体化的关键步骤。这一举动,较少是出于人道主义关怀,更多的是为发展贸易及为其相伴的扩大劳动力市场和增强员工流动性提供便利。中西非的非洲商法协调组织所发挥的作用,被认为是非洲大陆协调法律规范的典范和潜在动力,是促进商业交易更加便利的关键因素,同时也提高了非盟法律秩序的可预见性和确定性。

奥卢菲米·阿矛的书不仅为我们理解非盟及其独特的法律秩序做出了重要贡献,而且有助于我们理解非盟这个超国家法律秩序的演化和非洲一体化计划。当这些计划在其他地方尤其是在欧盟遭遇威胁时,奥卢菲米·阿矛对一个能够更加统一非洲所需的规范和法律架构进行了分析,这一分析不仅及时,而且对我们理解法律在促进国家间开展更多合作中所能发挥的潜在变革作用也至关重要。

苏波汗·穆拉利(Siobhán Mullally)

戈尔韦(Galway)

2018 年 3 月 11 日

致　谢

感谢我的妻子安妮·玛丽(Anne-Marie)和我们的双胞胎布莱恩·奥卢塞贡(Brian Olusegun)与梅尔·艾格尼斯(Maire Agnes)给我时间写这本书,感谢他们的鼓励和坚定的支持。感谢我在苏塞克斯(Sussex)法学院的导师林赛·斯蒂顿(Lindsay Stirton)教授对我的支持。感谢非洲联盟法律研究网络(http://africanunionlaw.org)的成员在该网络的研讨会上提供的见解。我还要感谢苏塞克斯法学院的领导,他们为这项研究提供了有利的环境。感谢查尔斯·奥卢博昆(Charles Olubokun)博士和裘斯德·乌多吉(Chosed Udorji)博士为本书部分内容提供的研究帮助。此外,我还要感谢爱尔兰蒂珀雷里郡(Co. Tipperary)的卡舍尔(Cashel)图书馆的工作人员,他们同意我在假期使用他们的设施来写这本书。最后,感谢苏波汗·穆拉利(Siobhán Mullally)教授为本书撰写前言。

这项工作得到了英国艺术与人文研究委员会的资金支持。

奥卢菲米·阿矛

2018 年 1 月于爱尔兰卡舍尔

目录

绪　论

本书试图证明的一个核心观点是，通过非洲统一组织（以下简称非统）——特别是其继任者非洲联盟（以下简称非盟）的有意无意的活动，一个新的大洲级的法律秩序正在非洲发展演化。虽然这一新的法律秩序尚在形成之中，但本书将展示该法律秩序的独特发展方式。本书认为，非盟及其机构是大洲层面上的规范倡导者或发起者、标准确立者和法律制定者，《非洲联盟章程》（以下简称《非盟章程》）是一部大洲级的社会契约和宪法文件。这一点与非统形成鲜明对比，因为建立非统的初衷并非成立一个规范或创设法律的机构。但不可否认的是，非统在非盟法律秩序发展过程中发挥了显著作用。

为非洲大陆一些特有问题与挑战找到一个集体解决办法，这一需要是推动非盟法律秩序兴起的一个关键因素。如本书第一章所示，建立非统旨在集体应对非洲大陆在独立后所面临的一些重大挑战，包括铲除各种形式的殖民主义，捍卫非统会员的主权和领土完整，以及应对发展挑战等。非统的这种限制性角色，也限制了其对非盟法律秩序的贡献。虽然非统无法实现泛非主义有关统一非洲的理想，而该理想在引导非统会员独立方面曾经产生过重要影响，但是非盟的产生似乎复苏了该理想，并有助于推动非盟法律秩序的形成。第一章将指出，非盟法律秩序正以一种与既有一切法律秩序都不同的独具特色的方式发展，而非盟法律秩序所独具的特色，主要反映在支撑该大洲规模法律秩序的核心文件之中。

第二章尝试对非盟法的各种渊源进行识别和分类。这项任务极具挑战性，因为近几十年来，非盟的规范和准则以多种形式发展，其范围包括无约束力的软法和有约束力的规则。该章还将解决非盟的法律人格问题，这
2 一问题已由非洲人权与民族权法院（以下简称非洲法院）在“费米·法拉纳诉非洲联盟案”中处理并解决。[①] 值得注意的是，尽管在非盟和非统的一些文件中提到了“联盟法”或“非洲法”，但并未对其进行定义或确定其渊源。本章通过采用并改进马鲁瓦（Maluwa）有关非盟与非统条约的分类方式，对非盟与非统法律文件进行了更实用的分类。[②]

本书对非盟政治与体制方面的问题并未着墨太多，而是把研究重点放在非盟及其前身非统以及它们的组织机构在各个方面的发展上，这些发展对于非盟规范性与法律性标准的制定有重要影响。《非盟章程》因其宪法地位和所涉范围的广泛性，是非盟法的一个根本性渊源。据观察，大洲层级的司法和准司法判例也已成为非盟法的一个重要渊源，2004 年成立的泛非议会（Pan-African Parliament，PAP）有望在未来的非盟法渊源中扮演一个重要角色。第二章还指出，一些借鉴欧盟法律秩序的原则，包括辅助性、相称性和直接效力原则，在非盟法律秩序中扮演了重要角色。

第三章回答了非盟会员资格问题。新成立的南苏丹共和国加入非盟和摩洛哥重新成为非盟会员，表明了这个问题的重要性。在非统机制下，加入非统的条件非常宽松。虽然非盟机制对接纳会员的条件进行了一定的限制，但与欧盟机制相比，其采用的条件仍要宽松许多。采用更严格的加入条件，有助于非盟对其会员的行为施加更大影响，并确保在未来会员有能力履行其作为会员的义务。此外，还有一个问题，即不在非洲大陆但与非洲有密切联系的国家是否可以加入非盟。位于加勒比海地区的海地，其人口主要由非洲后裔组成。海地在 2012 年曾试图加入非盟，但未能成

---

① See Femi Falana v. African Union, Application 001/2011.

② 见第二章。

功。根据《非盟章程》第23、30条的规定，非盟对未能遵守其政策和决定的会员可施以制裁，这是非盟法律秩序内与执行程序相关的一个重大进展，也是本章将要讨论的内容之一。此外，本章还探讨了非盟会员身份对其公民的影响和非盟为协调整个非洲层面的公民资格规则所作的努力。

自摆脱殖民统治获得独立以来，非统或非盟的会员就已经认识到经济一体化在其谋求发展中的重要意义。尽管如此，与人权领域相比，这一领域的进展相对缓慢。如第四章所述，1991年《建立非洲经济共同体条约》（又称《阿布贾条约》或《AEC条约》，以下简称《阿布贾条约》）对经济领域 3
的标准设置和规范制定有非常重要的影响。非洲经济共同体的设计方案和结构特征具有超国家的特点，已被纳入非盟的组织结构。将区域经济共同体（Regional Economic Communities）作为实现非洲经济共同体目标的基础，已在区域层面，即在贸易、关税、统一货币和行动自由等领域取得了重大进展。还有人认为，非洲商法协调组织所取得的一定成功表明，在非洲大陆的经济领域有可能产生超国家的法律规范。值得注意的是，非洲商法协调组织的法律秩序与非盟法律文件存在兼容性问题，非洲人权和民族权委员会（African Commission on Human and Peoples' rights，以下简称非洲委员会）在"凯文·姆旺加·冈梅等诉喀麦隆案"中③，对该问题进行了考虑，第四章将讨论该案件。

第五章以非盟法律秩序下的和平、安全与法治为主题。由冲突、不安全和不尊重法治所产生的挑战，已引起人们对这些问题的高度重视，并推动了新的规范与标准的产生。非统曾经在这一领域发挥作用，但由于其坚持不干涉内政原则，所以其作用有限。新规范，特别是非盟新规范的发展，已经产生了一些重大而且可能是根本性的变化。这些新规范，包括"不漠视"原则、政府违宪变更原则、人权原则以及实施并保护民主法治的责任，

③ See Kevin Mgwanga Gunme et al. v. Cameroon, ACHPR, Communication No. 266/03 (2009).

提高了非盟对其会员的影响力。

在非盟法律秩序中,迄今最发达的一项规范是人权规范。非洲人权制度的核心是《非洲人权和民族权宪章》(以下简称《非洲宪章》)。正如第六、七章所要讨论的,非洲委员会和非洲法院对该宪章条款的适用,已在非洲大陆形成了关于人权的可靠的司法判例。由于非洲人权制度具有独特性,所以这方面的司法判例也很重要。临时性或过渡性措施的不断使用,非洲人权法院体系权力的日益扩大,都对未来产生了重大影响。此外,有关非洲人权的司法判例,正在对非盟会员法院和个人权利产生显著影响。

非盟法律秩序面临的主要挑战之一,是如何实现新规范、标准和整个非洲大陆普遍存在的习俗、道德观念的协调。在第八章中,我们将以充满争议的性取向问题为个案,探讨这种紧张关系以及非盟机构的应对措施。第九章将着重讨论非盟法的执行机制,这已被认为是对非盟法律秩序的重大挑战。该章将重点研究非洲大陆现有的司法和准司法执行机制。可以想象,随着非洲法院系统的引入,非盟法的执行程序在未来将更加强劲有力。

第一章　非洲法与非洲联盟法:概念的发展 4

一、非洲概述

“非洲”这个名字起源何处？它是如何被用来指称现代非洲大陆的？目前,对这些问题尚未形成共识。有学者认为,“非洲”这个词可能起源于希腊语,是“没有寒冷”之意;也可能源于拉丁语,意指“阿非利部落的土地”。[①] 有学者则进一步指出,或许是罗马人或迦太基人最先使用这个名字来称呼这个大陆。[②] 在前殖民时代,构成当代非洲的这个地区,由不同的部落王国和族群组成,其主要的共同点是地理位置的邻近。前殖民时代的族群通过其所属的部落或族群确定身份,这一特征对非洲法律和法律制度的发展有重大影响。“非洲”一词,是由于欧洲人与该地区的人交往,他们需要为这个之前以“黑色大陆”闻名的地区提供一个名称,而开始流传开来。[③]

非洲是地球上面积第二大的大洲,其人口总数也排第二,仅次于亚洲,

① See P. Finkelman ed. , *Encyclopaedia of African American History*: 1896 *to the Present*: *From the Age of Segregation to the Twenty-first Century*, Vol. 1 (OUP, 2009) 17.

② See W. D. Wright, *Critical Reflections on Black History*, Praeger Publishers, an Imprint of Greenwood Publishing Group, Inc. , 2002, p. 7.

③ See J. I. Levitt ed. , *Africa*: *Mapping New Boundaries in International Law*, Hart Publishing, 2010, p. 2, 4; W. Menski, *Comparative Law in a Global Context*: *The Legal Systems of Asia and Africa*, Cambridge University Press, 2006, p. 380.

有55个主权国家,包括作为非盟会员的阿拉伯撒哈拉民主共和国*(西撒哈拉),但其国家地位受到摩洛哥的质疑。非洲人口总数约为10.3亿人,占世界总人口的14%以上。** 非洲北部与地中海相邻,东北部与沿着西奈半岛的苏伊士运河和红海相接,东部、东南部和西部分别与印度洋、大西洋相连。2015年,非洲占全球GDP(国内生产总值)的5.1%,[4]2000年至
5 2010年GDP增长率为5%,在2010年至2015年GDP增速放缓至3.3%。[5] 非洲大陆在全球外国直接投资(foreign direct investment)中的份额已从2007年的3.2%增长到2012年的5.6%,[6]但近期又回落到3.4%。无疑,非洲大陆是全球格局的一个重要组成部分。

二、不成文的大宪章:非洲习惯法及其在非盟法发展中的作用

一个老生常谈的说法是,在与非洲大陆往来期间,欧洲人未能理解非洲社会中的法律概念或运作情况。苏格兰探险家蒙戈·帕克(Mungo Park, 1771~1806年)在其经典自传中用了一个段落介绍了所谓的“非洲标准法”。在那段话中,他以一种事后补充的方式写道:

> 为免忘记,我借此机会记录下非洲标准法的运行方式:如果

---

* 在中国外交部官网公布的国家和组织中未搜到该国家,公布的非洲国家为54个。——译者注

** 据最新资料,截至2023年6月22日,非洲人口约为14.36亿人,约占世界人口的16.72%。参见https://www.worldometers.info/world-population/africa-population/,2023-6-23。——译者注

④ See Office for National Statistics, available at: www.ons.gov.uk/economy/nationalaccounts/balanceof payments/articles/theukstradeandinvestmentrelationshipwithafrica/2016, accessed 5 December 2017.

⑤ See World Economic Forum, “3 reasons things are looking up for African economies”, available at: www.weforum.org/agenda/2016/05/what-s-the-future-of-economic-growth-in-africa, accessed 5 December 2017.

⑥ See UNCTAD, World Investment Report 2017, available at: http://unctad.org/en/Publications Library/wir2017_en.pdf, accessed 5 December 2017.

> 一头驴折断了一根玉米秆,那么玉米秆的主人有权抓住这头驴。如果驴的主人所给的赔偿不能弥补玉米秆主人认为其所遭受的损失,那么后者就可将驴扣留。虽然他不能将驴卖掉或用于劳役,但却可以把它杀掉。由于班巴拉人视驴肉为珍馐,所以这一部分法律经常被付诸实施。⑦

在非洲大陆与外部世界的接触增加之后的几十年间,这种对非洲法律奇闻轶事式的认知方式继续存在。非洲法律通常被视为是需要被替换的原始习俗,这是非洲的法律传统在以前被颇有争议地称为“民间法”的原因之一。⑧

门斯基(Menski)发现,存在一股“几乎不加掩饰地否认非洲法律对(世界)法学理论作出潜在贡献的暗流”⑨。他认为,这种态度源于“在理解非西方法律时所存在的严重的多元意识缺陷,这主要涉及实证主义的预先假定”,以及对“法律在社会背景下存在”的否定。⑩ 门斯基还观察到,非洲人被广泛地认为缺乏成熟的理性思维和现代化的行政安排,但这种假设“忽略了口头非洲法律存在的大量证据,将这种‘文化’弃之不顾”。⑪ 基 6
于这一点,库瓦利(Kuwali)断定:

> 欧洲人将西方法律直接移植到非洲本土社会。在移植时,这些殖民者无意分析非洲所继受的欧洲法律与同样存在于殖民地区的非洲本土法律和习俗的交互作用与影响。这些殖民者认为,

---

⑦ Mungo Park, *Travels in the Interior of Africa*, Wordsworth Classics of World Literature, 2002, p. 363.

⑧ See H. P. Glenn, *Legal Traditions of the World: Sustainable Diversity in Law*, 5th ed., Oxford University Press, p. 62.

⑨ Supra, Menski, 380.

⑩ Ibid.

⑪ Ibid., p. 381.

> 非洲本土法律是异教风俗，应予以废除，并以更先进的殖民法律取而代之。[12]

一个虽然幼稚但却具有先决性作用的问题是，在与西方接触之前，“法律”在非洲是否是一个被普遍接受的概念？只要人们对“法律”的理解并未狭隘到认为只有议会、法院、警察、监狱、成文法典等，他们就可以自信地对此问题作出肯定性回答。尽管形式不同，且并非成文法典，但法律确实是非洲社会的一部分。[13] 阿洛特(Allott)是“非洲法”这一概念的重要支持者，他认为一部纯粹口头、但实质上是习惯法的立法，有其存在的可能性。[14] 因此，非洲各种法律制度的共性是其本质上是习惯法，形式上则是不成文的。与古代欧洲习惯法的历史法学以思辨性思维为主不同，非洲习惯法的相关证据资料更充分，思辨性的内容也相对较少。[15] 而且，与欧洲古代传统不同，非洲习惯法既不是“贵族”或“司法寡头”，也不是享有特权的少数群体的专有领域，而是集体或族群的共同事业。[16] 更进一步说，非洲习惯法是一个本地化机制，对族群的各个层级都适用，并由酋长、村落头人、老者和家长等各种机构和个人掌管实施。[17]

正如格伦(Glenn)在其关于世界法律传统的重要著作中所说，人们也可以将非洲法律或法律传统视为“闪灵”(chthonic)。[18] 在他看来，这意味

---

⑫ D. Kuwali, *Decoding Afrocentrism: Decolonizing Legal Theory*, in O. Onazi ed., African Legal Theory and Contemporary Problems: Critical Essays (Ius Gentium: Comparative Perspectives on Law and Justice, 29) 71 at 72; See also Menski (n. 3) 380 – 381.

⑬ See L. A. Ayinla, *African Philosophy of Law: A Critique*, (2002) 6 Journal of International and Comparative Law 147.

⑭ See A. N. Allott, *African Law*, in J. D. M. Derrett ed., An Introduction to Legal Systems, Sweet & Maxwell, 1968, 131 at 132.

⑮ Ibid., p. 133.

⑯ Ibid., p. 135.

⑰ Ibid.

⑱ Supra, Glenn, 62.

着一个民族或群体与大地和谐相处。[19] 这一观点的重要性在于,非洲的传统应该由非洲自己而非外部或强加的标准来评述。因此,根据格伦的观点,这既是一种从内部审视传统的尝试,也是一种在“殖民语言”出现之前 7
对传统进行观察的尝试,尽管可能存在语言和观念上的问题。[20] 非洲这种闪灵般的法律传统并没有具体的起源,而是随着经验的增长,通过口头传授和反复记忆延续其存在。它是先于所有现代传统的最古老的法律传统,其最显著的特征是口头性、公用性和总体上的非正式性。[21] 这种法律传统通过人们的语言和记忆保存。格伦还提出了一个很有说服力的观点:这种法律传统之所以现在依然如此,是因为“尽管其因遭受殖民而难免被打上各种标签,但是数十万年来,其一直保持这种闪灵特征”。[22] 在评价该传统的可靠性与脆弱性时,格伦指出,闪灵般的法律传统,

> 在遭受外界影响时可能表现出高度的不可靠与脆弱性,但我们要牢记的是,这种传统似乎又保留了人类生存所必需的大多数东西。因此,这是一个不会过多关注大量细节的法律传统,而且凭借人类的记忆力也确实无法掌握这些细节……这种法律就像是一个所有人或大多数人共享且能够参与的知识库。[23]

门斯基认为,非洲法由许多不同类型的法律制度组成,因此称为“非洲法家族”或“法律制度家族”可能更为准确,但这些家族的起源不一定相同。[24] 非洲的司法管理可能因部落或社会而异,但存在一些可识别的共同

---

[19] Ibid.
[20] Ibid., p. 62.
[21] Ibid., p. 62, 65, 66.
[22] Ibid.
[23] Ibid., p. 63, 64 – 67.
[24] Supra, Menski, 308.

特征。[25] 门斯基的结论是:“非洲法与其他法律一样,具有法律性,但它们也有其独有的特点,这就解释了它们的‘身份假设’。”[26]从便利与可读性出发,我们将这一概念称为“非洲法”,但也要注意这一概念的一般性特征。

早期研究非洲法律制度的学者大卫(David)和布雷利(Brierley),就非洲法的存在与否进行了评论,他们根据该大陆上的不同法律制度指出:

> 那么,这是否意味着,这些不同的群体之间没有统一的法律,也不存在严格意义上的“非洲的”法律?事实上,在这个问题上存在许多不同意见。尽管大家都承认,在这个被分成如此众多群体的大陆上,有如此多样的习俗存在,但人们并不认为,所有非洲法所共有的某些特征实际上能够使它们与欧洲法律完全割裂开来。[27]

8 有意思的是,一些影响欧洲法律思想的早期思想家,如奥古斯丁(Augustine)、柏拉图(Plato)和亚里士多德(Aristotle),都曾与非洲大陆有某种联系或接触,这有可能影响了他们的思想。[28]

接下来的一个问题是,如果有非洲法,那就一定有非洲法理论。事实上,在过去几十年里,这一直是一个重要议题。非洲法理论家一直将非洲法与法律实证主义拉开距离,并将其置于自然法的基础之上,这也影响了学术界关于“非洲法理论”存在问题的讨论。库瓦利认为:

---

[25] Supra, Allott, 131.

[26] Supra, Menski, 381.

[27] R. David and J. E. C. Brierley, *Major Legal Systems in the World Today*, Stevens & Sons 549(1985).

[28] Supra, Menski, 386.

> 非洲法理论的一个显著标志是对自然法而非法律实证主义的认同。与实在法相反，自然法是普遍的，对所有人和所有地区都有约束力。因此，非洲法是一种以权利和正义等普遍性概念为基础的非协定性法律。[29]

库瓦利接着对非洲法的理论基础进行了鉴别，认为其植根于文化，同时来源于谚语；它寻求社会平衡，并为恢复性和协调性正义理论提供基础；它尊重相互依存和集体责任，提供一种基于共识的决策理论。[30] 本书将探讨这些理论基础是如何影响新兴的现代非盟法的。

三、非洲法的性质

正如本章之前所述，在前殖民时代，非洲社会确实没有成文法典。然而，法律在部族、部落或家庭内部制定，并在这些团体内适用。每个团体都有自己的习惯法体系。这种法律的目的是对抗外来者以维护集体利益。[31] 由于各个团体之间很少接触，所以它们都发展出了属于自己的风俗习惯。[32] 传统上，"法律是自然成长的，是政治体的固有部分，也正因为法律是有机的、连贯的、传统的，所以它才会被政治体所接纳"[33]。处理部落间关系的相关规范很少，用现代词汇来说，就是"国际法"很少。但是，重要的是，在非洲法中存在有关作战与媾和以及管理和平时期相邻部落之间关系的规则。[34] 在前殖民时代的非洲，法律包含所有"规范个人和群体行为 9
的行为规则，以及为了维护社会平衡以使其作为一个整体延续下去所必需

---

[29] Supra, Kuwali, 72.

[30] Supra, Kuwali, 7.

[31] See J. H. Driberg, *The African Conception of Law*, (1934) 16 (4) Journal of Comparative Legislation and International Law 231.

[32] Supra, David and Brierley, 548.

[33] Supra, Driberg, 231.

[34] Ibid., p. 230.

的行为规则"[35]。这一法律概念强调了非洲法的集体主义基础,这与西方主流法律理论中的个人主义相对立。

埃利亚斯(Elias)是最早也是最优秀的非洲法理论家之一。在他的名著《非洲习惯法的性质》中,埃利亚斯认为非洲法是存在的,它并非源于奥斯汀(Austinian)"作为政治主权对政治部属的命令"的理论,而是一种体现人民共同意识、服务社会工程的法律。[36] 埃利亚斯指出,非洲法建立在维持社会平衡这一观念的基础之上。[37] 它类似于习惯国际法,习惯和惯例的某些方面发展成为他所称的"非洲习惯法"。[38] 它与国际法的主要区别在于,它没有维护这些法律的国际机制。埃利亚斯认为,非洲习惯法本意是随着社会的发展而逐渐发展。[39] 他对非洲习惯法的基础提出了如下主张:

> 在非洲广大地区,由于出现了大体相似的政治与经济条件,所以就相应出现了相似的习惯法规则。这意味着,一个非洲法普遍性原则体系是可能存在的,而这与欧洲法的一般原则并没有本质上的不同。[40]

另一位研究非洲法的早期学者马克斯·格卢克斯曼(Max Glucksman)也有类似看法,他指出:

> 我研究了非洲祖卢兰(Zululand)和罗德西亚(Rhodesia)地

---

[35] Ibid., p. 231.

[36] See T. O. Elias, *The Nature of African Law*, Manchester University Press, 1956, p. 294.

[37] See C. Landauer, *Things Fall Together: The Past and Future Africas of T. O. Elias's*, Africa and the Development of International Law (2008) 21 (2) Leiden Journal of International Law 351, 360.

[38] Ibid.

[39] Ibid.

[40] Ibid., p. 367.

> 区法院的工作，发现他们使用与我们法院相同的基本原则。与所有法律制度一样，非洲法律制度也建立在理性人、责任、过失、直接与间接证据以及传闻证据等原则之上。非洲的法官和非专业人士能够熟练且合乎逻辑地将这些原则应用于各种情况，以实现正义。[41]

阿洛特也持这一观点，指出非洲法“在程序、原则、机制和技术上显示
出高度的相似性，这为它们提供了一种共有的叙事方式”[42]。我们可以从 10
文献和实践中辨识出这一普遍性原则体系，它们包括以下几个方面。

（一）法律目的

非洲法的核心目标在于，在广泛的社会范围内（而非严格遵守法律条文），为所有各方实现实质正义。阿洛特认为，一种更广泛、更宏大、更人性的方法支配着非洲法。这一方法的重点是，在“特定情况下，根据一般原则，采用被习惯所承认的适用于每一关系或交易的适当行为模式”以实现实质正义。[43] 例如，在有关财产纠纷中，非洲法较少涉及对私有财产的保护，更多的是确保财富在社群内的公平分配。

（二）和解

和解也是非洲法的一个重要特点。正如普通法中衡平的目的是公平一样，非洲法旨在达成和解，为此可以不用严格遵守法律条文。[44] 阿洛特认为这是非洲法的共同主题之一。他认为：

㊶ Max. Gluckman, *Letter to the Observer*, 15 July 1951. Quoted in T. O. Elias, The Nature of African Law (Manchester University Press, 1956) 33.

㊷ Supra, Allott, 131.

㊸ Ibid., p. 133.

㊹ See M. Gluckman, *The Judicial Process Among the Barotse of Northern Rhodesia*, Manchester University Press, 1967, p. 357; supra, Allott, 144.

在非洲，裁决的核心是和解或恢复和谐这一观念。法官或仲裁员的工作与其说是以事实为依据，以法律为准绳，将法律适用于事实，不如说是纠正错误，使秩序受到干扰的社群重新恢复到和谐的状态。[45]

这一观念背后的基本原理是，确保各种争议能以一种维持群体当下和未来和谐状态的方式解决。[46]

（三）自然正义

格鲁克曼（Gluckman）等早期研究非洲法的学者认识到非洲社会关于自然正义和法治的观念并不停留在抽象层面。[47] 如上所述，注重和解已被认定为非洲法的基本原则之一，格鲁克曼认为，有关非洲自然法概念的一
11 个很好的例子是，在对争端当事方进行调解的同时，维护法律的一般原则。[48] 也就是说，在非洲传统中，自然法的理念确保法律能以一种各方之间最终达成和解的方式适用。

（四）维护社群与团体的关切

非洲法学者一直都承认团体和社群的权利与权力在非洲法律体系中的重要性，这与西方以个人主义为基础的法律制度不同。[49] 在非洲，一个人生来就属于各种社群、地域和家庭结构。由于具有这些结构的成员资格，所以他有权获得经济和道德上的社群资源，同时也有尊重"该社群中

---

[45] Supra, Allott, 145.

[46] Ibid., p. 150.

[47] See M. Gluckman, *Natural Justice in Africa* (Natural Law Forum, Paper 81, 1964) 25.

[48] Ibid., p. 28.

[49] Supra, Allott, 147; Glenn, 76.

其他成员的基本和长期需求"的相应义务,并要尊重该社群在控制本社群资源获取和使用方面的权威。[50] 这与梅因(Maine)所说的欧洲"古代法"并无不同,即这些法律主要涉及的不是个人而是家庭,不是个体而是群体。[51] 阿洛特的结论是:

> 在部落、家族、住所、辈分、团体和其他社会组织强大的组织管理下,非洲法无疑更加强调团队与集体,往往忽视社会生活和法律中的个人因素。但是,这与西方社会的区别只不过是程度上的。在西方社会,集体或个人原则之间存在着对话或紧张关系,有时集体原则占据上风,有时个人原则处于优势。[52]

(五)乌班图精神

在非洲社会,乌班图是非洲法的另一个重要特征。乌班图通常意味着"人道待人"。[53] 在尼日利亚的约鲁巴(Yoruba)地区,该概念被称为"Omoluabi",翻译过来就是指个人权利不能脱离更广泛的集体权利而有效行使。这一概念,与强调集体的复原性司法理念极其相似。[54] 它强调人性是由人与人之间的联系塑造的,社群若要维持下去,人际交往就必须得到维护。在法律层面上,乌班图被理解为包括对生命和人类尊严的特殊重视。[55] 马博雷(Mapaure)认为:

---

[50] Ibid., Allott, 150.

[51] See H. S. Maine, *Ancient Law: Its Connection to the History of Early Society* (JM Dent & Sons, 1917) 250.

[52] Supra, Allott, 149.

[53] See C. Mapaure, *Reinvigorating African Values for SADC: The Relevance of Traditional African Philosophy of Law in a Globalising World of Competing Perspectives*, (2011) 1 SADC Law Journal 149, 160.

[54] Ibid.

[55] See S. v. Makwanyana & Anor. 1995 (2) SACR 1.

12 这一概念是在非洲诞生、养育和发展的，因此它在很大程度上要归功于非洲的传统法律……[56]事实上，这一概念本身体现了非洲传统法律的原则，这些原则必须从非洲中心这一角度来执行，从而让因殖民主义和种族隔离而分裂的社会融合起来。[57]

（六）信奉超自然与道德

严格地说，非洲法不是一种宗教法，但其常常与对超自然的信仰交织在一起。试图将道德与法律分开，并不是一种研究非洲法的正确方法。[58]我们需要在非洲特有背景下综合研究非洲法。社会和法律像亚原子粒子一样相互交织在一起，彼此间不断相互影响。[59] 在这种有趣的关系中，“法律表达了人民的共同道德准则；如果道德准则发生变化，法律也会自然而然地发生变化”[60]。正如阿洛特所准确指出的，“非洲社会拥有一种融合性文化，或者说是一套融合性的制度和信仰，法律在其中占据中心地位”[61]。

本书的后续章节将展示上述普遍性原则是如何推动非盟法产生的。

四、泛非主义的作用以及“非洲国家联盟”与“非洲合众国”理想

如上所述，在前殖民时代，形成现代非洲的地区是由不同的部落王国和社群组成的，这些组织的主要共性是在地理上的邻近。然而，对非洲的殖民活动中，在由殖民者人为划定的边界内，为非洲人培养了一种共同事业意识。殖民活动的结果之一，就是非洲接纳了泛非主义这一理念。虽然

---

[56] Supra, Mapaure, 160.

[57] Ibid., p. 161.

[58] Supra, Allott, 131.

[59] Ibid., p. 135.

[60] Ibid.

[61] Ibid., p. 136.

这个理念最初形成于美国，但后来在西非地区得到流行，[62]其核心是一体化。[63] 这个理念源于20世纪20年代，当时受过西式教育的非洲知识分子崭露头角，他们将非洲各地的紧密合作视为非洲独立斗争的一个重要战略。在早期，这些非洲知识分子主要来自西非的英国殖民地，即尼日利亚、 13
加纳（当时被称为黄金海岸）、塞拉利昂和冈比亚。在20世纪40年代，这些知识分子的思想声望与日俱增，其议程范围更加广泛，其中包括以建设西非联邦为起点，以建立非洲合众国为最终目标。[64] 这一项目原计划从设立一个被称为"西非国家秘书处"的常设机构开始。[65]

非洲一体化进程的一个重要里程碑是1957年加纳的独立。泛非主义的主要推动者之一——恩克鲁玛博士（Dr. Nkrumah）成为这个新独立国家的总统。他的雄心壮志之一是利用其新角色推动泛非主义一体化理念的实现。[66] 恩克鲁玛认为，只有在其他非洲国家都获得独立的情况下，加纳的独立才算真正完成并具有意义。为了实现该目标，恩克鲁玛于1958年召开了第一次非洲独立国家会议，出席会议的国家有埃塞俄比亚、利比里亚、利比亚、苏丹、摩洛哥、阿拉伯联合共和国（埃及和叙利亚在当时合组的一个短暂联盟）和加纳。[67] 在会议的最后公报中，与会各国同意联合设立一个经济研究理事会，旨在促进贸易，协调经济规划，并探索建立非洲共同市场。[68]

---

[62] See P. M. Henry, *Pan-Africanism: A Dream Come True*, (1959) 37 (3) Foreign Affairs 443, 445.

[63] See A. Jeng, *Peace Building in the African Union: Law, Philosophy and Practice*, Cambridge University Press, 2012, p. 138 – 143.

[64] See B. O. Fagbayigbo, *A Politico-legal Framework for Integration in Africa: Exploring the Attainability of a Supranational African Union* (Thesis Submitted to the University of Pretoria, 2010) 39.

[65] Supra, Henry, 444.

[66] See K. O. Kufuor, *African Unification: Law, Problems and Prospects*, Carolina Academic Press, 2016, p. 18.

[67] Supra, Fagbayigbo, 40.

[68] See *Resolution of the Second Conference of Independent African States*, 24 June 1960.

在1960年的第二次会议上,由于当时有更多的非洲国家获得了独立,所以出席会议的国家增多了。而且,会议还邀请了6个当时尚未独立的国家参会。会议提议联合设立一个非洲开发银行、非洲商业银行和优惠贸易区。值得注意的是,加纳和几内亚的与会代表呼吁建立一个政治联盟,但没有就这一提议达成协议。尼日利亚(当时尚未独立)和利比里亚的与会代表反对这一提议,理由是建立这样一个政治联盟为时尚早。这一分歧为非洲一体化问题上的两个思想流派,即卡萨布兰卡集团和蒙罗维亚集团以及两派在意识形态上的竞争奠定了基础(卡萨布兰卡集团最初包括加纳、几内亚、马里、利比亚、埃及、摩洛哥和阿尔及利亚,蒙罗维亚集团包括喀麦隆、利比里亚、尼日利亚和多哥)。卡萨布兰卡集团赞成立即建立政治联盟并开展合作,而蒙罗维亚集团则赞成在区域一级开展功能性协同合
14 作。[69] 众所周知,非统尤其是非盟的建立,讲述的就是泛非主义的故事。[70]非盟已成为泛非主义思想的一个具体表现,这一点无庸置疑。

五、非统及其在非盟法发展中的作用

非统于1963年成立,这在一定程度上解决了非洲在一体化方式问题上的分歧。非统是在《联合国宪章》第53条的背景下成立的,这一条款允许建立大洲级的区域办法和区域机关。非统的建立,给卡萨布兰卡和蒙罗维亚这两大集团之间的较量画上了句号。《非洲统一组织宪章》(《非统宪章》)没有像恩克鲁玛和卡萨布兰卡集团所倡导的那样建立一个政治联盟或成立一个“非洲合众国”。例如,恩克鲁玛和卡萨布兰卡集团主张建立一支非洲大陆军,以解放仍被殖民统治的非统会员。然而,这一主张在

[69] See A. Jeng, *Peace Building in the African Union: Law, Philosophy and Practice*, Cambridge University Press, 2012, p. 143; D. L. Badejo, *The African Union*, Chelsea House, 2008, p. 30.

[70] See R. K. Edozie & K. Gottschalk, *The African Union's Africa: New Pan-African Initiatives in Global Governance*, Michigan State University Press, 2014, p. 17.

1964年《非统宪章》的谈判中遭到拒绝，妥协的结果是在坦桑尼亚建立一个协助解放运动尤其是南非解放运动的解放委员会。这一在去殖民化进程中对解放运动的援助，最终成为非统最显著的成就。《非统宪章》中没有订立将主权权力移交给超国家机构的条款，这是因为会员不愿意承受这一义务。非统的这一布局制约了其对非盟法律秩序的影响。

作为政府间的一种合作方式，非统不可谓不成功。但是，作为一种一体化的统一方式，非统却是“业绩惨淡”。由于非统将不干涉内政作为核心原则，而该原则暗含对会员绝对主权的承认，所以《非统宪章》本身就是非洲一体化的障碍。这一点，与统一非洲大陆这一努力方向不一致。马鲁瓦指出：

> 非洲统一组织对会员主权平等、尊重主权、领土完整和国家独立以及不干涉内政等原则的强调，表明其旨在成为一个非洲国家间自愿开展合作、没有超国家权威的松散型组织。由此，非洲统一组织完全属于国际组织的范畴。[71]

在应对非洲大陆面临的消除贫困、促进发展和解决冲突等重大挑战方 15
面，非统也没有取得多大成就。[72] 尽管1980年成立了《非统宪章》审查委员会，试图通过对《非统宪章》进行审查，促使其发挥更大作用，并更符合现代非洲的需求，但是，直至该委员会于1996年年底解散，其审查工作也没有产生任何重大影响。[73] 然而，非统的决议和条约已经成为非盟法的一部分。

---

[71] T. Maluwa, *The Transition from the Organisation of African Unity to the African Union*, in A. A. Yusuf and F. Ouguergouz eds., The African Union: Legal and Institutional Framework: A Manual on the Pan-African Organization (Martinus Nijhoff, 2012), 28.

[72] Ibid., p. 30.

[73] Ibid.

需谨记的是,非统的创始会员并非想使其成为一个立法机构。[74] 但有学者认为,通过采用多边条约和决议,非统开展了规范性规则的制定,且其中一些规则可以被视为新兴国际法规则体系的一部分,在本书背景下,就是非盟法的一部分。[75] 马鲁瓦提出,在某些情况下,非统并非有意制定新的国际法,但通过"使某些规则和原则专门针对非洲地区"而使其具有了国际法的性质。[76] 马鲁瓦还指出,从非统成立37年来通过的23项条约来看,非统不仅对国际法作出了贡献,而且还为国际法添加了非洲视角下的具体规范,由此绘制了国际法新篇章(将我们先前讨论过的一些非洲特有的主题融入国际法)。马鲁瓦援引了一些具体例子证明自己的观点,[77]例如,在环境法领域,1968年《非洲自然和自然资源保护公约》明确将"可持续发展和尊重环境原则作为共同遗产或公共利益",这些概念是在其被国际社会普遍认可之前提出的。[78] 此外,1981年《非洲宪章》对适宜环境权的认可也领先于国际。该宪章还引入了民族权、第三代人权和个人义务(本书之后还将进一步说明,《非洲宪章》中的人权已被进一步扩展)。非统1969年《非洲统一组织关于非洲难民问题某些特定方面的公约》对"难民"的含义进行了拓展,并扩大了该法律领域中不退回原则的适用范围。

在《建立法律专门委员会的非洲统一组织规约》中,第1条第4款规定了该委员会的宗旨之一是:

16 鼓励非洲和其他地方的大学和法律研究机构研究非洲法,特别是非洲习惯法,并鼓励非洲各国政府逐步发展或编纂

[74] See T. Maluwa, *The OAU/African Union and International Law: Mapping New Boundaries or Revisiting Old Terrain*, Proceedings of the Annual Meeting (2004) 98 American Society of International Law 232, 233.

[75] Ibid., p. 233.

[76] Ibid.

[77] Ibid., p. 234.

[78] Ibid.

非洲法。[79]

这一条款明确了根植于非洲习惯法的非洲法的概念。

六、非盟的成立

非盟及其机构的成立表明，长期以来支撑非统的国家主权观念，已经转变为一种更激进的一体化方法。简（Jeng）认为，非盟及其相关文件在很大程度上反映了恩克鲁玛对超国家政府机构的愿景，以及希望泛非主义通过一个强力超国家机构实现非洲大陆统一的理想。[80] 在20世纪90年代末期，复兴“非洲合众国”这一观念的一个意想不到的人物是利比亚已故独裁者穆阿迈尔·卡扎菲（Muammar Gaddafi）。1999年，在利比亚苏尔特举行的一次特别大会上，卡扎菲呼吁建立一些非洲的超国家机构，包括非洲理事会（最高执行机构）、联邦执行理事会、各联邦专门委员会、非洲代表大会（任期4年，负责就外交政策、国防、经济事务、金融、对外贸易和领事事务作出决定）、联邦最高法院、非洲货币基金组织、非洲投资银行和非洲中央银行。[81] 然而，出席大会的大多数国家否决了卡扎菲的建议。尽管如此，卡扎菲的大胆设想还是对非盟产生了影响。苏尔特会议最终达成的折

---

[79] Z. Cervenka, *The Organisation of African Unity and Its Charter* (C. Hurst & Company, 1969) 75.

[80] See A. Jeng, *Peace Building in the African Union: Law, Philosophy and Practice*, Cambridge University Press, 2012, p. 178. See also, O. A. Boateng, *Membership Accession in the African Union: The Relationship between Enforcement and Compliance, and the Case for Differential Membership*, (2017) 24 (1) South African Journal of International Law 21.

[81] See M. Bedjaoui, *Brief Historical Overview of Steps to African Unity*, in A. A. Yusuf and F. Ouguergouz eds., The African Union: Legal and Institutional Framework: A Manual on the Pan-African Organization (Martinus Nijhoff, 2012) 9, 19.

中办法是建立非盟以取代非统。[82] 2000 年 7 月 11 日，27 个非洲国家在多哥首都洛美通过了《非洲联盟条约》，非盟成立会议则于 2002 年 7 月 9 日至 12 日举行。

非盟的成立是非洲一体化进程中的一个重要里程碑，正如本书所主张的，它正式标志着非盟法律秩序的出现。在以非盟取代非统之后，各会员朝着建立一个全非洲范围的法律秩序迈出了一大步。由于非统只不过是
17 现有国际法架构内的一个政府间国际组织，所以它并没有建立或形成新的法律秩序。相较而言，非盟的成立为其特有的法律秩序铺平了道路。本书认为，正是非盟朝超国家主义所迈出的这一小步，才使非盟法律秩序的出现成为可能。

本书认为，非盟的建立促进了统一的非盟法的出现，同时，建立诸如大洲层级的法院等机构必须以建立统一的法律秩序为前提。然而，正如我们之前讨论的，人们注意到有关非洲法律秩序的构想先于非盟出现，但这一发展基本上没有受到关注，在学术研究中也没有得到充分探讨。

七、一体化理论和新法律秩序的产生

区域一体化在地区与单个国家层面都产生了一些法律后果。欧盟模式也是如此，其极大地影响了非盟的设计方案。[83] 就欧盟而言，成立欧盟或其前身欧共体的最初意图并不是要建立一个新的法律秩序。1951 年《巴黎条约》、[84]1957 年《罗马条约》[85]在当时被视为国际法的一

---

[82] See OAU, *The Sirte Declaration*, 9 September 1999, EAHG/Draft/Decl. (Ⅳ) Rev. 1, available at: http://webcache. googleusercontent. com/search? q = cache: LCW-pAx6zgYJ: www. chr. up. ac. za/ chr_old/hr_docs/african/docs/ahsg/ahsg64. doc + &cd = 5&hl = en&ct = clnk&gl = uk&client = safari, accessed 27 November 2017.

[83] Supra, Edozie and Gottschalk, xiii; supra, T. Maluwa, 25, 38.

[84] See *Treaty Establishing the European Coal and Steel Community*, 18 April 1951, 261 U. N. T. S. 140.

[85] See *Treaty Establishing the European Economic Community*, 25 March 1957, 298 U. N. T. S. 11.

部分。[86] 然而，欧洲法院不久之后宣布，欧盟构成了“一个国际法中的新法律秩序”。[87] 欧盟法院认为，与普通国际条约相比，欧盟所制定的条约形成了独特的法律体系，这些条约成为欧盟会员法律体系的组成部分，并可由会员法院适用。[88] 在舒茨（Schutze）看来，欧盟认为其具有“国家主义”的特征，并像一种化合物一样结合了国际和国家元素。他认为，这代表了国际法和国内法之间的“中间地带”，一个可视为自成一体的体系，以及代表了欧盟思想家所谓的“超国家主义”。[89]

同样，非盟的前身非统，最初是一个以条约为基础的组织，因此是国际法架构的一部分。但是，建立非盟以取代非统的决定标志着一个重大转变。非盟所建立并仍在发展的法律秩序在非洲正日益凸显其重要性。有迹象充分表明，非盟的结构和法律秩序正沿循与欧盟相同的发展轨迹而变得越来越“自成一体”。非洲委员会对“费米·法拉纳诉非洲联盟案”的判决即强调了这一点。[90]

正如舒茨准确指出的那样，科学或其他任何领域的理论任务是“抽象 18
化”，从而将复杂性降低到“可承受的规模”。[91] 一个一体化的法律理论不仅要着眼于解释一个制度的演变，而且也应着眼于该演变过程对相关行为者的影响。或许，讨论一体化理论和非盟的最佳途径是检视那些曾被用来解释欧洲一体化的理论，并分析其对非盟的意义。基于两个区域体制的相

[86] See R. Schutze, *From Dual to Cooperative Federalism: The Changing Structure of European Law* (OUP, 2013) 3.

[87] See Flaminio Costa v. ENEL [1964] ECR 585 (6/64), 593.

[88] Supra, Schutze, 3.

[89] Ibid.

[90] See Femi Falana v. African Union (Application 001/2011). 该案判决将在第二章探讨。

[91] Supra, Schutze, 39.

似性，欧洲的这一实验为研究非盟提供了一个有用的参照物。[92]

克雷格（Craig）和德伯克（De Burca）研究发现，一体化理论被用来解释欧洲一体化的各个阶段，[93]而各个阶段催生了新的理论假设，前者被之后的发展和理论所证实或否定。在欧洲背景下，第一个著名的理论是功能主义，它于1950年出现，当时欧盟还是一个部门性的煤钢共同体。[94] 功能主义的核心观点是，欧盟是通过一种积极合作防止因资源稀缺发生战争或争端的方式而兴起的。

当欧洲一体化发展到规模更大的经济共同体时，新功能主义的出现进一步推进了理论化发展。新功能主义指出，从产生经济繁荣这一互利合作目标来看，假以时日，这个一体化将会转变为一种广泛的政治影响力，产生逐渐削弱民族国家政府权力和提高共同体政治能力的效果。[95] 因此，这一观点认为，共同体这种超国家机构的出现已经并将持续推动一体化进程。

然而，20世纪70年代出现了一种将关注重心向单个国家在共同体内推进自身利益转移的情况，这对新功能主义提出了挑战。这种发展也使新现实主义和新理性理论出现，自由政府间主义成为其中最重要的理论。自
19 由政府间主义的核心观点和超国家机构相反，其认为国家利益才是推动共同体一体化的关键驱动力。克雷格和德伯克认为，国家行为体基本上都在

---

[92] See D. Bach, *The AU and the EU*, in J. Akokpari, A. Ndinga-Muvumba and T. Murithi eds., The African Union and Its Institutions (Fanele, 2008) 355; O. Babarinde, *The EU as a Model for the African Union: The Limits of Imitation*, Jean Monnet/Robert Schuman Papers Series Vol. 17, No. 2, April 2007, (University of Miami) 3 - 4; M. Paterson, *The African Union at* 10: *Problems, Progress and Prospects*, (International Colloquium Report, Berlin, Germany, 30 - 31 August 2012).

[93] P. Craig and G. De Burca, *EU Law: Text, Cases, and Materials*, 5th ed. (OUP, 2011) 2.

[94] See generally, E. B. Hass, *International Integration: The European and the Universal Process* (1961) 15 (3) International Organisation 366; E. B. Haas, *Beyond the Nation State*, ECPR Press, 2008.

[95] See A. Moravcsik, *Preferences and Power in the European Community: A Liberal Intergovernmental Approach* (1993) 31 (4) Journal of Common Market Studies 474.

努力“追求各自喜好并维护各自权力范围”。[96] 这一理论可以用来解释 20 世纪八九十年代与《单一欧洲法》(Single European Act)、[97]各种政府间会议以及《马斯特里赫特条约》有关的各种发展。[98]

从以上分析可知,欧洲一体化的早期理论显然是按照超国家主义与政府间主义的路线产生分歧的。这种分歧的重要性随着一些替代性理论的出现而遭到质疑。这些替代性理论把新兴共同体看成一个多层次或网络化治理体系。[99] 这些理论认为,在立法和决策过程中,不同层次且范围广泛的机构和行为者参与其中,这些机构和行为者包括国家行为体、超国家行为体、次国家行为体、国内组织、公共和私人组织等。[100]

正如先前我们所讨论的,在非洲被殖民并由此导致落后发展之后,有一种思想流派主张,在联合政府的领导下,成立一个由中央政府管理的非洲合众国,可以更好地实现经济繁荣和发展。这一学派拒绝次区域一体化的主张,担心次区域一体化可能助长区域性忠诚和巴尔干化,并最终导致区域之间发生冲突。[101] 最初,美国的国家统一方式被认为是一种首选模式。这可能反映了这样一个事实,即一体化观点的一些最早支持者(如恩克鲁玛)早年是在美国求的学。恩克鲁玛设想,在联盟内部,会员的“主权”或独立权将得到维护,而联盟政府则在“为整个大陆安全和有序发展的共同行动”所保留的领域中行使其权力(为了实现其抱负,就加纳而言,恩克鲁玛保证加纳在独立后允许将部分或整体权力移交给联盟,以实现统一目标)。[102] 恩克鲁玛为联盟提出了三个目标,包括经济规划、统一军事和

---

[96] Supra, Craig and de Burca, 3.

[97] See *Single European Act*, 1987 O. J. L 169/1 (amending Treaty Establishing the European Economic Community, 25 March 1957, 298 U. N. T. S. 11).

[98] See *Treaty on European Union* (Maastricht text), 29 July 1992, O. J. C 191/1.

[99] See G. Marks, L. Hooghe & K. Blank, *European Integration from the 1980s: State-centric v. Multi-level Governance* (1996) 34 (3), Journal of Common Market Studies 342.

[100] Supra, Craig & de Burca, 3.

[101] See K. Nkrumah, *Africa Must Unite* (Praeger, 1963) 214 – 215.

[102] Ibid., p. 218.

国防以及集中外交政策与外交活动。[103] 他指出，联盟的机构应包括一个大
20 会（在国家元首和政府首脑中选举产生一个会议主席，并由若干副主席协助）、执行机构（称为内阁或部长会议，由一个首相或总理领导）和设有两院（参议院和众议院）的联邦议会。[104] 如上所述，这一观点经过一定调整后，于1999年被卡扎菲重新提出，但未能付诸实施。因此，与欧盟（作为一个组织整体）不同，非洲一体化主义最初是以建立一个超国家机构为目标的。

从卡萨布兰卡集团挣脱而出的第二个思想学派***采取了一种更实际或更具功能性的方法，主张次区域一体化是在大洲一级建立联盟的最初且必要的步骤，在次区域一级，各国将能够更快、更有序地进行一体化。这是因为与整个非洲相比，在所在区域内，各国在文化、传统、语言和行政机构方面可能有更多的共同点。还有学者认为，由于参与谈判的国家数量相对更少，所以次区域的办法将使决策更加容易作出。这种非洲一体化的方法已经被经济领域的发展所验证，对此第四章将会讨论。实现非洲经济一体化也是建立非统的目标之一。[105] 而且，各国缔结了各种次区域条约，这就使它们走上了“经济一体化道路”，这种现象被奥本（Oppong）描述为“一种经济一体化进程中的扑朔迷离的阵列”。[106] 在非洲的每一个地理区域中，平均都有三到四个经济组织负责经济一体化工作。[107] 非盟自身也认为，区域经济共同体在协调非盟会员和平与安全、发展与治理等其他重要利益领域方面日益活跃。[108] 非盟的目标是，以各主要区域经济共同体为基

---

[103] Ibid., p. 218 – 220.

[104] See K. Nkrumah, *Revolutionary Path* (PANAF, 1973) 295 – 309.

*** 该学派即蒙罗维亚学派。——译者注

[105] See R. F. Oppong, *Legal Aspects of Economic Integration in Africa* (CUP, 2011) 1.

[106] Ibid., p. 14.

[107] Ibid.

[108] See *African Union Handbook* (African Union Commission and New Zealand Ministry of Foreign Affairs and Trade, 2014) 118.

础实现更广泛的非洲一体化,从区域一体化过渡到最终的大陆一体化。[109] 其中一些区域经济共同体已经表现出一些超国家的特点。[110] 非盟正与各区域组织共同行动,试图到 2017 年在各地区建立一个自由贸易和关税同盟;到 2019 年在非洲大陆建立自由贸易和关税同盟;到 2023 年建立一个非洲共同市场;到 2028 年,建立一个经济与货币联盟以及大洲级的议会。****

因此,1958 年至 1963 年出现的次区域组织和非统的成立,证明了在 21
非洲采用一种实用的、功能性的方式似乎更有说服力。然而,这一方式的重要性不应被夸大。欧盟的经验表明,从长远来看,功能性方法可能有助于实现更大的融合。非盟的出现推动了非洲一体化进程,这提高了政府间合作的水平,并在某些领域显示出超国家主义的迹象。正如埃多齐所说:

> 与欧洲联盟相比,鉴于非洲联盟在体制和组织上的发展,以及在整个地区构建一体化网络和推进一体化运动上的不断扩展和深入,将其称为一个新兴的超国家组织,应无可非议。[111]

八、非盟法:实用性定义

在非盟建立国际法委员会(非盟的一个独立咨询机构)的规约中,多次提到了"联盟法律"。[112] 然而,在该规约中并没有对该词语进行定义或解

---

[109] Ibid.

[110] See B. Fagbayibo, *Common Problems Affecting Supranational Attempts in Africa: An Analytical Overview* (2013) 16 (1) Potchefstroom Electronic Law Journal/Potchefstroomse Elektroniese Regsblad 32.

**** 本译著的原著作者于 2017 年之前写作原著。此后同类情况参考此处。——译者注

[111] Supra, Edozie & Gottschalk, 33.

[112] See Article 4(a), (e) Statute of the African Union Commission on International Law, EX. CL/478(XIV) a (2009).

释。此外,在非盟表示愿意就坦桑尼亚提议建立非洲国际法研究所开展合作的决定中,也提到了"非盟法",但也没有对其作出定义。[113] 同样,在《非洲司法和人权法院规约议定书的修正议定书》中,[114]第 28 条第 7 款中也提到了"非盟法"。基于需要,本书给非盟法下的一个实用性定义是:直接或间接适用于非盟会员的条约、决议和决定的总体。它可以被简单地理解为一种"次区域国际法"。[115] 本书认为,尽管目前非盟法还没有欧盟法那么先进,但是非盟法正在缓慢发展,并表现出一些类似于欧盟法的特征。建立非盟取代非统是非常重要的一步,产生了通过跨国规范突破国家边界的效
22 果,而跨国规范已成为适用于所有非盟会员的共同法律规则、概念和原则得以演化或发展的基础。[116] 正如本书将要展示的那样,非盟成立以来的发展进程强化了这一观点。

本章小结

自被视为一个没有法律概念的"黑暗大陆"以来,非洲已经经历了漫长的历史。然而,随着时间的推移,学者们逐渐承认非洲一直有其自己的法律概念,尽管这个法律概念不同于以欧洲为中心的西方法律概念。非洲习惯法可被视为非洲不成文的、经过一定修改的"大宪章"。在前殖民时代,尽管非洲有许多法律制度,但是在这些众多的法律制度中存在一套普遍性原则,包括实现实质正义与自然正义、维护社群和集体的关切、建立法律与道德间的联系、信奉超自然、恪守乌班图精神、强调和解等。欧洲对非洲的殖民虽然破坏了非洲传统的法律秩序,但却在无意中推动了非盟法在

---

[113] See *Decision on the Establishment of an African Institute of International Law in Arusha*, The United Republic of Tanzania, Assembly/AU/14 (XVIII) Add. 5 (2012).

[114] See *Protocol on Amendments to the Protocol on the Statute of the African Court of Justice and Human Rights*, Assembly/AU/Dec. 529 (XXIII) (2014).

[115] See S. B. Ajulo, *Sources of African Law* (2001) 45 (1) Journal of African Law, 73, 74.

[116] See U. Scheuner, forward to C. J. Mann, *The Function of Judicial Decision in European Integration*(Nijhoff, 1971).

非洲大陆的发展。作为对殖民主义的回应并为非洲各国独立进行抗争,泛非主义理念逐渐发展壮大,为非洲的一体化埋下了种子。1963 年非统的成立在有限范围内推动了非洲一体化进程,并产生了非盟法律体系的部分内容。非盟的出现,明确了非洲大陆的一体化议程。非洲作为一个大陆,已从一体化进程中获益颇丰,包括推动合作和减少冲突、催生内部贸易、扩大市场规模,在法治、民主和人权等重要问题上为整个大陆制定标准,并在国际舞台上加强谈判能力等。然而,非盟要实现其目标,将面临比欧盟更多的挑战。而且,非洲一体化对非盟会员及其公民和整个国际社会都会产生法律影响。这些挑战及其法律影响,将在随后的章节中一一探讨。

第二章 非洲联盟法渊源的查明:大海捞针?

本章探讨非盟法的宪法基础,并通过查明各种法律渊源来确定非盟法律秩序的边界。在解决这个问题时,本章对非盟法各渊源及其相关性进行了分析。首先,为进一步明确这些内容,本章对已查明的渊源采用了一种实用性的分类。非洲拥有不断发展的司法制度和判决制度,包括非洲委员会、非洲法院和新近成立的非洲正义与人权法院。其次,本章还将讨论相关重大问题,如非盟的法律人格、非盟法的直接效力和辅助性。最后,本章讨论泛非议会作为法律渊源的潜在作用。泛非议会是非盟的立法机构,成立于2004年。目前,泛非议会只有咨询和协商权。然而,非盟的最终目标是将泛非议会发展成为一个拥有充分立法权的机构。

一、非盟的法律人格

根据肖(Shaw)的说法,法律人格对于一个机构的有效运作而言必不可少,因此非常重要。[①] 肖指出,在国际层面,法律人格的建立,

> 与其说是依靠实体自身所拥有的国际权利义务能力,不如说是依靠国际层面上权利义务的实际属性,这种属性是由从提出求

① See M. N. Shaw, *International Law*, 6th ed. (CUP, 2013) 175.

> 偿到指定功能等多种因素决定的。[2]

就此而论,法律人格很重要,因为它强调非盟这种机构的规范创设能力。尽管非盟是由其会员成立的,但它具有独立于会员的法律人格。非盟 24
被认为是规模无边界、存在无休止的机构,因为在《非盟章程》“生效后的任何时间”,非盟都可以接纳新会员。[3]《非盟章程》没有明确赋予非盟以国际法律人格。[4] 对于一个国际组织来说,这种情况并不少见。正如阿巴斯(Abass)所言,国际组织的组织约章之所以通常不规定法律人格,主要有政治和实践等方面的考虑。[5] 例如,就联合国而言,不赋予联合国国际法律人格的原因之一,是为了避免给人该机构是超级国家的印象。就欧盟来说,其原因则是使用“联盟”(Union)一词来描述该组织具有不确定性[6](该立场现已改变,《2008 年里斯本条约》规定了欧盟的法律人格)。[7] 在评论非盟的法律人格时,阿巴斯认为:

> 就非盟而言,没有迹象表明曾对其法律人格进行过讨论。一个原因可能是,非洲国家对非盟持有其作为非统继任者将自动继承后者法律人格的期望。但是,这种期望没有根据,这主要是因为 1963 年《非洲统一组织宪章》并没有规定非统的法律人格或

---

② Ibid., p. 194.

③ See N. J. Udombana, *The Institutional Structure of the African Union: A Legal Analysis* (2002) 33 (1) California Western International Law Journal 69, 80.

④ See A. Jeng, *Peace Building in the African Union: Law, Philosophy and Practice*, Cambridge University Press, 2012, p. 165 - 166; See also, T. Murithi, *Briefing-the African Union at Ten: An Appraisal* (2012) 111 *African Affairs* 1 at 2.

⑤ See A. Abass, *Complete International Law* (OUP, 2012) 204.

⑥ Ibid. (n. 5) 205; See J. W. de Zwaan, *The Legal Personality of the European Communities and the European Union* (1999) 30 Netherlands Yearbook of International Law 75.

⑦ See European Union, Consolidated Versions of the Treaty on European Union 13 December 2007, 2008/C 115/01; European Union, Consolidated Versions of the Functioning of the European Union, 26 October 2012, OJ L. 326/47 - 326/390.

组织职能。因此，非盟并没有从非统处继承任何法律人格。由此可见，非盟的法律人格只能取决于国际习惯法的赋予。[8]

然而，在“费米·法拉纳诉非洲联盟案”[9]的判决中，非洲法院似乎平息了该争议。依据国际法院关于“为联合国服务而遭受伤害赔偿案”的咨
25 询意见，[10]该法院认定，非盟作为一个国际组织，具有独立于其会员的法律人格。[11] 在该案中，原告指出，非盟可代表其会员作为公司社团被起诉，并据此向法院请求判决非盟对会员未批准一项条约承担责任。非洲法院认为：

> 在本案中，非盟不是该议定书的缔约方。如果条约允许国际组织成为缔约方，那么非盟等国际组织作为法人将有能力成为国家间条约的缔约方。但是，只要国际组织不是条约的缔约方，它就不受该条约产生的法律义务的约束。这与1986年《关于国家与国际组织之间或国际组织相互间条约法的维也纳公约》第34条的规定是一致的。[12]

二、非盟法律的类别

新兴的非盟法律体系有一定的复杂性，原因在于其渊源的多样性和推动整个非洲大陆法律秩序的因素或力量的多元性。因此，法律历史学家沃森（Watson）认为，努力理解法律秩序变化背后的力量是最重要的法律任

⑧ Supra, Abass, 205.
⑨ Femi Falana v. African Union, Application No. 001/2011.
⑩ See (Advisory Opinion) [1949] ICJ Reports 174.
⑪ Supra, Femi Falana v. African Union, Paragraph 68.
⑫ Ibid.

务之一。[13] 毫无疑问，新兴的非盟法律秩序正在重塑非洲大陆法律与社会关系的性质，这种重塑行为正发生在非洲大陆、非盟会员和个人层面。但是，要理解这一变化，查明该变化的源头非常重要。沃森指出，这些来源或原因通常根植于社会、经济或政治因素，这些因素“对社会生活或其领导者很重要”。[14] 然而，沃森又补充认为，这一变化的很大一部分原因可能根植于法律传统的跨国方面，而这些方面与某一社会的社会、经济或政治情况几乎没有关系。[15] 沃森以创造“法律移植”一词而闻名，他认为大多数法域的法律都从他处借鉴了某些方面，这一观点很有说服力，并已被普遍承认。[16] 移植并不限于法律制度，习惯也可被移植。[17]

区域化思想在非洲发挥了关键作用，区域化是全球化进程的一个方
面。通常，全球化的加快会转向海德（Head）所描述的“多边化”，即“通过 26
建立适用于全球或接近全球范围的新法律制度，以应对发生于不断缩小的世界内的各种摩擦”[18]。在海德看来，这一发展已促使国际法演变为“超国家法”。海德承认，他在研究论文中从广义上使用了超国家法。这种用法可能会引起争议，但这一发展已影响非盟和欧盟等组织的形成，因此这一观点是令人信服的。

非盟的法律制度基于多种法律渊源。非盟的权限取决于其会员所通过的法律文件与法律架构的授权。超国家组织的法律会随着该组织的发展而逐步发展。在这方面，非盟与欧盟并无不同。以欧盟为例，通过连续性条约和欧洲法院对共同体权力的解释，欧盟法的规模和适用范围得以扩

---

⑬ See A. Watson, *Legal Change: Sources of Law and Legal Culture* (1983) 131 (5) University of Pennsylvania Law Review 1121.

⑭ Ibid., p. 1135.

⑮ Ibid.

⑯ Ibid., p. 1146.

⑰ Ibid., p. 1147.

⑱ J. W. Head, *Supranational Law: How the Move Toward Multilateral Solutions is Changing the Character of "International" Law* (1993) 42 (3) Kansas Law Review 606.

大,欧盟机构的权力也得以扩大。[19]

与欧盟类似,新兴的非盟法跟国际法与非盟会员的国内法截然不同。非盟法律秩序产生于各种法律渊源,而这些法律渊源在非盟及其机构出现后与其一起发展。非盟法律秩序部分以第一章所述的非洲大陆独特的规范价值为基础。[20] 非盟法律的各种来源可按等级初步划分为主要来源,即主要条约;根据条约制定的二级立法;非盟和非统缔结的国际协定;不具有法律约束力,但可用于解释和适用非盟法的“软法”;区域性法院的判决和泛非议会在未来可能制定的法律。

虽然《非盟章程》没有阐明非盟法的渊源,但是,如第一章所述,在建立非盟国际法委员会(African Union Commission on International Law)的规约中提到了“非洲法”。更重要的是,该规约无意间(尽管是间接的、含糊的)确定了非盟法的某些关键渊源。该规约第4条列明了非盟国际法委员会的如下目标:

> 非洲联盟国际法委员会应根据联盟的政策和其他机构的情况行事。其具体目标如下:
>
> (1)在非洲大陆开展与国际法的编纂和逐步发展有关的活动,特别注意联盟条约所体现的联盟法律,联盟政策机构的决定和根据会员惯例产生的非洲国际习惯法;
>
> 27 (2)提出框架协定草案、法规范本、国家实践中新出现趋势的表述和分析,以促进国际法的编纂和逐步发展;
>
> ……
>
> (5)鼓励对国际法特别是联盟法的文献进行教学、研究、出

---

[19] See generally, M. Horspool and M. Humphreys, *European Union Law* (OUP, 2008).

[20] See A. Jeng, *Peace Building in the African Union: Law Philosophy and Practice*, Cambridge University Press, 2012, p. 137.

版和传播,以期促进接受和尊重国际法原则,和平解决冲突,尊重联盟,并在必要时求助其机关。㉑

仔细阅读该条款,可以确认其隐含承认了非盟法的一些特殊渊源,包括非盟条约、非盟政策机构的决定和经由会员实践产生的非洲国际习惯法。虽然这些法律渊源只是作为非盟国际法委员会在编纂和逐渐发展国际法这一任务目标中的主要方面,但有学者指出,这些渊源作为影响会员的法定框架具有直接的现实意义。值得注意的是,《非洲正义与人权法院规约议定书》在列明其可适用的法律时采取了类似做法。其第 31 条规定如下:

法院在履行职能时,应考虑:

(1)《非盟章程》;

(2)争端国批准的国际条约,无论是一般性的还是特殊性的;

(3)国际习惯,作为通例的证明而被接受为法律的;

(4)被普遍承认或得到非洲国家承认的一般法律原则;

(5)在不违反本规约第 46 条第 1 款的前提下,可以司法判例、各国最高权威的公法学家的学说以及联盟的条例、指示和决定,作为确定法律原则的辅助手段;

(6)与案件审理有关的任何其他法律。㉒

该议定书第 31 条第 1 款与《国际法院规约》第 38 条第 1、2 款相似,而

㉑ African Union, *The Statute of the African Union Commission on International Law*, EX. CL/478 (XIV) a, 4 February 2009.

㉒ Ibid., Article 31(2).

后者被普遍认为没有列举一个有关法律渊源的正式等级。虽然这一观点
28 也可能适用于议定书第 31 条所列举的渊源[23],但由于非盟本身的性质,所以存在两个重大差异。首先,《非盟章程》是一个宪法文件,它是非盟法律秩序的基础,其条款具有宪法地位,因此在非盟法律秩序中具有至高无上的地位。其次,议定书第 31 条第 4 款将司法裁决、知名专家的学说和非盟的条例与指令具体归类为“辅助”渊源,这表明与第 31 条中的其他渊源相比,它们在等级上更低。

三、非统对非盟法主要渊源的贡献

随着非盟的成立,非统于 2002 年 7 月 9 日解散。然而,尽管非统已不存在,但在非盟法的资料库中,非统留下的印记仍然清晰可见。正如第一章所述,非统创始会员并不认为该组织是一个立法机构。[24] 但是,通过条约、决议和宣言以及类似的文件,非统不可避免地承担了准立法者的角色。非统在这方面所作的贡献,主要是由其政治或政策机构,[25]亦即国家元首、政府首脑会议(大会)和部长理事会推动的。根据《非统宪章》所规定的大会职能及其实践,非统大会主要是一个讨论和审议的机构。但是,正如塞万卡(Cervenka)所准确指出的,在大会中讨论通常能得出结论。[26] 更重要的是,根据《非统宪章》第 10 条的规定,大会达成的结论必须作为决议登记,但与任命、选举、程序性或组织性事项有关的结论除外。此外,根据《非统宪章》第 10 条第 2 款的规定,大会在经 2/3 多数会员同意后可通过决议。该宪章本身并未明确规定这些决议的法律地位,但是它们被普遍认

---

[23] See K. D. Magliverals & G. J. Naldi, *The African Court of Justice* (2006) 66 Heidelberg Journal of International Law 187 – 213.

[24] See T. Maluwa, *International Law-making in Post-colonial Africa: The Role of the Organization of African Unity* (2002) 41 (1) Netherlands International Law Review 81 at 84.

[25] Ibid., p. 85.

[26] See Z. Cervenka, The Organisation of African Unity and Its Charter (C. Hurst & Company, 1969) 44.

为只是对会员的建议。[27] 塞万卡的结论是，这些决议不施加任何法律义务。[28] 同样，马鲁瓦也认为，非统的决议本身并不具有法律约束力，而只具有“劝勉性的软法”性质。[29] 尽管如此，塞万卡对此结论提出了两个注意事项：其一，他认为，尽管针对会员的决议没有法律约束力，但它们为将非洲和世界的舆论影响力施加给会员提供了一条重要途径，特别是就非洲共同关心的问题进行讨论以及随后提出建议的权利，使大会能够“全权处理对 29
非洲政治、军事和经济领域具有深远影响的问题”。[30]

其二，塞万卡辨明了非统决议不具有约束力的重要例外。这些例外包括大会机关的决议和决定具有约束力的三种情形，而这三种情形分别涉及大会对与《非统宪章》解释有关问题的决定权（经 2/3 多数）、接纳新会员的决定权（以简单多数）和《非统宪章》修正案的批准权（以 2/3 多数）。塞万卡指出：“关于这些事项的决定，显然对所有会员国具有法律约束力，包括那些投反对票的国家。”[31]这些例外所具有的法律约束力，突显了非统大会在实践中有限的规范创设能力。

非统大会的这一权能，可与非统部长理事会的决议作一对比。非统部长理事会主要由非统会员的外交部长或被指定以这种身份行事的部长组成，其职责是执行大会的决定。大会的审议通常产生由简单多数决定的决议。根据《非统宪章》第 13 条的规定，部长理事会的决议须提交大会批准。塞万卡认为：“部长理事会有限的权力清楚地表明，它的决议仅仅是建议，对理事会会员国没有任何法律义务。”[32]但是，有人可能会认为，一旦这些决议获得大会批准，或者如果它们属于与大会有关的例外情况，它们就具有法律约束力。

---

[27] Ibid. , p. 45.
[28] Ibid.
[29] Supra, Maluwa, 99.
[30] Supra, Cervenka, 46.
[31] Ibid. , p. 46.
[32] Ibid. , p. 51.

从非统留存下来成为非盟法组成部分的相关条约主要有:

《非洲统一组织特权与豁免总公约》,1965 年 10 月 25 日通过并生效。

《非洲植物检疫公约》,1967 年 9 月 13 日通过,1992 年 10 月 6 日生效。

《非洲自然和自然资源保护公约》,1968 年 9 月 15 日通过,1969 年 6 月 16 日生效。

30 《非洲民航委员会章程》,1969 年 1 月 17 日通过,1972 年 3 月 15 日生效(该章程的修订版于 2003 年 7 月通过)。

《非洲统一组织关于非洲难民问题某些特定方面的公约》,1969 年 9 月 10 日通过,1974 年 1 月 20 日生效。

《非洲贸易促进组织协会章程》,1974 年 1 月 18 日通过,2010 年 2 月 1 日生效。

《非洲建立非洲技术合作计划公约》,1975 年 8 月 1 日通过。

《非洲文化宪章》,1976 年 7 月 5 日通过,1990 年 9 月 19 日生效(后被于 2006 年 1 月生效的《非洲文化复兴宪章》取代)。

《非洲统一组织消除非洲雇佣军制度公约》,1977 年 7 月 3 日通过,1985 年 4 月 22 日生效。

《非洲统一组织特权和豁免公约附加议定书》,1980 年 7 月 1 日通过。

《非洲人权和民族权宪章》,1981 年 7 月 1 日通过,1986 年 10 月 21 日生效。

《建立非洲化肥发展中心公约》,1985 年 7 月 1 日通过。

《设立非洲康复研究所协定》,1985 年 7 月 17 日通过,1991 年 12 月 2 日生效。

《非洲儿童权利和福利宪章》,1990 年 7 月 1 日通过,1999 年 11 月 29 日生效。

《禁止向非洲输入和控制危险废物在非洲境内越境转移和管理的巴马科公约》,1991 年 1 月 30 日通过,1998 年 4 月 22 日生效。

《阿布贾条约》,1991 年 6 月 3 日通过,1994 年 5 月 12 日生效。

《非洲海运宪章》,1994 年 6 月 11 日通过(2010 年通过了该宪章的修订本,生效后取代了 1994 年《非洲海运宪章》)。

《非洲无核武器区条约》(又称《佩林达巴条约》),1996 年 4 月 11 日通过,2001 年 7 月 15 日生效。 31

《非洲人权和民族权宪章关于设立非洲人权和民族权法院的议定书》,1998 年 6 月 10 日通过,2004 年 1 月 25 日生效(后被 2008 年生效的《非洲法院规约议定书》取代)。

《非洲统一组织防止和打击恐怖主义公约》,1999 年 7 月 1 日通过,2002 年 12 月 6 日生效。

《非洲联盟章程》,2000 年 11 月 7 日通过,2001 年 5 月 26 日生效。

四、非盟内的规范与法律创设:决策与缔约过程

《非盟章程》赋予非盟在非洲大陆广泛活动领域的治理权,这将对非盟会员及其广大公民产生影响。按照《非盟章程》第 28 条的要求,在获得 2/3 会员批准后,该章程已于 2001 年 5 月 26 日生效,成为一项具有约束力的法律文件,取代了《非统宪章》。[33]《非盟章程》因其宪法地位而具有重要意义,象征着非盟的有机成文宪法,它不仅建立了非盟这个机构,还规定了非盟的基本原则。伊多泽(Edozie)认为,《非盟章程》是一部社会契约

[33] See African Union, *Constitutive Act of the African Union*, 1 July 2001, Article 33(1), available at: https://au.int/en/constitutive-act, accessed 6 December 2017.

和法典，是非盟政治形象和非洲大陆集体行动意愿的基础。[34]《非盟章程》的最终目标是实现非洲大陆的政治一体化，这一宏伟目标与《非统宪章》仅仅旨在促进合作的有限目标相去甚远。有趣的是，马鲁瓦认为，泛非主义的概念与《非盟章程》之间有着直接联系。他指出：

> 章程的通过，只是非洲统一这一历史追求的一个方面，而这一历史追求可以追溯到非洲大陆独立前那些开展泛非主义运动的先驱们的身上。[35]

32 尽管《非盟章程》吸纳了《非统宪章》的一些原则，但它也标志着非盟在法律框架发展方向上的重大变化。[36]《非盟章程》第 3 条（经修订）[37]规定了非盟的各项目标，值得注意的是，这些旨在实现非盟最终目的的各项目标，比《非统宪章》的类似规定要更为广泛。但是，除了改变这个大陆组织的基本目标外，《非盟章程》还废除了《非统宪章》中所包含的已不合时宜的目标。这方面的例子是“关于在非洲铲除一切形式殖民主义”的条款。由于所有非洲国家现在都已独立，所以这一条款已没有实际价值。

从《非盟章程》的某些关键条款可以看出，该章程对创设一个新法律秩序是多么重视。非盟的大多数目标与一体化和集体主义有着直接或间接的关系（第 3 条第 1 款、第 3 – 11 款）。该章程第 4 条所载的原则也表

---

[34] See R. K. Edozie & K. Gottschalk, *The African Union's Africa: New Pan-African Initiatives in Global Governance*, Michigan State University Press, 2014, xxxxix.

[35] T. Maluwa, *The Transition from the Organisation of African Unity to the African Union*, in A. A. Yusuf & F. Ouguergouz, The African Union: Legal and Institutional Framework: A Manual on the Pan-African Organization (Martinus Nijhoff, 2012) 35.

[36] Ibid., p. 50.

[37] See Protocol on the Amendments to the Constitutive Act of the African Union, available at: https://au.int/en/treaties/protocol-amendments-constitutive-act-african-union, accessed 6 December 2017.

明，非盟在规范和标准制定上采用了新的方法，这些原则包括公众参与（第 3 款）、共同防御政策（第 4 款）、和平解决冲突（第 5 款）、非盟干预会员的权利（第 7、10 款）、独立自主（第 11 款）、性别平等（第 12 款）、经济事务中的社会正义（第 14 款）、拒绝恐怖主义（第 15 款）和拒绝政府违宪变更（第 16 款）。这些扩展后的目标与附加原则在新兴非盟法的规范基础上发挥重要作用。

有学者认为，非盟正在非洲大陆扮演一个"规范倡导者"和"规范领导者"的角色，"鼓励会员国维护一系列规范和标准，以改善其管辖或职权范围内人民的生计"[38]。穆里士（Murithi）指出，有一些证据能够证明这一论断，包括非盟在推进与和平、安全及稳定相关规范，与干涉会员权利相关规范以及人权规范等方面的积极作用。其中，与干涉会员权利相关规范已被普遍认为可能使非盟成为全球标准的制定者，因为该规范明确了国际组织应在何时介入一国事务。值得注意的是，非盟是首个在宪法中为这种行为提供法律依据的国际组织。[39]

在非盟内部，由两个主要机构——执行理事会和大会——负责非盟的决策，它们各自就特定问题作出决策。大会由国家元首和政府首脑组成，是非盟的最高权力机构。[40] 它每年召开两次例会，通常在 1 月和 7 月。有 33
关大会的权力和职能在其议事规则中有所规定，其职能范围广泛，包括制定政策和作出决定、会员的执行和遵守、干预会员事务、实施制裁、会员资格以及任命法官等。在会员要求下，大会可以召开特别会议。其决定通过协商一致的方式作出，如果不能协商一致，则由有表决权的会员的 2/3 多数作出。执行理事会由所有会员的外交部长组成，每年召开两次例会，就

---

[38] T. Murithi, *Briefing-the African Union at Ten: An Appraisal* (2012) 111 (445) African Affairs 1 at 2.

[39] Supra, Edozie & Gottschalk, 25.

[40] See Rule 4, Rules of Procedure of the Assembly of the Union, available at: https://oldsite.issafrica.org/uploads/rules_AssemblyJuly2002.pdf, accessed 6 December 2017.

预算、涉及财务的提案、法律文件和民选官员的任命等作出决定,其决定须得到大会的同意。

非盟的决策过程通常开始于非盟委员会、非盟会员或非盟机构提出的政策性提案。就非盟委员会提案而言,《非盟委员会规约》第3条第2款第2项规定了该委员会的这一提案权。[41] 实践中,非盟委员会通常召集来自非盟会员的专家参加会议,讨论其决定推进的新的政策性建议。专家会议提出建议,提交给会员的部长,供相关部门审议。如果部长级会议批准建议,则向执行理事会报告,执行理事会可批准建议。

通过观察可以发现,某些对预算有影响的提案由常驻代表理事会审议。常驻代表理事会由非盟所有会员的常驻代表组成,以执行理事会的咨询身份行事。在审议之后,执行理事会将该建议提交至大会。如果该建议是执行理事会可以决定的,在得到执行理事会批准后该建议就成为一项决定。执行理事会以协商一致的方式作出决定,在未协商一致的情况下,以有表决权的会员的2/3多数作出决定。在公布之前,这些决定须经大会或理事会主席视情况核准。大会和执行理事会的决定在核准之日起15天内,以其官方语言(阿拉伯语、英语、法语和葡萄牙语)在非盟官方杂志上发布。这些决定将转交给所有会员、非盟机构和区域经济共同体。

作为行政部门,非盟委员会有责任执行这些决定。非盟的决定可能会
34 创设出章程、条约、公约和议定书,这些文件在被批准后对会员具有法律约束力。在此进程中制定的任何文书,在生效之前通常需要若干会员——通常是15个会员的批准。大会和执行理事会作出的上述类型之外的其他决定,只对受该决定影响的所有会员、个人和非盟机构具有约束力。为了执行非盟的决定,可以制定条例来管控。条例包括执行特定决定的规则和程

[41] See Statute of the Commission of the African Union, ASS/AU/2(I)-d (2002), available at: https://issafrica.s3.amazonaws.com/site/uploads/STATCOMMISSION.PDF, accessed 11 December 2017.

序，所有有义务执行该决定的会员均受此类条例的约束。

非盟机构定期发布决议和宣言，而这些文件没有明显的法律地位。有学者提出，这些决议和宣言不具有约束力，因为它们旨在指导和统一会员的观点。[42] 然而，这些决议可能会产生新的条约、公约或议定书。

执行有约束力的法律文件中的义务是非盟与非统的区别之一。《非统宪章》没有规定执行非统所做决定的任何程序，但《非盟章程》第 23 条赋予大会对犯错会员实施制裁的权力，第 30 条赋予大会在政府违宪变更的情况下暂停该政府会员资格的权力。[43] 任何会员如果不履行其根据非盟文件所承担的义务，就都可能会遭受制裁。可能受到制裁的具体情况包括未缴纳会费、违宪政府更迭和不遵守非盟政策等。[44]

五、非盟条约分类

与非统类似，非盟实现其政策目标的主要方法是制定条约。[45] 非盟未将条约划分为特定的类别，[46]但为便于讨论，本书将采用马鲁瓦建议的分类。[47] 马鲁瓦主要根据他认为与实质相关的政策领域对条约进行分类，但马鲁瓦也指出，这些类型之间不是相互排斥的，而是相互间会有重叠的。这些条约的种类，再加上“软法”和司法裁判，包括如下方面。

（一）基础性法律文件与制度（非盟基本文件） 35

这些文件是非盟具有宪法地位的基本条约，经由它们建立了非盟的

---

[42] See OXFAM International, *African Union Compendium*, 2nd ed. (AMEYIB Communications & Marketing Plc, 2014) 54, available at: www. oxfam. org/en/research/african-union-compendium, accessed 5 December 2017.

[43] 这将在本书第五章中进行讨论。

[44] Supra, OXFAM International, 52 – 56.

[45] See T. Maluwa, *Ratification of African Union Treaties by Member States: Law, Policy and Practice* (2012) 13 (2) Melbourne Journal of International Law 1.

[46] Ibid., p. 17.

[47] Ibid.

主要机构。这些文件是非盟的主要支柱,搭建了非盟的总体框架。此类条约包括:《非盟章程》[48]《阿布贾条约》[49]《与泛非议会有关的建立非洲经济共同体条约议定书》[50]《和平与安全理事会议定书》[51]《非洲正义与人权法院规约议定书》[52]《非洲联盟国际法委员会规约》。[53]《非洲宪章》[54]具有广泛的法律影响,理应列入此处,但由于其涉及的主题,它被列入下面的"人权"部分。

(二)贸易、经济和技术合作

这些是与贸易有关的具体部门协定,包括《非洲民航委员会章程修正案》[55]、

---

⑱ Supra, African Union, *Constitutive Act of the African Union*, 1 July 2001.

⑲ See African Union, *Treaty Establishing the African Economic Community*, 12 May 1994, available at: https://au. int/en/treaties/treaty-establishing-african-economic-community, accessed 24 November 2017.

⑳ See African Union, *Protocol to the Treaty Establishing the African Economic Community Relating to the Pan-African Parliament*, 14 December 2003, available at: https://au. int/en/treaties/protocol-treatyestablishing-african-economic-community-relating-pan-african-parliament, accessed 24 November 2017.

㉑ See African Union, *Protocol Relating to the Establishment of the Peace and Security Council of the African Union*, 9 July 2002, available at: www. peaceau. org/uploads/psc-protocol-en. pdf, accessed 24 November 2017.

㉒ See African Union, *Protocol on the Statute of the African Court of Justice and Human Rights*, 1 July 2008, available at: https://au. int/en/treaties/protocol-statute-african-court-justice-and-humanrights, accessed 24 November 2017.

㉓ See African Union, *The Statute of the African Union Commission on International Law*, EX. CL/478 (XIV) a, 4 February 2009, available at: https://au. int/en/treaties/statute-african-unioncommission-international-law-aucil, accessed 24 November 2017.

㉔ See OAU, *African Charter on Human and Peoples' Rights*, 27 June 1981, CAB/LEG/67/3 rev. 5, 21 I. L. M 58 (1982), available at: www. achpr. org/files/instruments/achpr/banjul_charter. pdf, accessed 24 November 2017.

㉕ See African Union, *Revised Constitution of the African Civil Aviation Commission*, available at: https://au. int/en/treaties/revised-constitution-african-civil-aviation-commission, accessed 12 December 2017.

《设立非洲康复研究所协定》[56]和《非洲能源委员会公约》。[57]

（三）组织特权与豁免 36

此类条约包括《非洲统一组织特权与豁免总公约》[58]和《非洲统一组织特权和豁免公约附加议定书》。[59]

（四）人权（包括妇女权利与儿童权利）和难民

这些是与各个方面人权有关的文件，包括《非洲统一组织关于非洲难民问题某些特定方面的公约》、[60]《非洲宪章》、[61]《非洲儿童权利和福利宪章》、[62]

---

[56] See African Union, *Agreement for the Establishment of the African Rehabilitation Institute*, 2 December 1991, available at: https://au.int/en/treaties/agreement-establishment-african-rehabilitationinstitute-ari, accessed 24 November 2017.

[57] See Organisation of African Unity, *Convention of the African Energy Commission*, 13 December 2006, available at: https://au.int/en/treaties/convention-african-energy-commission, accessed 24 November 2017.

[58] See Organisation of African Unity, *General Convention on the Privileges and Immunities of the Organisation of African Unity*, 25 October 1985, U. N. T. S. Vol. 1000, 1 – 14688, available at: https://treaties.un.org/doc/Publication/UNTS/Volume%201000/volume – 1000 – I – 14688 – English.pdf, accessed 24 November 2017.

[59] See Organisation of African Unity, *Additional Protocol to the OAU General Convention on Privileges and Immunities*, 1 June 1980, CM/103(XXXV) Rev. 3, Annex 1, available at: www.refworld.org/docid/514ae7232.html, accessed 24 November 2017.

[60] See Organisation of African Unity, *Convention Governing the Specific Aspects of Refugee Problems in Africa*, 10 September 1969, U. N. T. S. No. 14691, available at: www.unhcr.org/uk/about-us/background/45dc1a682/oau-convention-governing-specific-aspects-refugee-problemsafrica-adopted.html, accessed 24 November 2017.

[61] See OAU, *African Charter on Human and Peoples' Rights*, 27 June 1981, CAB/LEG/67/3 rev. 5, 21 I. L. M. 58 (1982), available at: www.achpr.org/files/instruments/achpr/banjul_charter.pdf, accessed 24 November 2017.

[62] See African Union, *African Charter on the Rights and Welfare of the Child*, 11 July 1990, CAB/LEG/153/Rev. 2 (1990), available at: https://au.int/en/treaties/african-charter-rights-andwelfare-child, accessed 25 November 2017.

《非洲人权和民族权宪章关于设立非洲人权和民族权法院的议定书》、[63]《非洲人权和民族权宪章关于非洲妇女权利的议定书》(《马普托议定书》),[64]以及《非洲人权和民族权宪章关于老年人权利的议定书》。[65]

(五)环境

37 这些文件强调对环境问题进行关注,其中包括《非洲自然和自然资源保护公约》[66]和《禁止向非洲输入和控制危险废物在非洲境内越境转移和管理的巴马科公约》。[67]

(六)国际安全与犯罪

包括《非洲统一组织消除非洲雇佣军制度公约》、[68]《非洲无核武器区

---

[63] See African Union, *Protocol to the African Charter on Human and Peoples' Rights on the Establishment of an African Court on Human and Peoples' Rights*, 10 June 1998, available at: https://au. int/en/treaties/protocol-african-charter-human-and-peoples-rights-establishment-african-court-humanand, accessed 25 November 2017.

[64] See African Union, *Protocol to the African Charter on Human and Peoples' Rights Relating to the Rights of Women in Africa*, 1 July 2003, available at: https://au. int/en/treaties/protocol-african-charterhuman-and-peoples-rights-rights-women-africa, accessed 25 November 2017.

[65] See African Union, *Protocol to the African Charter on Human and Peoples' Rights on the Rights of Older Persons*, 2016, available at: https://au. int/en/treaties/protocol-african-charter-humanand-peoples% E2% 80% 99 – rights-rights-older-persons, accessed 12 December 2017.

[66] See Organisation of African Unity, *African Convention on the Conservation of Nature and Natural Resources*, 15 September 1968, U. N. T. S. Vol. 1001, 1 – 14689, available at: https://treaties. un. org/doc/Publication/UNTS/Volume% 201001/volume – 1001 – I – 14689 – English. pdf, accessed 25 November 2017.

[67] See OAU, *Bamako Convention on the Ban of the Import into Africa and the Control of Transboundary Movement and Management of Hazardous Wastes within Africa*, 30 January 1991, U. N. T. S. Vol. 2101, 1 – 36508, available at: https://treaties. un. org/doc/Publication/UNTS/Volume% 202101/v2101. pdf, accessed 25 November 2017.

[68] See Organisation of African Unity, *OAU Convention for the Elimination of Mercenarism in Africa*, 3 July 1977, CM/817 (XXIX) Annex II Rev. 1, available at: https://au. int/sites/default/files/treaties/7768 – treaty – 0009_ – _oau_convention_for_the_elimination_of_mercenarism_in_africa_e. pdf, accessed 25 November 2017.

条约》、[69]《非洲统一组织防止和打击恐怖主义公约》、[70]《非洲联盟预防和打击腐败公约》，[71]以及《非洲联盟不侵犯和共同防御公约》。[72]

（七）文化

这一类条约与文化有关，包括《非洲文化宪章》[73]和《非洲青年宪章》。[74]

（八）软法

与其他国际行为体一样，非盟也在许多领域通过软法采取行动。这些软法文件不具有约束力，但具有准法律性质，这在需要监管但难以达成协 38
议的领域尤其有用。[75] 这些软法文件由非统和非盟不定时发布，形式多样，如2000年7月非统对政府违宪变更问题进行回应的《洛美宣言》，[76]该

---

[69] See African Union, *African Nuclear-Weapon-Free Zone Treaty*, 11 April 1996, available at: https://au.int/sites/default/files/treaties/7777 – treaty – 0018_ – _the_african_nuclear-weapon-free_zone_treaty_the_treaty_of_pelindaba_e.pdf, accessed 25 November 2017.

[70] See Organisation of African Unity, *OAU Convention on the Prevention and Combating of Terrorism*, 1 July 1999, available at: https://au.int/sites/default/files/treaties/7779 – treaty – 0020_ – _oau_convention_on_the_prevention_and_combating_of_terrorism_e.pdf, accessed 25 November 2017.

[71] See African Union, *African Union Convention on Preventing and Combating Corruption*, 1 July 2003, available at: https://au.int/en/treaties/african-union-convention-preventing-and-combating corruption, accessed 25 November 2017.

[72] See African Union, *African Union Non-Aggression and Common Defence Pact*, 1 January 2005, available at: https://au.int/en/treaties/african-union-non-aggression-and-common-defence-pact, accessed 25 November 2017.

[73] See African Union, *Cultural Charter for Africa*, 5 July 1976, available at: https://au.int/en/treaties/cultural-charter-africa, accessed 25 November 2017.

[74] See African Union, *African Youth Charter*, 2 July 2006, available at: https://au.int/en/treaties/african-youth-charter accessed 25 November 2017.

[75] See A. T. Guzman and T. L. Meyer, *International Soft Law* (2010) 2 Journal of Legal Analysis 171, 172.

[76] See *Lomé Declaration on the Framework for an OAU Response to Unconstitutional Changes of Government*, AHG/Decl. 5 (XXXVI), July 2000, available at: www2.ohchr.org/english/law/compilation_democracy/lomedec.htm, accessed 25 November 2017.

宣言为应对政府违宪变更提供了指导。其他例子如《非洲发展新伙伴关系计划》(New Partnership for Africa's Development)、[77]《非洲同行审议机制》(African Peer Review Mechanism)、[78]《关于逮捕、警察拘留和预审留置条件的非洲准则》、[79]《非洲人权和民族权宪章中关于经济、社会和文化权利的准则和原则》[80]和《非洲联盟选举观察和监督使团准则》[81]等。示范法也可列入这一类别,在该领域,非盟正发挥着显著的专业优势,在非统和非盟主持下已经制定了许多此类示范法,包括《非洲保护地方社区权利示范法》(2000 年)、[82]《非洲反恐示范法》(2011 年)、[83]《非洲信息获取示范法》[84]和《非洲联盟医疗产品条例示范法》(2016 年)。[85]

---

[77] See African Union, *New Partnership for Africa's Development*, 9 – 11 July 2001, AHG/Dec. 1 – 11 (XXXVII), AHG/Decl. 1 – 2 (XXXVII), available at: http://archive. au. int/collect/auassemb/import/English/2001%20AHG%20Dec%20160 – 170%20 (XXXVII)%20_E. pdf, accessed 26 November 2017.

[78] See African Union, *African Peer Review Mechanism*, 2013, available at: http://aprm-au. org/index, accessed 26 November 2017.

[79] See ACHPR, *Guidelines on the Conditions of Arrest, Police Custody and Pre-Trial Detention in Africa*, adopted by the ACPHR during its 55th Ordinary Session, Angola, 28 April – 12 May 2014, available at: www. achpr. org/files/instruments/guidelines_arrest_detention/guidelines_on_arrest_police_custody_detention. pdf, accessed 26 November 2017.

[80] See ACPHR, *Guidelines and Principles on Economic, Social and Cultural Rights in the African Charter on Human and Peoples' Rights*, 24 October 2011, available at: www. achpr. org/files/instruments/guidelines_arrest_detention/guidelines_on_arrest_police_custody_detention. pdf, accessed 26 November 2017.

[81] See ACPHR, *Guidelines for African Union Electoral Observations and Monitoring Missions*, 8 July 2002, EX. CL/91 (V), Annex II, available at: www. achpr. org/instruments/guide-elections, accessed 26 November 2017.

[82] See www. wipo. int/wipolex/en/text. jsp? file_id = 252153, accessed 22 November 2017.

[83] See www. peaceau. org/en/article/the-african-model-anti-terrorism-law – 2, accessed 22 November 2017.

[84] See www. achpr. org/instruments/access-information, accessed 22 November 2017.

[85] See www. nepad. org/resource/african-union-au-model-law-medical-products-regulation, accessed 22 November 2017.

（九）司法判决

非洲委员会最初是确保遵守《非洲宪章》规定的主要机制，是根据《非洲宪章》设立的一个准司法机构。[86] 该委员会以欧洲人权委员会（已废 39
除）[87]和美洲人权委员会[88]为蓝本。《非洲宪章》第 45 条规定了非洲委员会的职能，包括促进人权、保护《非洲宪章》规定的人权、解释《非洲宪章》以及首脑大会赋予非洲委员会的其他职能。非洲委员会还负责将相关案件提交至非洲法院和将来的非洲正义与人权法院的准备工作。[89] 因此，非洲委员会既负有保护责任，又负有促进责任。其保护责任包括接收指称《非洲宪章》所保护的权利受到侵犯的来文，将其通报各国并对其进行调查，以求当事方之间的和解。非洲委员会的决定载于其年度活动报告。

尽管《非洲宪章》直接提及的只有国家的来文，但根据《非洲宪章》中“其他来文”的规定，非洲委员会也应接收非国家行为者的来文。[90] 这使个人和非政府组织能够向非洲委员会提出申诉，体现了非盟人权法纵向的直接影响。然而，来文只能针对宪章缔约国，而不能针对私人或个体，这就杜绝了横向的直接影响。[91] 因此，只有在一国对侵犯人权行为承担责任的情况下，才能牵涉到私人或个体。

---

[86] See Article 30 of the African Charter.

[87] See The European Commission on Human Rights was abolished by *Protocol* 11 *to the European Convention for the Protection of Human Rights and Fundamental Freedoms* (213 U. N. T. S. 222 as amended).

[88] See The Inter-American Commission on Human Rights is an autonomous organ of the Organization of American States (OAS). It was created in 1959 to promote and protect human rights in the Americas pursuant to the OAS Charter (119 U. N. T. S. 3 as amended) and the American Convention on Human Rights (O. A. S. Treaty Series No. 36, 1144 U. N. T. S. 123).

[89] See Article 5 of the *Protocol to the African Charter on Human and Peoples' Rights on the Establishment of an African Court on Human and Peoples' Rights*, 1998, OAU Doc. OAU/LEG/EXP/AFCHPR/PROT (Ⅲ).

[90] See Articles 55 – 59, *African Charter*.

[91] Ibid., Article 47. 这将在第九章中进一步讨论。

有学者就非洲委员会的决定是否具有约束力问题曾进行过辩论。[92] 非洲委员会自身在阐明其决定的法律地位方面一直模棱两可。[93] 正如穆雷(Murray)和朗(Long)所指出的,由于其任务具有准司法性质,非洲委员会有时称其决定不具有约束力。[94] 尽管如此,非洲委员会表示,其决定是
40 对《非洲宪章》的权威性解释。此外,有学者主张,由于非洲委员会的建议已纳入其活动报告,因此其建议在通过后应具有约束力。[95] 但是,无论这种辩论情况如何,正如本书第六、七章所示,非洲委员会的判例是塑造非盟法律秩序的重要组成部分,尤其在人权领域和非盟法律秩序核心原则的发展方面。非洲委员会偶尔会采取过渡性或临时性措施,以避免不可挽回的伤害。[96] 在"国际笔会等诉尼日利亚案"中,非洲委员会认为此类临时措施具有约束力,会员应予以尊重。[97]

非洲委员会在经济、社会和文化权利等领域作出了一些领先世界的判决,从而驳斥了曾被广泛游说的这些权利不能通过司法程序处理的观点。[98] 非洲委员会还带头将集体权利(如发展权、人民自由处置其财富和

---

[92] See R. Murray & D. Long, *The Implementation of the Findings of the African Commission on Human and Peoples' Rights*, Cambridge University Press, 2015, p. 24, 50.

[93] Ibid., p. 50.

[94] Ibid., p. 53.

[95] Ibid.

[96] See Rule 111 of the *Rules of Procedures of the African Commission on Human and Peoples' Rights Adopted* on 6 October 1995 allows the Commission to grant interim provisional orders. See U. O. Umozorike, *The African Charter on Human and Peoples' Rights: Suggestions for More Effectiveness* (2007) 13 (1) Annual Survey of International & Comparative Law 179 at 186.

[97] See International Pen and Others (on behalf of Saro-Wiwa) v. Nigeria, Communication Nos. 137/94, 139/94, 154/96 and 161/97 (1998). See also R. Wright, *Finding an Impetus for Institutional Change at the African Court on Human and Peoples' Rights* 24 (2) Berkeley Journal of International Law 463 at 471.

[98] See S. Sceats, *Africa's New Human Rights Court: Whistling in the Wind?* Chatham House Briefing Paper (IL BP 09/01), March 2009, p. 7, available at: www.chathamhouse.org/sites/files/chathamhouse/public/Research/International%20Law/bp0309sceats.pdf, accessed 27 November 2017.

自然资源的权利、和平与安全权、自决权和文化权）转化为可执行的权利。[99]

加强人权保护机制并解决非洲委员会程序局限性的需要，推动了人权法院在非洲体系内的发展，由此建立了非洲法院。[100] 但是，该法院的存续时间不会长久，因为成立非洲正义与人权法院的议定书一经生效，[101]该法院将很快被后者所取代。非洲法院是根据非统国家元首和政府首脑大会 1998 年通过的《非洲人权和民族权宪章关于设立非洲人权和民族权法院的议定书》设立的，[102]该议定书于 2004 年生效。根据该议定书，非洲法院 41
有权对“被相关国家批准的”所有人权文件行使管辖权。[103] 这些人权文件包括区域、次区域、双边和多边国际条约。[104] 这意味着，如果《非洲宪章》不能对相关权利进行充分保护，那么就可以诉诸会员签署的其他条约。[105] 这与非洲委员会的管辖权形成对比，后者仅限于对《非洲宪章》的解释和适用。

非洲法院的管辖权涵盖广泛的人权领域，包括公民权利和政治权利，社会、经济权利和人民的集体权利。该法院兼有诉讼管辖权和咨询管辖

---

[99] See Social and Economic Rights Action Centre (SERAC) and The Centre for Economic and Social Rights (CESR) v. Nigeria, Communication No. 155/96, 2001; Democratic Republic of Congo v. Burundi, Rwanda and Uganda, Communication No. 227/99, 2006.

[100] Supra, African Union, *Protocol to the African Charter on Human and Peoples' Rights on the Establishment of an African Court on Human and Peoples' Rights*.

[101] See African Union, *Protocol on the Statute of the African Court of Justice and Human Rights*, 1 July 2008, available at: https://au.int/en/treaties/protocol-statute-african-court-justice-andhuman-rights, accessed 27 November 2017.

[102] Supra, African Union, *Protocol to the African Charter on Human and Peoples' Rights on the Establishment of an African Court on Human and Peoples' Rights*.

[103] Ibid., Article 3(1).

[104] See R. W. Eno, *The Jurisdiction of the African Court on Human and Peoples' Rights* (2002) 2 (2) African Human Rights Law Journal 223 at 226; N. J. Udombana, *Towards the African Court on Human and Peoples' Rights: Better Late Than Never* (2000) 3 (1) Yale Human Rights and Development Law Journal 45.

[105] Supra, Eno, 226.

权。一般而言，法院有权受理国家、非洲委员会、非洲政府间组织以及非政府组织和个人（受一定限制）提出的侵犯人权的申诉。[106] 它有权对会员、非盟及其机关或区域机构认可的任何其他组织就与宪章或其他任何相关人权文件有关的任何法律事项提出咨询意见。[107] 本书第七、八、九章将进一步讨论该法院作出的判例对不断发展的非盟法的贡献。

非盟法院是《非盟章程》第 5 条第 1 款规定的非盟机关之一。在 2004 年 7 月的非盟第三次常会上，非盟大会通过了一项决议，即“非洲人权和民族权法院和非盟法院应合并为一个法院”。[108] 2008 年 7 月，在非盟大会上，非盟法院正式与非洲法院合并，并改名为“非洲正义与人权法院”。[109] 该法院一旦开始运作，就会接管非洲委员会的裁决职责。非盟法院与非洲法院
42 的此次合并及其对非洲委员会审判职能的吸收意义重大、影响深远，因为这些变化将影响到某些关键问题，包括诉诸法院、管辖范围和裁决执行等。设立该法院的议定书要求 15 个会员批准后该法院才能开始运作，截至撰写本书时，只有 6 个会员批准了该议定书。

值得注意的是，2014 年随着《关于修正〈非洲正义与人权法院规约议定书〉的马拉博议定书》（以下简称《马拉博议定书》）的通过，对设立非洲正义与人权法院的议定书的修正案被提出。《马拉博议定书》将非洲正义

---

[106] See Supra, African Union, *Protocol to the African Charter on Human and Peoples' Rights on the Establishment of an African Court on Human and Peoples' Rights*, Article 5.

[107] Ibid., Article 4.

[108] See African Union, *Decision on the Seats of the Organs of the African Union*, Assembly/AU/Dec. 45 (Ⅲ) Rev. 1, adopted in Addis Ababa, Ethiopia, 6 – 8 July 2004, available at: https://au.int/sites/default/files/decisions/9550 – assembly_en_30_31_january_2005_auc_third_ordinary_session.pdf, accessed 27 November 2017; African Union, *Decision on the Merger of the African Court on Human and Peoples' Rights and the Court of Justice of the African Union*, Assembly/AU/Dec. 83(V), adopted in Sirte, Libya, 4 – 5 July 2005, available at: http://archive.au.int/collect/auassemb/import/English/Assembly%20AU%20Dec%2083%20(V)%20_E.PDF, accessed 27 November 2017.

[109] See Supra, *Protocol to the Statute of the African Court of Justice and Human Rights.*

与人权法院更名为非洲司法、人权和民族权法院，[110]并大大扩大了该法院对国际法所列罪行的管辖权，包括侵略罪、海盗罪、种族灭绝罪、反人类罪、战争罪和各种跨国犯罪，它还将政府的违宪变更也定为犯罪。《马拉博议定书》中最具争议的问题之一是规定了对非盟在任的国家元首或政府首脑以及其他国家高级官员或以这些身份行事的任何人的豁免权，这与其他国际司法机构的做法大相径庭，将使在有罪不罚和滥用职权盛行的非洲大陆，追究现任国家元首和高级官员的责任成为一项不可能完成的任务。这种做法显然不符合国际标准，且是否符合《非盟章程》所表达的建立非盟的原则也是存疑的。有人对《马拉博议定书》提出了其他担忧，包括对恐怖主义和违宪更换政府等罪行的宽泛定义。[111] 还有学者认为，《马拉博议定书》通过扩大法院的管辖权并减少可处理人权事务的法官人数以迎合额外的管辖权，将对人权的执行产生不利影响。[112]《马拉博议定书》会在15个会员批准后生效，截至本书写作时，除只有9个会员签署了该文件之外，尚无国家对其进行批准。

六、辅助性原则和相称性原则

非盟法律秩序借鉴了其他法律秩序——尤其是欧盟法律秩序的原则，包括辅助性原则、相称性原则和直接效力原则。关于辅助性原则并没有统 43

---

[110] See African Union, *Malabo Protocol on Amendments to the Protocol on the Statute of the African Court of Justice and Human Rights*, 27 June 2014, available at: https://au.int/en/treaties/protocolamendments-protocol-statute-african-court-justice-and-human-rights, accessed 27 November, 2017.

[111] Ibid., Article 28G and Article 28E.

[112] See Amnesty International, *Malabo Protocol: Legal and Institutional Implications of the Merged and Expanded African Court Snapshots*, published 2 May 2017, Index No. AFR 01/6137/2017, available at: www.amnesty.org/en/documents/afr01/6137/2017/en, accessed 27 November 2017.

一定义,该原则在实践中被认为是"一个非常模糊的、具有多面性的术语"。[113] 杰特富克斯(Jachtenfuchs)和克里斯(Krisch)将这一原则描述为"一种供地方级别进行决策的推定,它只允许出于特定正当的理由将权力集中起来"[114]。这项原则已被庄严地载入国际法,因为《联合国宪章》第八章在界定区域组织某些作用时涉及该原则。[115] 该原则是欧盟法的核心原则之一,《欧盟条约》第5条对其作了界定,其第3款规定:

> 在其非专属权能领域,本共同体应根据辅助性原则,只有当会员没有充分能力完成拟议中的行动目标,而出于拟议中的行动的规模和效果原因,本共同体能更好地完成时,才由本共同体采取行动。共同体的行动不应超出实现条约目标所必需的范围。

就欧盟而言,其辅助性原则的目标具有双重性:一是确保决策尽可能贴近会员公民;二是确保在欧盟层面采取行动的理由大于国内或国家层面。欧盟法院对任何违反该原则的指控都具有管辖权。在非盟背景下,辅助性原则对于理解非盟与区域经济共同体的关系以及非盟与其会员的关系都很重要。

与辅助性原则密切相关的一个原则是相称性原则。该原则要求欧盟采取的任何行动都不应超出实现欧盟条约目标所必需的范围。《欧盟条约》第4条第3款规定:"根据相称性原则,本共同体行动的内容和形式不得超出实现条约目标所必需的范围。"这一概念也已被纳入非盟法律,特

---

[113] See A. Wolman, *National Human Rights Institutions and Their Sub-national Counterparts: The Question of Decentralisation* (2017) 6 (1) International Human Rights Law Review 8.

[114] M. Jachtenfuchs & N. Krisch, *Subsidiarity in Global Governance* (2016) 79 (2) Law and Contemporary Problems 1, 5.

[115] See United Nations, *Charter of the United Nations*, 24 October 1945, 1 U. N. T. S. XVI, (Chapter VIII), available at: www. un. org/en/sections/un-charter/chapter-viii/index. html, accessed 27 November 2017.

别是司法裁决。[116]

七、直接效力原则

直接效力起源于欧盟法,它是欧盟法律秩序中的一项基本原则。该原则并未在欧盟条约中明确说明,而是由欧洲法院在“凡根路斯诉荷兰税务 44
局案”中确立。[117] 该原则允许或授权个人在国家或欧盟法院援引和适用欧盟法。个人的这种权利并不取决于国内法的规定,而是完全由欧盟法赋予。其后果是,个人可以指责欧盟会员的行为或违反欧盟法的行为,个人因此被纳入欧盟法律规定的秩序范围。[118] 欧盟法的直接效力特征,是与其他国际协定的关键区别之一。一般而言,除非通过国内法实施,否则国际协定通常在政府间层面对国家具有约束力,而不直接对个人具有约束力,这方面的例外是,一元制国家允许在不同程度上直接适用国际协定。然而,欧洲法院在“凡根路斯诉荷兰税务局案”中指出,适用欧盟法须满足下列条件:相关条款必须清晰、明确且不附条件,其实施不得依赖于国内当局或欧盟的任何进一步行动。[119] 欧洲法院大体上认为,个人可以援引欧盟法指控其会员(纵向的直接效力),但是欧盟法在个人之间的适用受到限制(横向的直接效力)。

在非盟法中,有关其直接效力的一个例子是非洲委员会可以接收来文。如上所述,尽管《非洲宪章》仅直接提及国家的来文,但根据“其他来文”的规定,非洲委员会也应接收来自非国家行为者的来文,这就使个人

---

[116] See B. Møller, *The Pros and Cons of Subsidiarity: The Role of African Regional and Subregional Organisations in Ensuring Peace and Security in Africa* [*Danish Institute for International Studies* (DIIS), 2005].

[117] See Van Gend en Loos v. Nederlandse Administratie der Belastingen (1963) Case 26/62.

[118] See P. Craig & G. de Burca, *EU Law: Text, Cases and Materials*, 5th ed. (OUP, 2011) 181.

[119] See T. C. Hartley, *The Foundations of European Community Law*, 6th ed. (OUP, 2007) 193.

和非政府组织能够向委员会提出申诉,体现了非盟法纵向的直接效果。[120] 但是,只能针对《非洲宪章》的缔约国提出来文,而不能针对私人或个人提出来文,这就排除了横向的直接效力。[121] 非洲法院已采用这一方法。

八、泛非议会

非盟欲成为超国家组织的一个突出证据是《非盟章程》中关于建立议会的规定。泛非议会最初是在 1991 年《阿布贾条约》中提出的,其被作为非洲经济共同体九个机构之一,并打算在建设非洲经济共同体的第六阶段
45 设立。可以设想,泛非议会将是非洲大陆新法律秩序的核心。1999 年《苏尔特宣言》[122]重申了这一提议,并呼吁在非洲大陆框架内建立泛非议会。在这一呼吁之后,《建立泛非议会议定书》于 2001 年获得通过,并于 2003 年生效。[123] 根据《非盟章程》第 17 条的规定,泛非议会旨在"确保非洲各族人民充分参与本大陆的发展和经济一体化"。此外,《建立泛非议会议定书》第 2 条规定,根据《阿布贾条约》建立的泛非议会在此继续存在,并具有本议定书所规定的职能和权力。[124] 泛非议会第一届会议于 2004 年 3 月举行。2014 年 6 月,非盟大会通过了一项附加议定书,即《非盟章程关于泛非议会的议定书》。[125] 重要的是,该议定书规定,在成立后,泛非议会可

---

[120] Supra, African Charter, Articles 55 – 59.

[121] Ibid., Article 47.

[122] See OAU, *The Sirte Declaration*, 9 September 1999, EAHG/Draft/Decl. (Ⅳ) Rev. 1, available at: http://webcache.googleusercontent.com/search? q = cache: LCW-pAx6zgYJ: www.chr.up.ac.za/chr_old/hr_docs/african/docs/ahsg/ahsg64.doc + &cd = 5&hl = en&ct = clnk&gl = uk&client = safari, accessed 27 November 2017.

[123] See African Union, *Protocol to the Treaty Establishing the African Economic Community Relating to the Pan-African Parliament*, available at https://au.int/en/treaties/protocol-treaty-establishingafrican-economic-community-relating-pan-african-parliament, accessed 12 December 2017.

[124] Ibid.

[125] See African Union, *Protocol to the Constitutive Act of the African Union on the Pan-African Parliament*, 27 June 2014, Assembly/AU/Dec. 529 (XXIII), available at: https://au.int/en/treaties/protocolconstitutive-act-african-union-relating-pan-african-parliament, accessed 27 November 2017.

就其拟提交或建议示范法草案的相关问题或领域提出建议，供大会审议和核准。[126] 今后，此类法律将成为非盟法的一部分，并有望对会员产生直接效力。该议定书进一步强化了非盟法律秩序的超国家倾向。

目前，泛非议会的成员由会员的立法机构选举产生，而不是由会员的公民直接选举产生，这一制度显然造成该机构在民主性和合法性上的不足。[127] 但是，必须指出的是，非盟的最终目的是让其成员直接由普选产生。目前，泛非议会只有咨询和协商权，这一职责与其当前的地位相匹配。但是，非盟的目标是在未来将泛非议会变成一个拥有充分立法权的机构，但目前尚无迹象表明非盟会员在何时及在何种情况下会赋予泛非议会充分的立法权力，这使泛非议会在其未来作用方面处于悬而未决状态。需要注意的是，尽管泛非议会目前仅起到咨询和协商的作用，但从欧洲议会的经验来看，这种限制可能并不那么重要。欧洲议会成立于 1952 年，最初是一个协商会议，其意见对欧盟决策者没有约束力。但是，随着时间的推移，它 46
逐渐在欧盟条约框架内获得了更多的监督和立法权力。目前，欧洲议会拥有立法权、预算权和监督权。虽然它不能启动立法，但它可以在许多领域对提案提出修正案和对政策性提案进行否决，特别是通过欧盟的“共同决定”程序。[128]

《阿布贾条约关于泛非议会的议定书》及其程序规则规定了泛非议会的职能，[129]包括：

- 促进和监督非盟政策、目标和方案的执行。
- 在非盟所有机关、区域经济共同体和会员推进人权并巩固

---

[126] Ibid., Article 8.

[127] Ibid., Article 5(3).

[128] See G. M. Musila, *United State of Africa: Positioning the Pan-African Parliament and Court in the Political Union Debate*, ISS Paper 142, (June 2007) 7.

[129] See Supra, African Union, *Protocol to the Treaty Establishing the AEC Relating to the Pan-African Parliament and in Its Rules of Procedure* (most recently amended in 2011).

民主体制与文化、善治的透明度和法治。

· 参与提高非洲各族人民对非盟的任务、政策目标和规划的了解;加强非洲大陆的团结、合作与发展;促进和平、安全与稳定;推行共同经济复苏战略。

· 促进会员立法的协调统一。

· 促进区域经济共同体政策、措施、规则与行动的协调。

· 编制并通过其预算和程序规则。

· 选举主席团成员。

· 就非盟预算提出建议。

全体泛非议会大会是主要的决策机构,被称为全体会议,由泛非议会主席主持。根据《泛非议会程序规则》第 3 条的规定,[130]泛非议会有两个机关:主席团和常设委员会。主席团负责管理议会及其所有机关,共有 11 个委员会,包括 10 个常设委员会和 1 个特设委员会。这些委员会的职能和任务载于《泛非议会程序规则》,与非盟的专业技术委员会相似。[131] 泛非议会常设委员会每年至少举行两次会议,会议可持续 1 个月,[132]它还可以举行《泛非议会程序规则》第 29 条规定的特别会议。

47 本章小结

随着各种有时会相互重叠的机构的建立,并通过各种不同的文件,非盟法在历经很长一段时间后才逐渐形成。因此,查明其法律渊源以及确定这些法律渊源对非盟法律秩序的影响是一项复杂的任务。值得庆幸的是,某些文件地位突出,有助于厘清非盟法的渊源。《非盟章程》在这方面至

[130] Ibid., Rule 3.

[131] Ibid., Rules 22 to 27.

[132] Ibid., Rule 28.

关重要,与《非统宪章》相比,它具有宪法地位并具有更深远的影响,因此它是非盟法律秩序的核心。从非统时期到现在缔结的很多条约在非洲大陆层面都诞生了重要的法律规范,非洲大陆层面的司法和准司法案例作为非盟法渊源也发挥了重要作用。同样,软法文件也促进了标准的生成,特别是在难以达成协议的领域。

第三章　非洲联盟会员

非洲的全面一体化是非盟的首要目标，这也反映在其正在形成的法律秩序之中。[①] 非盟为实现这一目标而制定的战略，不仅对各会员，而且对各会员的公民都有影响。非盟目前共有 55 个会员，其中包括 52 个共和制国家和 3 个君主制国家，这些国家横跨整个非洲大陆，由超过 10 亿名公民组成。本章主要研究成为非盟会员和非会员加入非盟的条件，分析加入非盟的程序如何限制会员的行为，考察会员退出或放弃非盟会员身份的相关条款。此外，本章将探讨非盟会员身份对会员及其公民所产生的法律影响。在非洲，公民权和国籍问题非常重要，因为该问题是非洲一些重大冲突的根源，而非盟法律秩序有可能改变和协调其会员内有关公民权和国籍的法律规则。

一、加入非统与非盟

有学者认为，非统和非盟会员不遵守会员义务（主要与缴纳会费和执行政策相关）具有高发性，部分原因在于非统和非盟都没有制定和实施严格的加入条件。[②] 一个严格的加入机制不仅可以让各国充分做好加入的准备工作，而且也可以保证各国在加入之后严格履行义务。这一机制不仅

① See O. A. Boateng, *Membership Accession in the African Union*: *The Relationship between Enforcement and Compliance*, *and the Case for Differential Membership*, (2017) 24 (1) South African Journal of International Law 21.

② Ibid., p. 22.

可以约束会员的行为,而且可以使会员的价值观与非盟的价值观趋向一致。在这方面,一个很好的例子是,加入欧盟的程序对 20 世纪 90 年代波 49
罗的海和中欧国家所产生的影响。[3] 同时,择优加入机制也可以深化会员间的合作。[4]

非统在 1963 年成立之时由 32 个会员组成。去殖民化运动推动了非统会员数量的不断增加,在此过程中非统的影响力扩展到整个非洲大陆。非统最初的性质影响了其处理会员资格的方式。正如第一章所指出的,非统实际上是卡萨布兰卡和蒙罗维亚两个集团矛盾对立下的产物,这两个集团对非洲大陆一体化采取了不同方式。[5] 为了促成这两个集团的妥协,非统对其会员资格采取了一种具有包容性和高度适应性的方法。因此,《非统宪章》规定的加入标准从任何角度评价都算不上严格。该宪章中关于会员加入的相关规则,体现在《非统宪章》的第 1 条第 2 款和关于会员的第 4 条规定之中。其中,第 1 条第 2 款规定,“本组织应包括大陆上的非洲国家、马达加斯加和非洲周围的其他岛屿”;第 4 条规定,“每一个独立的非洲主权国家都有权成为本组织的成员”。这样的规定意味着,非洲大陆上的任何一个主权国家加入非统,是其“应有的权利”,成为非统会员的唯一条件是国家独立。[6] 这种只重视国家身份的做法,在非统会员的扩大进程中得到体现。如上所述,非统在 1963 年成立,当时共有 32 个会员。在 1963 年至 1994 年,几乎每一年都有新的国家加入非统。1994 年,南非结束种族隔离制度并加入非统,这标志着除摩洛哥外(摩洛哥于 1984 年退出非统)的所有非洲国家都加入了非统。随着南非的加入,非统宣布其解放事业落幕,由此为非洲一体化议程铺平了道路。

---

③ See J. Kelly, *International Actors in the Domestic Scene: Membership Conditionality and Socialization by International Institutions*, (2004) 58 (3) International Organization, 426.

④ Supra, Boateng, 24.

⑤ Ibid., p. 25.

⑥ Ibid.

摩洛哥是非统的创始会员，因反对非统接纳所谓的“阿拉伯撒哈拉民主共和国”为会员而于 1984 年退出该组织。历史上，摩洛哥与该国存在领土争议，认为该国的领土位于摩洛哥境内，对于“阿拉伯撒哈拉民主共和国”，只有部分国家承认。但是，摩洛哥在 2017 年 1 月重新加入了非盟。
50 目前，非洲大陆上只有英国、法国、意大利、葡萄牙、西班牙和也门的属地和微小领土不在非盟内。

《非盟章程》第 27、29 条是非盟法律秩序中有关非盟会员法律条件的基础性条款。第 27 条规定，本章程供非统会员自由签署和加入。该条款规定了一个会员自动转化机制，从而实现了从非统时期向非盟时期的平稳转换。更重要的是，第 29 条规定了新会员的加入问题，其第 1 款规定，任何非洲国家都可以告知委员会主席其加入章程和成为会员的意愿。第 29 条规定表明，只有非洲国家可以申请加入非盟。对此，有学者认为，因其不允许非洲之外的国家加入这一地理限制，非盟应被视为一个“封闭性组织”。然而，我们注意到，非盟已经授予非洲大陆之外的一些国家观察员地位。目前，非盟已经授予海地、哈萨克斯坦、拉脱维亚、巴勒斯坦、塞尔维亚和土耳其等非洲之外的国家这一地位。⑦

在这方面，海地尝试加入非盟的例子很具启发性。这个加勒比国家的人口中约 95% 是非洲后裔，并且已具有非盟观察员身份。2012 年 2 月，海地表示希望非盟能够将其身份从观察员提升为准会员。海地的此项申请，依据的是《非盟章程》第 3 条第 17 款规定。该条款规定，非盟邀请并鼓励

---

⑦ See Note that the AU also grants observer status to Non-Governmental Organisations and International Governmental Organisations. See Executive Council, *Decision on the Criteria for Granting Observer Status and a System of Accreditation*, EX. CL/Dec. 168(Ⅵ) (2005), available at: https://au. int/sites/default/files/decisions/9627 – council_en_24_28_january_2005_executive_council_sixth_ordinary_session_session. pdf, accessed 12 December 2017.

非裔海外人士作为非洲大陆重要组成部分全面参与非盟建设。[8] 为配合该项规定，非盟成立了非裔侨民司，以处理非裔侨民的相关事务。该部门将非裔侨民定义为："因非洲各民族的历史性迁移而分布在世界各地的非洲裔群体，其主要来自美洲、欧洲、中东，以及世界其他地区。"[9]实际上，非裔侨民被非盟视为非洲大陆的第六个地区。目前，非裔侨民在非盟常设机构——经济、社会和文化委员会（Economic Social and Cultural Council）中有 20 个席位。对于海地申请加入非盟，非盟最初发出了积极信号。当时预计在 2013 年的非盟峰会上，海地的申请有望获得批准。然而，海地最终未能如愿。2016 年 5 月，非盟发表了一个声明，其大意是根据《非盟章程》第 29 条第 1 款规定，只有非洲国家才能加入非盟。非盟的这一决定也产生了一个问题，即应以地理区域还是历史传承，抑或两者同时用来界定非盟会员的资格。

必须注意的是，《非盟章程》第 29 条下的新国家加入程序，与《非统宪 51
章》第 4 条下适用于创设会员的自动转入机制有很大的区别。非盟的加入机制脱离了非统组织下的应得权利范式，转向了一种以最低限度能力为基础的范式。[10] 申请加入非盟是以"通知"非盟委员会主席的形式进行的，而"通知"本身就是申请加入的一种形式。博阿滕（Boateng）认为，这一申请程序允许潜在会员表达加入非盟的真实意向。[11] 另外，若想以通知方式成功加入非盟，必须经由非盟会员简单多数同意。在收到加入申请后，非盟委员会主席有义务将该申请书的副本分发给所有会员，每个会员应将其对申请的决定告知委员会主席。最后，由委员会主席将最终决定告知申请加

---

⑧ See The provision was introduced by the Protocol on the Amendments to the Constitutive Act of the African Union (2003), available at: https://au. int/en/treaties/protocol-amendments-constitutiveact-african-union, accessed 12 December 2017.

⑨ CIDO, The Diaspora Division of the AU, available at: https://au. int/en/diaspora-division, accessed 12 December 2017.

⑩ Supra, Boateng, 32.

⑪ Ibid.

入国。这一过程被认为是非盟尝试在加入程序中引入一种质量保证形式。⑫ 然而,在评估加入的申请时,非盟会员并没有任何标准可供考量;相反,每一个会员都有自己的决定权。与之前非统的加入程序相比,这实际上没有什么特别的变化。

显然,《非盟章程》第 29 条是一个前瞻性条款,设想了新国家在该大陆产生的可能性。新成立的南苏丹共和国是一个很好的例子。2011 年,经过独立公投之后,南苏丹共和国从苏丹共和国中独立出来。南苏丹在加入非盟时遵循了第 29 条规定的程序。在南苏丹向非盟委员会"通知"其加入非盟的意愿之后,包括苏丹在内的 33 个非盟会员,向非盟委员会递交了同意其加入申请的书面函件,这远远超出了第 29 条规定的简单多数同意的要求。⑬ 南苏丹是在经历了旷日持久的内战之后新成立的,非洲国家在其加入非盟问题上提供强有力的支持,也表明它们对该和平进程的支持。

与《非统宪章》相比,《非盟章程》的申请加入程序虽然有所改变,但是与欧盟的严格加入程序相比,还是比较宽松。这就产生了一个问题,即《非盟章程》的这些条款是否完备。至少一个新加入的会员应当有能力履行会员义务,并且在其申请加入之时就应当具备这样的能力。⑭ 马格里弗
52 拉斯(Magliveras)和纳尔迪(Naldi)认为,作为一个新成立的国家,南苏丹并不具有履行会员义务的能力。⑮ 例如,南苏丹在加入非盟时,并没有很好地履行签署和批准非盟一些关键性文件的程序,这些关键性文件包括《非洲宪章》和《非洲儿童权利和福利宪章》。但是,从南苏丹获得国家身

---

⑫ Ibid.

⑬ See African Union, Press Release N79/2011 "African Union welcomes South Sudan as the 54th Member State of the Union", available at: https://au.int/en/pressreleases/20110727 - 1, accessed 12 December 2017; K. D. Magliveras & G. J. Naldi, *The African Union* (*AU*) (Wolters Kluwer, 2013) 93.

⑭ Ibid., Magliveras and Naldi, 93.

⑮ Ibid.

份到加入非盟不过三周时间，从其申请到加入非盟也不过两周时间。[16] 要实现非洲一体化这一非盟的核心目标，非盟会员在加入时必须至少能够签署并批准非盟的关键性文件，并能够将非盟规范国内化。

一个类似的情况是，这种宽松的加入规则让摩洛哥很容易地重新加入了非盟。摩洛哥符合加入非盟的两个现有条件：位于非洲和能够获得简单多数同意。基于这两个因素，这种容易加入的方式被视为非盟的一个劣势：[17]第一，摩洛哥并没有改变对西撒哈拉的敌对态度，而这一立场与非盟的立场不符。西撒哈拉是非盟承认的正式会员，因此在摩洛哥没有做出任何承诺以保证其与西撒哈拉之间的争端通过和平方式解决的情况下，重新接纳摩洛哥加入非盟就错失了良机。第二，在批准摩洛哥加入时，非盟并未考虑其对法治、民主和人权等非盟目标的义务。尽管同南苏丹相比，摩洛哥是一个稳定程度更高的国家，但是在民主、法治和人权方面，摩洛哥却有不良记录。

因此，非盟需要改革其加入标准，建立更加严格的能反映其价值观和规范的前置条件。正是由于缺乏严格的会员加入标准，所以才导致非盟无法追究会员责任，会员经常对其在非盟中的义务提出异议，并质疑有关其作为非盟会员义务的解释。例如，法贝伊格博（Fagbayigbo）提议，将《非盟章程》第3、4条所述的“遵守民主规范”列为获取会员资格的先决条件。[18]

二、非盟对会员的制裁

如上所述，非盟面临的一个重大挑战是其会员不遵守会员义务（主要与缴纳会费和执行非盟政策相关）的高发性。《非盟章程》试图通过设立 53

⑯ Supra, Boateng, 27.

⑰ See B. Fagbayigbo, *Why the African Union Needs to Revisit Its Admission Criteria*, The Conversation, 5 April 2017, available at: https://theconversation. com/why-the-african-union-needs-to-revisit-itsadmission-criteria – 75479, accessed 12 December 2017.

⑱ Ibid.

制裁机制以一种更积极的方式来应对这一挑战。《非盟章程》中共有 3 个条款规定了制裁机制:第 23 条第 1 款赋予非盟大会对违约缴纳非盟预算会费的会员施加制裁的权力;第 23 条第 2 款则规定任何会员不遵守非盟决定或政策,可能还会遭受其他制裁,如中断与其他会员的交通运输和通信联系。根据第 23 条第 2 款规定,大会还可以采取政治或者经济性质的制裁措施。此外,《非盟章程》第 30 条规定,如果在会员内发生不符合宪法的政权更迭,那么该会员将被中止会员资格。⑲

最近,根据《非盟章程》第 23 条第 1 款的规定,非盟通过其执行委员会对犯错的会员实施了数次制裁措施,而且这些制裁措施都只在会员遵守相关义务后才被解除。⑳ 与联合国等有类似条款的国际组织相比,第 23 条第 1 款规定被认为更为严格,㉑因为在通常情况下,会员只有在拖欠会费达到约两年的情况下,才会被施以制裁措施。但是,根据《非盟章程》第 23 条第 1 款规定,会员拖欠任何数额的会费,大会都可对其采取制裁措施,取消其在任何会议上的发言权、投票权、非盟内任何职务或职位的就职资格,或任何从非盟获益的权利。《非盟大会程序规则》第 35 条进一步强化了《非盟章程》第 23 条第 1 款规定,规定了执行该条款的程序,并细化了其内容。必须指出,该程序规则不得减损章程中的实体性条款。值得一提的是,与《阿布贾条约》㉒对许多非洲国家因经济脆弱性而导致无法履行财政义务的情形进行的考虑不同,非盟没有采用这一从轻处罚的情形。由于这种情形在非洲非常普遍,所以也许有必要建立一个法律机

---

⑲ 这将在第五章进行讨论。

⑳ See K. D. Magliveras, *The Sanctioning System of the African Union: Part Success, Part Failure*, revised version of a paper presented at an Expert Roundtable on The African Union: The First Ten Years, Institute of Security Studies, Addis Ababa, Ethiopia (2011).

㉑ Ibid.

㉒ See African Union, *Treaty Establishing the African Economic Community*, 12 May 1994, available at: https://au.int/en/treaties/treaty-establishing-african-economic-community, accessed 24 November 2017.

制，采纳这种可以依法从轻处罚的情形。[23] 值得注意的是，在实践中，非盟往往通过其执行理事会对有正当理由而无法履行义务的会员给予一定的豁免。[24]

《非盟章程》第 23 条第 2 款授予非盟大会很大的权力，当会员不遵守 54
非盟决定或政策时，大会可以决定施加政治或者经济性质的制裁措施，这些制裁措施包括中断与其他会员的交通运输与通信联系。《非盟大会程序规则》第 36 条对适用这种制裁措施的程序做了规定。截至本书写作之际，虽然在实践中不遵守非盟政策的情况比比皆是，但还没有任何非盟会员因为不遵守非盟政策而遭受《非盟章程》第 23 条第 2 款规定的制裁措施。非盟规范性和政策性文件的低批准率表明，许多会员对遵守非盟义务漫不经心。[25]

《非盟章程》第 30 条规定，对会员以违宪方式更迭政权进行制裁。本书第五章对此将进行详细讨论。在此需指出的是，《非盟章程》并未对"以违宪方式更迭政权"进行定义。而在《非盟大会程序规则》第 37 条中，提供了可能属于这种情况的一些重要例子，包括发动军事政变，通过雇佣军、持不同政见的武装团体或反叛团体的干涉拒绝放弃政权以及利用雇佣军改变政权等。[26] 当发生以违宪方式更迭政府的情况时，《非盟大会程序规则》第 37 条要求大会主席和非盟委员会主席正式谴责这一事态并呼吁迅速恢复宪法秩序，同时，立即暂停相关国家的会员资格，和平与安全理事会也应立即开会商议此事。在第 37 条第 4 款第 5 项中，在暂停会员资格的基础上添加了一个附加条款，规定在暂停期间不影响该国的会员地位以及对联盟的义务。在被暂停会员资格期间，该国只是被禁止参加非盟的任何

---

[23] Ibid. , Magliveras, 7.

[24] Ibid. , p. 7.

[25] Supra, Boateng, 30.

[26] See also Article 28E of the Malabo Protocol in relation to the defining of the "Crime of unconstitutional change of government".

活动。《非盟大会程序规则》第 37 条第 5 款规定,任何拒绝恢复会员宪法秩序的政府都将受到制裁。该条款授权非盟大会实施制裁,如拒绝颁发签证、限制政府间交流、贸易限制和《非盟章程》第 23 条第 2 款所规定的其他制裁措施。

三、会员资格的中断或终止

《非盟章程》第 31 条规定了自愿撤回会员资格的方式:如非洲国家欲放弃非盟会员资格,应当书面通知非盟委员会主席;如果该通知不撤回,一
55 年后其放弃申请将自动生效。但是,在自动生效之前的一年内,该会员仍须履行章程规定的会员义务与责任。[27] 这一条款为撤回会员资格问题提供了较为清晰的规则。相较而言,《欧盟条约》第 50 条规定了一种更复杂的情况,缺乏《非盟章程》第 31 条规定的清晰性。由此,自愿放弃欧盟会员的资格就会产生一些问题,英国脱欧就是如此。

然而,《〈非洲联盟章程〉修正议定书》第 12 条在法律上删除了第 31 条规定,但没有明确说明理由。[28] 迄今为止,该议定书仍未满足生效所需的批准会员数量。因此,目前非盟会员仍然可以依照《非盟章程》第 31 条规定的相关程序自主放弃会员资格。但是,该议定书第 12 条依然产生了两个问题:一是为何要删除《非盟章程》第 31 条规定;二是如果议定书生效,那么删除第 31 条规定将会产生何种影响。马格里弗拉斯和纳尔迪指出,这一做法之所以令人费解,是因为其效用不明。[29] 有学者可能认为,通过对退出非盟的条件进行限制,有助于巩固非盟的超国家地位。但实际上,即使不删除《非盟章程》第 31 条的规定,对于决定退出非盟的会员而

---

[27] Article 31(2).

[28] See *Protocol on the Amendments to the Constitutive Act of the African Union*, available at: https://au.int/en/treaties/protocol-amendments-constitutive-act-african-union, accessed 6 December 2017.

[29] Supra, Magliveras and Naldi, 95.

言,实际上也无法阻止其退出。也许,没有《非盟章程》第 31 条的规定将有可能导致在退出条件问题上的长期谈判,这类似于英国与欧盟就脱欧问题所进行的谈判。

与之相关的另一个问题是,对拒绝、无视或者未能履行其义务,或者不遵守非盟对其所施加相关措施的会员,非盟是否有权力将其开除。在《非盟章程》中,没有任何一项条款明确授予非盟这样的权力。但问题是,依据《非盟章程》第 23 条第 2 款的规定,作为一种“政治性质”的措施,非盟是否可以将某个会员开除。马格里弗拉斯和纳尔迪认为,这种情况发生的可能性为零。他们认为,该条款所说的“政治性质”的措施,不应解读为包含可能影响会员资格的措施。这一观点符合非统秘书处在 2002 年给出的一个意见,即由于《非统宪章》没有有关开除会员的条款,所以非盟大会不具有开除会员的法定职权。[30]

四、会员资格对公民的影响

这一部分讨论非盟法律秩序对非盟会员内个人的公民资格与国籍产
生的影响。需着重强调的是,由于非洲的独特历史、殖民干涉和大量的传 56
统游牧人口,非洲的公民资格与国籍问题非常特殊。首先,须指出“国籍”与“公民资格”二者在使用中的模糊性。特别是在非盟各个文件和决定中,这两个词汇在许多情况下都是交替使用的。[31] 在“诺特波姆案”(列支敦士登诉危地马拉)中,[32]国际法院在重申各国根据本国法律决定国籍问题的同时,对“国籍”作了如下定义:

---

[30] Ibid., p. 101.

[31] See African Commission on Human and Peoples' Rights, "The Right to Nationality in Africa" study undertaken by the Special Rapporteur on the Rights of Refugees, Asylum Seekers and Internally Displaced Persons, pursuant to Resolution 234 of April 2013 and approved by the Commission at its 55th Ordinary Session, May 2014 (African Commission's nationality study).

[32] See Liechtenstein v. Guatemala [1955] ICJ 1.

> 从各国实践、仲裁裁决、司法判决和学者观点来看，国籍是一种以社会连带事实为基础的法律纽带，是一种与相互权利义务相伴的生存、利益与情感的真正联系。事实上，赋予个人国籍的国家，不管它是通过法律直接授予抑或通过权威行为授予，都比其他国家与该个人有更实际的联系。这构成了对其行使管辖的司法表达。只要一国有授予个人公民身份的相关法律条款，那么公民经由国家授予国籍之后，仅仅意味着除该国之外的其他国家都无权对该公民进行法律上的保护。

因此，在处理国际层面的国籍问题时，还会涉及国与国之间的权利与义务。[33] 相较而言，在国内法中，国籍与公民资格是指国家与本国公民之间的关系以及由此关系产生的权利义务。波尔（Boll）认为，国籍与公民资格这两个概念之所以经常混淆，是因为两者之间的联系非常紧密。[34] 因此，在大多数情况下，这两个词可以互换使用，“这取决于文本所使用的语言、作者描述关系或地位所适用的概念，以及特定评论者所处的法律体系”[35]。他还指出，尽管这两个词经常在多种场合互换使用，但维持二者在理论上的区别很重要，因为这两种地位实际产生的法律后果仍然可以区分。[36] 他进一步指出，“国籍与公民资格，在国内层面被认为是相同或重叠
57 的”，在国际层面却不是这样，二者的区别显而易见。[37] 波尔认为，在国内法中，“国籍意味着一系列的个人权利与义务，这一点与公民资格基本上

---

[33] See A. M. Boll, *Multiple Nationality in International Law* (Martinus Nijhoff Publishers, 2007), Chapter 3.

[34] Ibid., p. 57 – 58.

[35] Supra, African Commission's nationality study, paragraph 35.

[36] Supra, Boll, 58.

[37] See H. U. J. D'Oliveira, *Multiple Nationality and International Law by Alfred M. Boll.* Leiden, *Boston*: *Martinus Nijhoff Publishers*, 2007, p. xix, 626, $201, 149, (2007) 101 (4) The American Journal of International Law 922 – 928.

没有任何区别;但在国际法中,国籍意味着本国与他国之间的权利与义务"[38]。然而,有些学者认为交替使用这两个词语是一种更为谨慎的做法,因为国家机构在实践中就是这么做的。[39] 这也是为什么克罗兹(Close)认为国籍"这一复杂的概念既有表层含义,又有内在含义,而这一内在含义就是公民资格"[40]。这一观点也是对非盟及其会员使用这两个概念情况的反映。

五、非盟法与公民资格

另一个相应问题是非盟法律秩序对国籍或公民资格的影响。尽管整个非洲大陆已经获得独立,但是国籍与公民资格这两个概念依然存在争议,而且这种争议经常导致暴力的灾难性后果,卢旺达大屠杀就是一个悲剧性例子。非洲大陆依然存在各种形式的基于团体、种族与家族起源的原始身份,这与现代国家中的公民资格和国籍概念直接冲突。殖民实践与法律也是导致多曼(Dorman)所称的"公民资格冲突"的因素。[41] 殖民当局创设了"人造的"国家,并在很多情况下随意赋予公民资格,在此过程中导致了族群分裂。欧洲殖民列强是基于欧洲法律传统来界定非洲人的国籍或公民资格的。[42] 例如,在英国的殖民地,原住民要么被英国殖民者认定为

㊳ Supra, Boll, Chapter 3.

㊴ See S. O'Leary, *The Evolving Concept of Community Citizenship-From the Free Movement of Persons to Union Citizenship* (Kluwer Law International, 1996); R. Donner, *The Regulation of Nationality in International Law*, 2nd ed. (Transnational Publishers Inc., 1994); D. Heater, *What Is Citizenship* (Polity Press, 1999); E. Guild, *The Legal Framework of Citizenship of the European Union*, in D. Cesarani & M. Fulbrook eds., Citizenship, Nationality and Migration in Europe (Routledge, 1996) 32.

㊵ G. Close, *Definitions of Citizenship*, in P. Gardner, Hallmarks of Citizenship-A Green Paper (British Institute of International and Comparative Law, 1994) 6.

㊶ See S. Rice Dorman, *Citizenship in Africa: The Politics of Belonging*, in E. F. Isin & P. Nyers eds., Routledge Handbook of Global Citizenship Study (Routledge, 2014) 161.

㊷ See B. Manby, *Trends in Citizenship Law and Politics in Africa since the Colonial Era*, in E. F. Isin & P. Nyers eds., Routledge Handbook of Global Citizenship Study (Routledge, 2014) 173.

英国臣民，要么被认定为受英国保护的人。而且，根据 1948 年《英国国籍法》，英国创设了“英联邦公民资格”适用于其殖民地，之后也适用于其在
58 非洲的前殖民地。与此相似，法国殖民者将原住民划分为法国公民、法国臣民、受法国管理的人和受法国保护的人。[43]

曼比（Manby）指出，西方的国籍概念基于两个原则：一是出生地主义（基于出生地取得公民资格）；二是血统主义（基于父母的国籍，包括申请入籍即归化）。[44] 在殖民时期，英国将出生地主义适用于其领地，这体现在 1948 年《英国国籍法》中。在取得独立之后，大多数非洲国家在宪法中不同程度地吸收了这两项原则，但对于以出生登记方式获得国籍的限制性规定比较少，对于以申请方式取得国籍的限制性规定则较多。[45] 但是，在后殖民时代的总体趋势是，非洲国家在公民资格问题上，通过采取不同方式，加强了法律对公民资格的限制。[46]

非统决定将殖民时期的国家组织形式和国籍处理方式作为其领土完整规则的基础，这就把殖民时期的混乱情况带进了独立后的非洲，导致了无国籍等负面影响的出现。[47] 而非洲大部分国家的国内法会常常“添乱”，使问题更加复杂。阿德朱莫比（Adejumobi）认为，存在这样一种趋势，即“种族权力、权利和特权的制度化，会导致公民资格的差异化和不平等”[48]。例如，《尼日利亚宪法》第 223 节第 2 条第 2 款和第 318 节第 1 条规定，公民权利应授予所有尼日利亚人，不得歧视。然而，《尼日利亚宪法》中的其

---

[43] See B. Manby, *Citizenship Law in Africa: A Comparative Study*, 3rd ed. (Open Society Foundation, 2016) 39.

[44] Supra, Manby (2014), 176.

[45] See Part 2 of the Constitution of the Federation of Nigeria, 1960; K. C. Okoli, *Nigerian Citizenship Law: A Current Perspective*, (1990) 34 (1) Journal of African Law 27.

[46] Supra, Manby (2016).

[47] Supra, Manby (2014), 172.

[48] S. Adejumobi, *Citizenship, Rights and the Problem of Internal Conflicts and Civil War in Africa*, (2001) 6 (2) African Journal of Political Science 77.

他条款似乎承认存在两个级别的公民——本地人与移居者。[49] 这些条款意味着，依据本地人与移居者的分类，尼日利亚公民被分成一、二两个等级，其结果就是，在大多数情况下，本地人的权利都要优胜于移居者的权利。这种相互间具有明显冲突的宪法条款，在尼日利亚导致了严重的暴力事件。[50] 而这一问题不仅仅存在于尼日利亚，而是在整个非洲都存在，其表现在不同方面，如部落、种族、宗教、性别、出生或阶级差异等。[51] 阿德朱莫比对尼日利亚的这种情况进行了如下评价：

> 在当地，这些地区的"本地人"或者"原住民"被视为"本国公 59
> 民"，而所谓的"移民"或"移居者"则被视为"非本国公民"，并且两者之间存在明显的界限（尽管他们都是同一国家的公民）。[52]

津巴布韦也存在同样情况。在该国，"白人移居者"被视为一个不同的公民阶级，与被视为"本土人"的公民之间存在明显的差异。[53] 在该国备受争议的"土地改革"中，这种差别对待扮演了一个重要角色，导致白人移居者的大量土地被掠夺。[54] 多曼指出，非洲在实施民主选举制度的过程中，也在无意间加剧了公民资格的冲突。许多非洲国家在选举前夕，少数族群的公民资格问题经常被提出来，并最终导致其投票权或参与权被剥夺。在这方面，一个备受关注的案件是赞比亚试图剥夺其前总统肯尼斯·卡翁达（Kenneth Kaunda）的国籍，并宣布他为无国籍人。喀麦隆、刚果民

---

[49] See Section 147 (3) Constitution of the Federal Republic of Nigeria, 1999.

[50] See O. Onazi, *Before Rights and Responsibilities: An African Ethos of Citizenship*, in O. Onazi ed., African Legal Theory and Contemporary Problems: Critical Essays (Ius Gentium: Comparative Perspectives on Law and Justice, 29) 154 – 158.

[51] Ibid., p. 155.

[52] Supra, Adejumobi, 86.

[53] Ibid., p. 87.

[54] Supra, Dorman, 165.

主共和国、科特迪瓦、毛里塔尼亚、乌干达、赞比亚、博茨瓦纳、津巴布韦等国都出现过类似问题。[55]

国家之间也存在公民资格问题的冲突。从 20 世纪 50 年代到 80 年代，大规模驱逐出境现象在整个非洲都很普遍。[56] 在独立后，一些非洲国家以属于他国公民或没有公民身份为由，将一些居民集体驱逐出境。这样的例子比比皆是，如 1973 年乌干达驱逐亚洲人，1983 年尼日利亚驱逐了来自邻国的 100 多万名工人。

围绕公民资格和国籍产生的诸多问题，特别是对于公民个人而言，使公民资格与国籍成为非盟及其法律秩序中的一个焦点问题。这一议题之所以重要，不仅是因为其对个人有影响，而且也是因为其对会员有影响。[57] 曼比认为，非统及其继任者非盟都未能采取有效措施，以制止滥用——尤其是为政治目的滥用公民权的普遍现象。[58] 但本书认为，虽然非统情况大体如此，但是非盟及其法律体系的出现已经产生了重大的法律后果，其正在推动公民资格问题的解决。

六、非盟法律秩序下对公民资格法律的协调

非盟对公民资格与国籍问题的处理方式，根植于其一体化目标。非盟
60 及其机构正逐步采取措施，试图在公民资格与国籍问题上实现相关规范和法律的协调统一。在其有关国籍权的研究中，非洲委员会对非盟的这些措施作了恰当总结。[59] 依据《非洲宪章》，非洲委员会“从事非洲人权和民族权领域问题的研究”，“制定旨在解决与人权、民族权和基本自由相关法律问题的原则与规则，非洲国家的政府可能基于这些原则与规则制定法

[55] Ibid. , p. 161, 163.

[56] Supra, Dorman, 163.

[57] See A. M. Boll, *Multiple Nationality in International Law* (Martinus Nijhoff Publishers, 2007) 13.

[58] Supra, Manby (2014), 172 – 173.

[59] Supra, African Commission's nationality study.

律”。2014 年,非洲委员会对此开展了广泛研究。

根据这项研究,解决公民资格和国籍问题的第一个重要步骤是对 2006 年《非洲联盟移民政策框架》中的建议作出回应。[60] 这些建议包括,非盟会员将 1954 年和 1960 年《减少无国籍状态公约》中的一些关键规则纳入本国的法律和政策体系,并修订国内有关公民权的法律以实现该目标。2017 年 6 月,以非洲国家边界争端及其对民众影响为背景举行的“非盟边界项目”专家会议上,这些建议得到了回应。会议敦促非盟会员“采取必要措施保护受影响的民众的权利,尤其是那些可能丧失国籍(无国籍)和不动产或被迫流离失所的人群”。[61] 在无国籍人、难民和境内流离失所者问题上,非洲国家人权机构在 2007 年会议上建议,各会员应当对其与公民资格和国籍相关的法律进行评估审查以解决这些问题。这一建议在 2009 年举行的非盟会员会议上得到了广泛支持。

2010 年,非洲委员会第 47 届常会就非洲区域人权体制中的国籍问题进行了公开辩论。随后,非洲委员会在 2011 年第 9 届特别会议上,进一步扩大了议题讨论的范围,从国际比较法角度对国籍问题进行了反思。同年,非洲儿童权利和福利专家委员会(African Committee of Experts on the Rights and Welfare of the Child)在其第一个实质性决定中,审议了在肯尼亚出生的努比亚裔儿童的公民地位和国籍问题。该委员会适用了《非洲宪章》第 8 条的规定,认定肯尼亚违反了该宪章第 6 条所规定的赋予儿童姓名权、出生登记权和国籍权的义务。这一决定也推动非洲儿童权利和福利专家委员会在 2012 年就《非洲宪章》第 6 条及其对儿童国籍的影响进行
了讨论,其成果是达成了一部旨在明晰非洲儿童国籍和出生登记相关事项 61
的一般性意见的草案。

---

[60] See available at: www. unhcr. org/uk/protection/migration/4d5258ab9/african-union-migration-policyframework-africa. html, accessed 13 December 2017.

[61] Supra, African Commission’s nationality study.

2012 年,非盟委员会以公民资格、无国籍状态和冲突为主题举办了一个专题研讨会。该研讨会建议各会员制定一部适用于整个非洲大陆的"反映非洲现状和诸如游牧、历史迁徙和边界等背景的处理无国籍问题的法律文件"。[62] 2013 年,非洲委员会委托其"难民、寻求庇护者、移民和境内流离失所者问题特别报告员",就国籍问题进行深度调查。对这一调查结果,经由上文提及的技术委员会转交给非洲儿童权利和福利专家委员会进行研究。该委员会承担了起草"一般性意见"的任务,目的是释明《非洲儿童权利和福利宪章》的有关规定,并就出生登记和国籍获取等问题作出解释。"一般性意见"于 2014 年通过,它解释了会员履行《非洲儿童权利和福利宪章》第 6 条规定的义务范围,涉及儿童的姓名权、出生登记权和国籍权。[63]

在肯尼亚内罗毕举行的第 18 届特别会议上,非洲委员会基于对非洲国籍问题的深度研究报告,通过了《非洲国籍权宪章议定书》草案。[64] 非洲委员会提议将该议定书草案纳入法律文件的审核程序以使其之后由非盟通过,非盟执行理事会批准了该提议。

七、《非洲宪章》和公民资格与国籍问题

在公民资格或国籍问题上,《非洲宪章》并未作出任何具体的规定。尽管全非洲范围内都存在诸多与公民资格和国籍相关的问题,以及这些问题对人权产生的影响,但是《非洲宪章》并未就公民资格或者国籍进行任何规定,这一点确实让人意外。然而,在涉及公民资格问题的案件中,《非

---

[62] Ibid.

[63] See African Committee of Experts on the Rights and Welfare of the Child, available at: www. acerwc. org/general-comments, accessed 13 December 2017.

[64] See *Resolution on the Drafting of a Protocol to the African Charter on Human and Peoples' Rights on the Right to Nationality in Africa*, available at: www. achpr. org/sessions/55th/resolutions/277, accessed 13 December 2017.

洲宪章》中的条款已被援引。[65] 非洲委员会指出：

> 尽管国籍权未被列入《非洲宪章》所保护的权利清单，但是非洲各国通过采纳提及“公民”权利的条款默认了国籍这一概念。这些条款与规定“非本国国民”的条款或个人“为国内社会服务”、保护“其所属国家安全”和“维护并增强社会与国家团结”的义务不同。特别是，本宪章严格禁止“针对国家、民族、种族或宗教群体的”非本国国民的大规模驱逐。[66] 62

为实现《非洲宪章》中这一未明示的目的，非洲委员会在有关国籍和公民资格的案件中，对《非洲宪章》中的特定条款进行了创造性解释，以期将国籍权以默示方式纳入该条约之中。[67] 这些案件中所适用的宪章条款包括：第 2 条（不受歧视）、第 3 条（平等）、第 5 条（人格尊严）、第 7 条（公平审判）、第 12 条（行动自由）、第 13 条（参政权）和第 18 条（家庭和妇女儿童的权利）。[68] 这一填补该宪章空白的努力，部分是受到了 1989 年通过的《联合国儿童权利公约》的影响，该公约于 1999 年在《非洲儿童权利和福利宪章》中生效。如前所述，《非洲儿童权利和福利宪章》[69]的立法目的是对所有非洲人从其出生起的公民权产生影响，其第 6 条规定：

> 姓名及国籍：
>
> （1）任何儿童都有自出生起获得姓名的权利；
>
> （2）任何儿童都应在出生后立即进行登记；

---

[65] Supra, Manby (2014), 181.

[66] African Commission nationality study, 11.

[67] Ibid., 12, paragraph 27.

[68] 这些案件将在第六章进行讨论。

[69] See *African Charter on the Rights and Welfare of the Child*, OAU Doc. CAB/LEG/24.9/49 (1990), entered into force 29 November 1999.

(3)任何儿童都有权取得一国国籍;

(4)本宪章各缔约国应保证其宪法文件承认以下原则,即若儿童在出生时未经任何其他国家依其法律授予国籍,则应取得其出生地国之国籍。

在《非洲儿童权利和福利宪章》规定国籍权之后,2003 年《马普托议定
63 书》也规定了该权利。[70] 该议定书规定了妇女的国籍,规定妇女结婚后,有权获得其丈夫所在国的国籍。但令人失望的是,该议定书第 6 条第 7、8 款规定了例外情形,即对男性获得其妻子所在国国籍以及儿童取得其母亲所在国国籍的条件进行了限制。

本章小结

尽管非洲各国都加入了非盟,但《非盟章程》中的会员条款依然重要,这有两个原因:其一,非盟不限制新国家的加入,南苏丹就是一个适例。其二,尽管对海地加入非盟的申请,非盟的做法令人失望,但非盟仍有可能重新审视对非盟成员所施加的地域限制。非盟的制裁制度意义深远,它强化了非盟成为一个超国家机构的雄心。非盟制裁制度的实践和程序也在逐步发展,并将随着时间的推移而更加协调统一。非盟会员身份对非洲各国总计 10 亿多名公民也产生了积极影响。这些发展表明,非盟决心在整个非洲解决那些影响单个公民的关键问题。非盟所面临的挑战是,如何确保其法律和政策在会员内得到有效执行。

---

[70] See *Protocol to the African Charter on Human and Peoples' Rights on the Rights of Women in Africa*, adopted by the 2nd Ordinary Session of the Assembly of the Union, Maputo, CAB/LEG/66.6 (Sept. 13, 2000), entered into force 25 November 2005.

第四章　非洲经济与商业法：新经济法律秩序的萌芽 64

非洲的贫困程度及其对整个非洲大陆居民的影响，使经济发展成为非盟及其成长中的法律秩序的一个焦点议题。自独立之后，非洲国家一直在为加快经济发展和扩大经济规模而努力。非洲经济之所以落后，是因为受到一些内外部因素的共同影响。内部因素主要有：有缺陷的经济政策，匮乏的财政资源，不完备的体制架构，薄弱的管理能力，贪污腐败和不稳定的政治环境；外部因素则包括：不利的国际贸易条件，对自然资源的过度依赖以及高负债问题。① 非洲的领导人已将非洲一体化作为推动经济增长、提升民众生活水平和促进经济可持续增长的一项重要措施。② 然而，非洲大陆在语言、传统、文化和特别重要的法律制度等方面的多样性，使非洲一体化进程充满艰巨的挑战。在国内层面，非盟各会员的法律制度主要是殖民活动的遗留物，这是非洲各国法律制度形态各异的成因。前法国和葡萄牙殖民地的法律以《拿破仑法典》为基础，前英国殖民地的法律则以普通法系为基础，而南非、纳米比亚、博茨瓦纳、津巴布韦、莱索托和斯威士兰则混合了罗马—荷兰法和普通法。此外，伊斯兰法也在一些非盟会员的法律中发

① See K. D. Magliveras & G. J. Naldi, *The African Union* (AU) (Wolters Kluwer, 2013) 322.

② See United Nations Economic Commission for Africa, *Assessing Regional Integration in Africa*, Volume Ⅳ (2010) 7, available at: www. uneca. org/sites/default/files/PublicationFiles/aria4full. pdf, accessed 14 December 2017.

挥重要作用。同时，非盟各会员都存在具有自身特有法律传统的习惯法。虽然有这些挑战，但人们普遍承认，非洲大陆要实现真正的发展，必须对其内部的商事法律进行一定程度的整合、协调或统一。欧盟的经验表明，将各种不同的法律制度整合在一个协调一致的法律制度框架内是有可能的。[③]

65 在非盟背景下实现一体化，其好处显而易见。国际或跨国企业在非洲开展业务时，会遭遇各种标准、法律和关税等挑战。相较而言，在欧盟，法律的协调为其内部市场创设了日益趋同的营商标准。法律的协调有助于实现法律、规范、标准和惯例的一致性，从而使跨国运营的企业适用类似的规则。[④] 此外，法律的协调也降低了交易成本、监管套利和时间限制，加快了经济活动的进程；它还减轻了跨国企业的守法与监管负担。在商业领域建立协调统一的法律制度，也对非盟会员的商业伙伴有利。通过改进法律制度也会推动非洲加快融入全球经济，极大促进其经济发展。[⑤]

因此，非洲正在通过建立协调统一的标准来推进一体化。在此背景之下，本章就该大陆形成中的经济和商业法进行研究，[⑥]并将重点关注非洲

---

③ See S. Mancuso, *The New African Law: Beyond the Difference between Common Law and Civil Law* (2008) Annual Survey of International & Comparative Law 14, 39.

④ See W. Menski, *Comparative Law in a Global Context*, Cambridge University Press, 2005, p. 39; M. Hesselink, *The Ideal of Codification and the Dynamics of Europeanisation: The Dutch Experience*, in S. Vogenauer and S. Weatherill eds., The Harmonisation of European Contract Law: Implications for European Private Laws, Business and Legal Practice (Hart Publishing, 2006) 49, 50.

⑤ See S. Mancuso, *China in Africa and the Law* (2012) Annual Survey of International & Comparative Law 18, 243.

⑥ See C. Lopes, *Regional Integration and Monetary Unions in Africa*, a speech delivered at the Africa Training Institute of the International Monetary Fund on 8 March 2016 in Mauritius, available at: www.uneca.org/es-blog/regional-integration-and-monetary-unions-africa, accessed 14 December 2017; G. Bamodu, *Transnational Law, Unification and Harmonisation of International Commercial Law in Africa* (1994) 38 (2) Journal of African Law 125, 143; L. H. Hayes, *A modern Lex Mercatoria: Political Rhetoric or Substantive Progress?* (1977) 3 (2) Brooklyn Journal of International Law 210; B. M. Cremades and S. L. Plehn, *The New Lex Mercatoria and the Harmonisation of the Laws of International Commercial Transactions* (1984) 2 (3) Boston University International Law Journal 317; D. A. Walsh and K. W. Ryan, *Harmonisation and Standardisation of Legal Aspects of International Trade* (1977) 51 Australian Law Journal 608.

经济一体化进程中的法律维度。与人权领域法律规范的发展相比，非洲在经济和商业领域法律规范的发展被普遍认为步履缓慢且整体影响力较小，但在未来，它很有可能对非盟法律秩序的发展产生重要影响。

一、背景介绍

长久以来，非盟各会员政府一直认为，为实现发展，需要形成区域和大陆更紧密的经济联系。[7] 阿洛特认为，非洲大陆上法律的融合或统一是“独立的后果、建国的愿望，以及引导法律制度不同的各个群体成为命运 66
共同体的需要”[8]。这一观点也适用于非盟的经济一体化措施。经济一体化被认为是推动非盟会员经济和社会发展的重要载体。在见证了欧盟一体化的成功之后，非洲各国对这一认识已经加强。例如，非盟及其公认的 8 个经济共同体都认为应当将商品和服务的自由流动置于一体化的优先发展领域。贸易一体化也被列为《非盟最低限度一体化方案》（Minimum Integration Programme）的关键因素之一（对此下文将有讨论）。[9]

非洲经济和商业领域的一体化进程，可以追溯至《非洲经济发展拉各斯行动计划》，该计划是非统的一项特别倡议，[10]其中心主题是最终实现非洲经济一体化。该计划是推动《阿布贾条约》于 1991 年 6 月通过的关键驱动因素之一，该条约于 1994 年 5 月 12 日正式生效。《阿布贾条约》旨在通

---

⑦ See M. Ndulo, *Harmonisation of Trade Laws in the African Economic Community* (1993) 42 International and Comparative Law Quarterly 101 – 118.

⑧ See A. N. Allott, *Towards the Unification of Laws in Africa* (1965) 14 (2) International and Comparative Law Quarterly 366, 378.

⑨ Supra, United Nations Economic Commission for Africa, Assessing Regional Integration in Africa, 13.

⑩ See OAU, *Lagos Plan of Action for the Economic Development of Africa* 1980 – 2000, available at: file://smbhome. uscs. susx. ac. uk/oa288/Downloads/Lagos-Plan-of-Action. pdf, accessed 14 December 2017; E. Dickson, *African Perspectives on Democracy and the Dilemmas of Postcolonial Intellectuals in African Affairs* (1998) 45 (3 – 4) Africa Today 281 – 306; supra, Ndulo, 101 – 118.

过建立自由贸易和货币联盟来实现非洲经济一体化，并最终建立非洲经济共同体，[11]而建立非洲经济共同体被认为是非洲经济领域最雄心勃勃的发展目标之一。[12] 马格里弗拉斯和纳尔迪认为："自非盟成立之后，非洲经济共同体就具有了超国家组织的特征，并且可以预见，非洲经济共同体也将会在经济之外的领域发挥重要作用，在社会政治领域创设政治联盟。这与欧盟并无二致。"[13]在非洲大陆的经济领域，非洲经济共同体的组织框架是推动实施一体化战略的关键机制。必须说明的是，虽然《阿布贾条约》声称其建立了"非洲经济共同体"，但实际上它只不过是为推动形成整个非洲大陆经济共同体而建立的一个组织框架或者临时协议，[14]并没有完全解
67 决经济一体化过程中的实质性问题。相反，这一条约背后的战略是利用选定的区域经济共同体作为基石，在此基础上建立非洲贸易共同体。为实现这一目标，《阿布贾条约》第 88 条第 2 款规定：

> 各会员承诺促进其所属的区域经济共同体的一体化活动与本共同体活动的协调统一。

经由非盟承认的 8 个区域经济共同体正是为了实现这一目标。这些共同体是：非洲大陆北部的阿拉伯马格里布联盟（Arab Maghreb Union）；东南部的东南非共同市场（Common Market for Eastern and Southern Africa）；萨赫勒—撒哈拉国家共同体（Community of Sahel-Saharan States），包括刚果民主共和国以北的国家，科摩罗、圣多美和普林西比，但不包括阿尔及利亚和埃塞俄比亚；东部为东非共同体（East African Community）和

---

⑪ See T. Ricks, *From the Abuja Treaty to the Sustainable Development Goals: Realizing Economic Integration in Africa* (2016) 42 (1) North Carolina Journal of International Law 250.

⑫ Supra, Magliveras and Naldi, 322.

⑬ Ibid., p. 323.

⑭ See S. Koroma et al., *Towards an African Common Market for Agricultural Products* (Food and Agricultural Organisation of the United Nations, 2008) 24.

东非政府间发展组织（Intergovernmental Authority on Development）；中部为中非国家经济共同体（Economic Community of Central African States）；西部为西非国家经济共同体（Economic Community of West African States）；以及南部非洲发展共同体（Southern African Development Community）。在这种安排之下，各会员不仅要遵守《阿布贾条约》，还要遵守其所在区域建立的区域经济共同体条约。目前，正在就三方自由贸易区（以下简称自贸区）进行谈判，目的是联合三大区域经济共同体，即南部非洲发展共同体、东非共同体和东南非共同市场。共有 26 个国家加入了这一发展计划，大约是一半的非盟会员。这 26 个国家也代表了非洲 56% 的人口（约六亿两千五百万人），以及非洲 50% 的 GDP（约一万亿美元）。预计在不久的将来，三方自贸区将成为创建非洲大陆自贸区的重要支柱之一。

为推进《阿布贾条约》和《非盟章程》中一体化目标的实现，加快非洲大陆一体化的速度，非盟在 2009 年达成了《非盟最低限度一体化方案》。[15] 该方案是非盟委员会、区域经济共同体和负责一体化的非洲部长会议（Conferences of African Ministers）共同合作的产物。根据非盟报告，“最低限度一体化方案是执行由会员、区域经济共同体、非盟委员会和发展伙伴推动的《阿布贾条约》大圆环中所缺失的一环”。该方案列出推动一体化目标过程中应优先发展的一些领域，而这些优先发展领域将会对正在形成中的非盟法律秩序产生影响。例如，在该方案的第一阶段，优先发展领域包括：消除区域经济共同体的关税与非关税壁垒，简化并统一原产地规则， 68
在区域经济共同体内创建关税同盟，实现人员、货物与服务等的自由流动。此外，在方案的第二阶段，其优先发展领域在第一阶段的基础上，又增加了一些任务，包括协调财政政策、建立区域支付系统、发展资本市场、制定关于资本自由流动的法律法规框架、协调货币政策、采用非洲共同对外关税

---

[15] See African Union, Minimum Integration Programme, available at: https://au.int/en/ea/ric/mip, accessed 14 December 2017.

政策、监管各国宏观经济的融合、协调国民经济核算数据、促进投资和改善投资环境。

二、经济一体化与规范创设

法律和标准的一体化可以改变法律环境与秩序。在欧盟等事例中，这些变化可能催生一个新的法律秩序。一体化有多种形式，比如法律规范的协调或统一。[16] 与统一相比，协调是一种不那么激进的一体化措施，包括改变各国法律条文以使其具有更多相似性。因此，在尊重各国法律制度独有特征的同时，协调不仅有助于减少特定区域内法律制度的差异，而且可以加强国家之间的法律合作。就欧盟而言，其协调方式是在欧盟层面采用指令机制，然后交由各会员执行。[17] 而且，协调过程在国家、大洲和国际上可采用不同形式。例如，协调过程可具体体现为：(1)修订国内法规，(2)制定国际法典(如《联合国国际货物销售合同公约》)，[18](3)国际重述(如国际统一私法协会的《国际商事合同通则》)，[19](4)通过区域性法律选
69 择公约(如《罗马合同义务法律适用公约》)，[20](5)通过统一私法规则(如

---

⑯ See G. Conway, *The Limits of Legal Reasoning and the European Court of Justice*, Cambridge University Press, 2014, p. 86, 175.

⑰ See A. Rosett, *UNIDROIT Principles and Harmonisation of International Commercial Law: Focus on Chapter Seven* (1997) 2 (3) Uniform Law Review 441; A. Rosett, *Unification, Harmonization, Restatement, Codification, and Reform in International Commercial Law* (1992) 40 (3) American Journal of Comparative Law 683 – 697.

⑱ See *United Nations Convention on Contracts for the International Sale of Goods*, Vienna, 11 April 1980, S. Treaty Document Number 98 – 99 (1984), UN Document Number A/CONF 97/19, 1489 UNTS 3.

⑲ See UNIDROIT *Principles of International Commercial Contracts*, available at: www.unidroit.org/instruments/commercial-contracts/unidroit-principles – 2016, accessed 14 December 2017.

⑳ See 1980 *Rome Convention on the Law Applicable to Contractual Obligations* (consolidated version), Official Journal C 027, 26/01/1998, p. 34 – 46.

《跟单信用证统一惯例》,Uniform Customs and Practices on Documentary Credits)。[21] 比协调更加激进的法律一体化方式是"统一",这一方式旨在消除各国法律之间的差异,取而代之的是为参与法律一体化进程的所有国家创设的一种独特且相同的法律文本。[22] 这一方式既可以通过会员采用同一法律文本来施行,也可以通过采用包含超国家原则的法律文本,依据超国家原则,统一的法律规范可直接被纳入会员的国内法律秩序。

从程序上讲,一体化进程通常从各国建立自贸区开始,这能够消除大部分贸易壁垒,如配额和关税。自贸区一旦稳定运行,下一步就是建立关税同盟,这可以对非会员实行共同的对外关税或进口关税。一体化的更进一步就是建立一个共同市场,推动包括劳动力和资本在内的生产要素的自由流动。共同市场也会促进共同财政机构的建立。一体化进程的最后阶段是建立经济共同体,由此各国可以协调财政与货币政策并使用统一货币。

欧盟的经验告诉我们,经济一体化需要一定程度的法律统一才能实现繁荣发展。在多边机构内制定并适用于某些跨境交易的国际法律文件,对于所谓的跨国商法的发展正变得越来越重要。"跨国商法"一词是指不局限于本国国内使用,是与国际和跨国商业实践相关的,或为国内法提供替代方案的各种原则和规范。[23] 跨国商业法律框架是通过若干政府间机构、国际商业组织和法律研究中心,如国际统一私法协会(Unification of Private Law)、联合国国际贸易法委员会(United Nations Commission on International Trade Law)以及国际商会(International Chamber of Commerce)

---

[21] See *ICC Uniform Customs and Practice for Documentary Credits*-UCP 600, available at: http://store. iccwbo. org/icc-uniform-customs-and-practice-for-documentary-credits, accessed 14 December 2017.

[22] See S. Mancuso, *Trends on the Harmonisation of Contract Law in Africa* (2007) 13 Annual Survey of International & Comparative Law 157.

[23] Ibid., Mancuso; M. J. Bonell, *The UNIDROIT Principles and Transnational Law* (2000) 5 (2) Uniform Law Review 199.

来发展的。这些发展,强化了通过协调方式解决跨国商业问题的趋势。这些发展也出现在正形成中的非盟法律秩序内,本章将对此进行探讨,这可以视为非洲为跨国商法所作的贡献。

70 三、非盟经济与商业法的基础和非洲经济共同体

如上所述,在非洲,商法的协调主要是通过建立非洲经济共同体(African Economic Community)和区域经济共同体来实现的。这些机构的任务是提升法律的同质性,以期最终实现整个非洲大陆的经济一体化。正如《阿布贾条约》第3、4条规定所述,在一体化与协调上开展合作,是非洲经济共同体的核心目标。第3条规定了共同体的基本原则,包括国家间合作、政策协调、方案整合和促进会员间经济活动的协调发展。非洲经济共同体的宗旨位于该条约第4条规定,包括:(1)促进经济、社会、文化发展和非洲经济一体化,以增强非洲经济的独立自主和本土化、自给性发展;(2)在非洲大陆范围内,建立一个发展、动员和利用非洲人力和物资资源的框架,以实现非洲的自主发展;(3)在人类努力开拓的所有领域促进合作,以提高非洲各族人民的生活水平,保持和增强经济稳定,促进会员间紧密的和平关系,为非洲大陆的进步、发展和经济一体化做出贡献;(4)协调现有各经济共同体的政策,以促进非洲经济共同体的逐步建立。

非盟各会员需要为经济共同体的发展创造有利环境,[24]而且还应当采取必要措施制定并宣传执行《阿布贾条约》所必需的立法。根据该条约第29、30条规定,每个区域经济共同体的会员必须逐步取消关税和其他限制或禁止措施、行政贸易壁垒及其他所有非关税壁垒。此外,《阿布贾条约》第43条强调会员须承诺逐步采取措施确保人员的行动自由以及在其他会员的居住和设立企业的权利。《阿布贾条约》第44条还规定,会员应协调

[24] Supra, Abuja Treaty, Article 5.

货币、金融和支付政策，这将为最终建立非洲货币联盟奠定基础。[25] 该条约还涉及其他可推行一体化的领域，包括农业发展、粮食生产、科学技术、自然资源与能源、运输、通信、旅游、教育、文化、人力资源、社会事务、健康和人口管理等。

《阿布贾条约》第6条规定，将在34年内分6个阶段完成非洲经济共 71
同体的建立。首先是建立区域集团，然后再加强区域内一体化并协调区域经济共同体之间的活动。发展阶段包括：在每一区域共同体内建立自贸区和关税同盟，形成非洲大陆的关税同盟，建立非洲共同市场，并最终建立非洲经济货币联盟和议会。第一阶段已大致完成，但是第二阶段本应在2007年完成，但目前仍在进行中，其原因是非洲各个区域经济共同体及其会员的发展进程并不一致。[26] 第三阶段是在每个区域经济共同体内建立自贸区和关税同盟，原计划于2017年完成。尽管已经有5个区域经济共同体在既定时间内建立了自贸区，但是各区域经济共同体的发展进程仍然存在明显差距。在这方面，所面临的一个更大的问题是，有些会员甚至都没有加入自贸区，这给区域内的自由贸易带来了负面影响。《阿布贾条约》授权在上述每一阶段结束时，由非盟大会确定是否达到预期目标并决定是否进入下一阶段。该条约还规定，上述任一阶段在初始确定的期限之上均可延长，但6个阶段的总时长不得超过40年。[27]

值得注意的是，《阿布贾条约》第25条规定要求设立专业技术委员会，其中就包括一些可在协调进程中发挥重要作用的委员会，即农村经济和农业事务委员会；货币和金融事务委员会；贸易、海关和移民事务委员会；工业、科技、能源、自然资源和环境委员会；交通、通信和旅游委员会；健

---

[25] Supra, Magliveras & Naldi, 319.

[26] See A. Sy, *Hearing on "Will there be an African Economic Community?"*, available at: www.brookings.edu/testimonies/hearing-on-will-there-be-an-african-economic-community, accessed 14 December 2017.

[27] Article 6(4)(5); supra, Ndulo, 101, 118.

康、劳工和社会事务委员会以及教育、文化和人力资源委员会。设立这些专门委员会旨在为实现非洲经济共同体的各项宗旨发挥重要作用。除其他事项外,这些委员会的工作职责主要有:为非洲经济共同体筹备项目与方案;监督、跟踪和评估共同体各机构所做决定的执行情况;确保各项目与方案之间的协调;提交有关《阿布贾条约》各条款执行情况的报告与建议。

须重视的是,在上述专门委员会中并没有法律委员会。设立法律委员
72 会,可专门为条约下几个议定书起草法律文本,或促进共同体内贸易法与商事惯例的发展。鉴于非洲经济共同体的宏大目标,法律委员会的缺失是一个极其明显的疏漏。设立该委员会有助于孵化与培育法律规范的协调性与标准化,其职能可包括:研究协调和统一进程中的各种挑战并提出建议;对国内立法进行比较分析;应非盟有关机构的要求对特定专题进行研究;拟订贸易公约、示范法和统一法;促进区域内贸易条件、习惯和惯例的编纂以及广泛推行;推动区域公约的统一解释和适用。而且,法律委员会可以成为一个论坛,供会员审议和讨论有关在全非洲大陆范围内进行法律协调的相关建议,还可以基于这些建议制定一项非洲共同战略。此外,法律委员会还可成为一个探讨其他国际发展相关法律问题的论坛,这些其他国际发展对全球经济秩序都有影响。

《阿布贾条约》中有关非洲经济共同体法院的条款是提升该共同体法律规范制定能力的一个重要发展。㉘ 该条约第 18 条规定,条约缔约国可将其争端提交至该法院。非洲经济共同体法院在执行《阿布贾条约》过程中,负有遵守法律的职责。非洲经济共同体法院有权就有关该条约可能引发的任何争端作出决定,该争端可由非洲经济共同体任一会员或非盟大会基于违反该条约,或基于机构、当局或会员滥用职权等理由提起。此外,非洲经济共同体法院可应非盟大会或部长理事会的请求发表咨询意见。非盟大会还授予非洲经济共同体法院对《阿布贾条约》第 18 条第 3 款第 1 项

㉘ Supra, Abuja Treaty, Article 7.

以外的争端进行裁判的权力。[29] 值得注意的是,《阿布贾条约》第 19 条规定,非洲经济共同体法院的裁判对共同体所有会员和机关具有约束力。重要的是,非洲经济共同体法院是《非盟章程》中唯一提到的司法机关。[30] 2003 年,非盟通过了一项议定书,将该法院确立为非盟法院,并作为非盟的主要司法机关。[31] 然而,由于非盟大会决定将其并入非洲法院以建立非洲正义与人权法院,所以该法院并未实际运行。

四、在区域经济共同体层面为非洲经济共同体建立支柱 73

如上所述,非洲各区域经济共同体在一体化的不同方面和各目标任务的推进进度上都存在明显差异。有 5 个区域经济共同体取得了令人瞩目的进展,其中西非国家经济共同体和东非共同体的发展最为突出。同样,由于种种原因,包括在法律制度、历史因素、发展水平和政治优先事项上的差异,各区域经济共同体内的各会员在实现共同体目标方面的进展也存在不平衡现象。与之相关的一个问题是,某些会员是多个区域经济共同体的会员,这会对其在确定优先目标顺序时产生影响。尽管如此,在行动自由、货币统一和减少贸易关税壁垒方面依旧取得了一些进展。[32]

(一)贸易与关税

东非共同体与其 6 个会员已经建立了一个共同市场和货币联盟。这一进展有助于简化通关和工作许可证发放程序,确保专门性条约的互认。东非共同体的会员正在朝着于 2024 年形成单一货币的目标迈进。在这一发展背景下,近年来该区域共同体内的贸易增长显著。东南非共同市场目

[29] Supra, Ndulo.

[30] Article 18.

[31] See *Protocol of the Court of Justice of the African Union* (2003), available at: https://au.int/en/treaties/protocol-court-justice-african-union, accessed 14 December 2017.

[32] 参见第九章。

前已经制定了自由贸易协定，其 19 个会员中的 17 个会员已经加入该协定。2009 年，东南非共同市场建立了关税同盟，但是该同盟尚未运行，其原因是各会员还未完成这一同盟各项目标的国内立法。正在谈判的立法包括《共同关税术语》《共同对外关税》《共同市场海关管理条例》。西非国家经济共同体的 19 个会员成立了关税同盟，并在建立共同市场方面取得了进展。南部非洲发展共同体于 2009 年建立了自贸区，在此之后会员间 80% 以上的贸易免征进口关税。然而，15 个会员中仍然有 7 个会员未完全执行自贸协定。自 1910 年以来，非洲南部地区就已经建立了一个关税同盟，即南部非洲关税同盟，南部非洲共同体的所有会员，同时也是该关税同盟的会员。中非国家经济共同体由 11 个会员组成，尽管已经建立了自贸区，但在实现自贸区目标上进展缓慢。萨赫勒—撒哈拉国家共同体、东非政府间发展组织以及阿拉伯马格里布联盟都落后于原定计划，目前仍处于《阿布贾条约》所指的第二阶段。尽管发展进程各异，但是非盟大会仍于 2012 年通过了建立大陆自由贸易区（Continental Free Trade Area）的
74 决定，相关谈判已于 2018 年完成。[33] 该自贸区的目标是在非洲大陆建立一个货物与服务的单一市场，同时实现人员、贸易和投资的自由流动以加快非洲大陆关税同盟的建立。

（二）统一货币与非洲货币联盟

《阿布贾条约》第六阶段的核心任务是建立一个由单一非洲中央银行与名为“非元”（afro）的单一货币组成的“非洲货币联盟”。[34] 实现这一目标的前提是在区域经济共同体一级建立类似的组织框架。统一货币被视

---

[33] See African Union, CFTA-Continental Free Trade Area, available at: https://au.int/en/ti/cfta/about, accessed 15 December 2017. See also African Continental Free Trade Area (AfCFTA) Legal Texts and Policy Documents, available at https://www.tralac.org/resources/by-region/cfta.html, accessed 16 May 2018.

[34] Supra, Ricks, 249, 253.

为最终建立非洲货币联盟的一个必要步骤。货币联盟作为货币一体化的一种特别形式,有助于国家群体共用一种统一货币和一个中央银行。联合国贸易与发展会议(UNCTAD)认为,统一货币有助于:

> 加强区域贸易,因为它节省了货币兑换的交易成本,同步了商业周期,提高了汇率与宏观经济的稳定性。而且,统一货币可以提高价格透明度,方便会员间的资本流通,从而促进投资与贸易。[35]

统一货币这一想法之所以受到关注,主要是由于1999年欧元区的建立和2002年欧元的推出。[36] 需指出的是,非洲大陆使用单一货币的历史可以追溯到殖民时期。例如,被英国殖民的东非国家(肯尼亚、乌干达等)使用东非先令作为其单一货币。这一历史先例可以解释为什么殖民时期实行单一货币的地区现在在这方面的进展最快。

建立单一货币联盟是西非经济共同体自成立以来的目标之一。然而,它并未实现这一目标,这导致该共同体的部分会员组成了一个不同的货币联盟:西非经济和货币联盟(West African Economic and Monetary Union)。该联盟成立于1994年,[37]有8个西非国家使用西非法郎作为单一货币。西非经济和货币联盟不仅是一个货币联盟,还是一个金融联盟。除几内亚比绍外,其他西非经济共同体的会员均为法语国家。成立这一金融联盟的目的是加速会员之间的经济一体化,其货币西非法郎的汇率与欧元挂钩,由 75
法国财政部担保。与之相关的发展是,西非经济共同体内另一个国家集团

---

[35] UNCTAD, *Monetary Unions and Regional Trade in Africa* (2014), available at: http://unctad.org/meetings/en/SessionalDocuments/tdbex59d3_en.pdf, accessed 15 December 2017.

[36] See P. R. Masson & C. Pattillo, *The Monetary Geography of Africa* (Brookings Institution Press, 2005), 1–11; supra, Ricks, 254.

[37] See The acronym is based on its French name, Union Économique et Monétaire Ouest-Africaine.

于2000年建立了西非货币区(West African Monetary Zone),计划采用一种称为“eco”的单一共同货币。该组织最初由冈比亚、加纳、几内亚、尼日利亚和塞拉利昂5个国家组成,利比亚于2010年加入。除几内亚外,其他会员均是以英语为第一语言的国家。该组织的一个宏大的计划是在未来将西非法郎与“eco”合并,从而形成涵盖西非和中非的单一货币。西非经济共同体和西非经济货币联盟还制定了贸易和宏观经济政策趋同领域的共同行动计划。

除此之外,还有中非经济和货币共同体,这是前法属中非国家之间的一个海关和货币联盟,其也使用与欧元挂钩的西非法郎。2013年,东非共同体签署了一项协议,计划在10年内建立货币联盟。南部非洲共同体正计划建立一个经济联盟并采用单一货币,东南非共同市场也有类似计划。预计这些计划都将对《阿布贾条约》关于建立非洲经济与货币联盟的设想起到推动作用。此外,非洲还有一个共同货币区,在这个货币区内,莱索托、纳米比亚和斯威士兰的本国货币与南非的货币兰特(rand)挂钩,实际上是与南非实行同样的货币政策。

欧盟的经济货币联盟(Economic Monetary Union)模式,可以为非盟的努力提供一个有用的模板。与非洲大陆一样,欧盟涵盖的地域广泛,且面临重大挑战,包括2008年至2009年的金融危机。欧盟一直在持续巩固其单一市场,在建立经济货币联盟之前,欧盟就已经实现高度的经济贸易一体化。在不断的发展过程中,欧元区内的会员已经建立起了令人瞩目的程序、机构和监管架构,这些架构都可以吸收进经济货币联盟之中。非洲从欧盟经验中可以学到的重要一课是,会员层面和非洲大陆层面的体制环境必须有利于一体化。

欧盟在法治领域的发展,也可以为非盟营造稳定环境以建立非洲货币联盟提供借鉴。贸易与法治之间的关系非常紧密,这一点众所周知。为确保贸易与投资监管和保护过程中的可预见性,必须坚持法治;同时,法治可以通过提供稳定的法律架构来促进贸易与投资。这一关系表明,非洲朝着统一商法方向发展有助于推进非洲大陆的法治化和稳定性。

在这一形势下,稳定的宏观经济政策也凸显其重要性。正如欧元区经验所表明的那样,会员之间在财政纪律上的较大差异会导致不稳定。[38] 为 76
解决这一问题,非洲各区域经济共同体仿照欧洲货币联盟会员的做法,采取了宏观经济趋同的标准。然而,这并不是一个完美的解决办法,因为这些标准可能会限制非盟会员在应对未来某些特殊发展挑战时的政策选项。欧洲货币联盟的经验还表明,会员需要建立可信可行的机制,以应对联盟内部可能发生的不对称冲击。

(三)流动自由

通过《阿布贾条约》,非盟确立的一个长期目标是建立一个类似欧盟的自由流动机制。这一计划可以极大提高劳动力的流动性,并提升公民在任何会员内设立公司的能力。人员的自由流动被认为有助于非洲大陆的社会经济发展,促进跨境贸易和投资,创造更多机会,并简化经常性出行手续。

拟定本区域的自由流动方案,是非洲区域经济共同体的一项初始责任。在各区域已有成就的基础上,顺利推进非盟领导下的非洲一体化是一项既定的战略。但在这一领域,非洲各区域共同体也存在差异。大部分的区域共同体在构建促进流动自由的框架方面取得了进展,但在执行上,它们面临着不安全与冲突等重大挑战。普遍认为,西非国家经济共同体和东非共同体在这方面的进展最快。[39] 在西非国家经济共同体制度下,公民可

㊳ See M. Dabrowski, *Monetary Union and Fiscal and Macroeconomic Governance* (2015), available at: https://ec.europa.eu/info/sites/info/files/file_import/dp013_en_2.pdf, accessed 15 December 2017.

㊴ See P. Kagame, *The Imperative to Strengthen Our Union Report on the Proposed Recommendations for the Institutional Reform of the African Union*, 29 January 2017, available at: https://au.int/sites/default/files/pages/32777 - file-report - 20institutional20reform20of20the20au - 2.pdf, accessed 11 December 2017.

以获得区域护照，在 90 天内可免签证跨境旅行。有 7 个会员已将本国护照转为西非经济共同体护照，它们是贝宁、加纳、几内亚、利比里亚、尼日尔、尼日利亚和塞内加尔。2018 年，东非共同体计划推出共同旅行护照，目前施行的国家护照预计将在 2017 年 1 月 1 日至 2018 年 12 月 31 日逐步取消。新的共同护照将确保 6 个会员的公民免签证跨境旅行。南部非洲发展共同体和东南非共同市场目前正在实行面向会员公民的 90 天签证制度，中非国家经济共同体也即将推出一个类似计划。

77 2015 年，在南非约翰内斯堡举行的非盟大会上，决定起草一项关于整个非洲大陆人员自由流动的议定书。[40] 这项任务已分配给非洲委员会，计划于 2018 年 1 月完成。该议定书的法律基础是《阿布贾条约》第 43 条规定，该条规定如下：

> (1)会员同意单独或在双边、区域层面上采取必要措施，以逐步实现人员的自由流动，并确保其国民在本共同体内享有居留权和企业设立权。
>
> (2)为此目标，会员同意缔结一项关于人员自由流动、居住权和企业设立权的议定书。

此外，非盟还根据《2063 议程》推出了非盟护照，预计到 2020 年将全面实施。其设想是，用非盟护照取代其会员的护照，并在所有会员内实行签证豁免。

---

[40] See African Union, *Draft Protocol to the Treaty Establishing the African Economic Community Relating to Free Movement of Persons, Right of Residence and Right of Establishment*, available at: https://au.int/sites/default/files/newsevents/workingdocuments/33023 – wd-pa20330_e_original_free_movement_protocol.pdf, accessed 15 December 2017.

五、超国家的测试:以 OHADA 为例

非洲商法协调组织(OHADA)通常被视为非洲大陆协调和统一法律标准与规范的一个范例和潜在动力。尽管严格来说,它并非贸易集团或非盟承认的区域经济共同体,但 OHADA 在西非和中非区域一体化和法律协调方面发挥了主导作用。[41] 该组织由非盟某些会员通过《非洲商法协调条约》创立,这些会员以非洲法语国家为主,[42]《非洲商法协调条约》于 1993 年 10 月 7 日在毛里求斯路易港签署,并于 1995 年 7 月正式生效,其创始会员有贝宁、布基纳法索、中非共和国、乍得、喀麦隆、科摩罗、刚果共和国、科特迪瓦、赤道几内亚、加蓬、马里、尼日尔、塞内加尔和多哥,随后几内亚、几内亚比绍和刚果民主共和国陆续加入了该组织。OHADA 是一个设有法律体制的执行机构,其主要目标是通过采用法典化的统一法律,在会员之间实现法律与司法的确定性。该组织的组织框架用于为会员协调商法、 78
促进投资与发展经济。此外,该框架还试图通过构建现代法律结构,提高商业交易的可预测性,从而提升会员对外国投资的吸引力。[43] 值得注意的是,尽管条约表述为"协调",但根据对其条款的解释,OHADA 的最终目标是实现会员法律上的统一。[44] 同样重要的是,根据《非洲商法协调条约》第 1、2 条的规定,该组织的管辖业务仅限于商业。

为实现其目标,OHADA 引入了 5 个主要的超国家机构,[45]其中包括:

---

[41] See OHADA is the acronym for the name of the organisation in French, "Organisation pour l'Harmonisation en Afrique du Droit des Affaires".

[42] See The amended Treaty on the Harmonisation of Business Law in Africa (1993 and 2008), available at: www.droit-afrique.com/uploads/OHADA-Treaty-2008-harmonization-business-law.pdf, accessed 15 December 2017.

[43] See N. Enonchong, *The Harmonisation of Business Law in Africa: is Article 42 of the OHADA Treaty a Problem?* (2007) 51 (1) Journal of African Law 51, 95.

[44] See C. M. Dickerson ed., *Unified Business Laws for Africa* (IEDP, 2012) 1.

[45] Ibid., p. 63.

部长理事会,作为立法机构并由一位常任秘书长协助(行政机构);[46]司法与仲裁共同法院(Cour Communede Justice et d'Arbitrage),作为终审法院;[47]司法人员和律师培训学校(Ecole Rigionale Superieurede Magistrature)。[48]2010年在对条约进行修订后,又新增了国家元首和政府首脑会议,它是一个审议会员关切的与本组织相关事务的政治性论坛。

OHADA框架下颁布的法律,被称为"统一法"。统一法被认为是OHADA"最强大的一方面"。[49] 因为根据《非洲商法协调条约》的规定,统一法在通过90天后将自动成为OHADA会员国内法的一部分。[50] 同欧盟的条例直接适用于会员一样,统一法也直接适用于OHADA会员。这些法律,首先需要OHADA的常设秘书处与各会员政府进行协商,然后由作为立法机构的部长理事会在听取司法与仲裁共同法院建议后,进行讨论并通过。各会员的议会在制定与通过统一法的过程中没有发言权,部长理事会在此过程中拥有独立的权力,这就避免了因不同的立法程序而产生缺陷,否则可能会通过一些自相矛盾的法律文本。

79 如上所述,这些统一法被设计成具有直接的效力,不须经会员议会的国内立法就可产生效力。尽管可能会与会员现有或将来的法律发生冲突,但是统一法依然直接适用于所有会员,并产生约束力。与统一法不相符的国内立法,在统一法颁布之后自动失效。迄今为止,根据《非洲商法协调条约》第5条至第12条规定,已经出台了9部统一法,[51]包括《破产程序统一法》《普通商法统一法》《担保统一法》《商业公司和经济利益团体统一

[46] See Based in Yaoundé, Cameroon.

[47] This Court is based in Abidjan, Ivory Coast.

[48] Supra, OHADA Treaty.

[49] See C. M. Dickerson, *Harmonizing Business Laws in Africa: OHADA Calls the Tune* (2005) 44 (1) Columbia Journal of Transnational Law 17; C. M. Dickerson, *The OHADA Common Court of Justice and Arbitration: Exogenous Forces Contributing to Its Influence* (2016) 79 (1) Law and Contemporary Problems 62.

[50] Supra, OHADA Treaty, Article 10.

[51] Supra, Dickerson, Unified Business Laws for Africa.

法》《陆路货物运输合同统一法》《合作企业统一法》《债务清偿简易程序及强制执行措施统一法》《会计统一法》《仲裁法统一法》。[52]

必须重申的是,统一法不仅自动废除与其矛盾的法律,而且依据《非洲商法协调条约》第 10 条规定,如果某一事项属于 OHADA 的管辖范围,那么会员关于该事项的任何国内立法都将归于无效。而且,统一法只能根据其通过之时所规定的条件进行修改,不允许任何会员在国家层面进行修改。在这一方面,司法与仲裁共同法院已经明确,《非洲商法协调条约》第 10 条规定所说的废除效力,是指废除和禁止与统一法规则相抵触的现在或将来的任何国内法律或法规(无论是其中的某个条款、段落或句子)。[53]但是,在统一法草案通过之前,任何 OHADA 会员都可以否决该草案。[54]

OHADA 框架也为争端解决提供了法律机制。司法与仲裁共同法院是 OHADA 中一个具有超国家性质的最高法院,负责处理与《非洲商法协调条约》和统一法适用有关的各种事项。[55] 它对司法事务(对会员倒数第二级法院的判决进行裁定)与仲裁事务(监督仲裁员的任命和授权仲裁裁决的执行力)享有管辖权,从而确保对《非洲商法协调条约》、统一法和相关条例与仲裁协议进行统一解释。关于该法院判例的权威性,《非洲商法协调条约》第 20 条规定:

> 司法与仲裁共同法院所作判决为终审判决……在任何情况 80
> 下,会员都不得在本国依照本国法律执行和司法与仲裁共同法院相反的决定。

---

[52] See www. ohada. org/index. php/en, accessed 15 December 2017.

[53] See Supra, Dickerson, *The OHADA Common Court of Justice and Arbitration: Exogenous Forces Contributing to Its Influence*, 62.

[54] See Articles 8 and 12 of the OHADA Treaty.

[55] Supra, Dickerson, *The OHADA Common Court of Justice and Arbitration: Exogenous Forces Contributing to Its Influence*, 62; K. O. Kufuor, *African Unification: Law, Problems and Prospects*, Carolina Academic Press, 2016, p. 96.

因此,司法与仲裁共同法院的判决与会员国内上诉法院的判决具有同等效力,下级法院或会员国内法院随后就同一事项作出的判决不得与之相违背。

OHADA 致力于将其经济法律秩序扩展至整个非洲大陆。因此,在《非洲商法协调条约》的序言中,会员重申其致力于建立非洲经济共同体,并最终在更大的非洲框架内实现一体化。与这一目标相一致,《非洲商法协调条约》第 53 条规定,本条约向所有非盟会员开放。[56] 因此,通过《非洲商法协调条约》第 53 条的规定,其他非洲国家可以加入 OHADA。

有趣的是,在"凯文·姆旺加·冈梅等诉喀麦隆案"中,[57]非洲委员会需要考虑通过《非洲商法协调条约》是否违反《非洲宪章》所规定的会员义务。在该案中,申诉人指称,喀麦隆作为 OHADA 会员加入该条约对喀麦隆南部地区民众构成语言歧视。这是因为《非洲商法协调条约》规定,解释和解决与《非洲商法协调条约》有关争端的语言应当是法语。基于殖民历史背景,喀麦隆南部地区的民众主要使用的是英语。这项申诉是在喀麦隆的双法律制度的背景下提出的,英国普通法适用于其英语区,法国民法则适用于其 8 个法语区。申诉人还声称,批准并执行《非洲商法协调条约》对在喀麦隆南部从事商业活动的企业和个人是一种歧视行为。这一诉求的证据是,未根据 OHADA 法律注册登记的企业不能在喀麦隆开设银行账户。因此,这项诉求主张喀麦隆违反了《非洲宪章》第 2 条的规定。

对此,喀麦隆辩称,设立 OHADA 并不是为了提升法国民法的优越性,而是"通过制定一种简单的、现代化的、普遍适用的法律来促进区域发展与增长、建立适当的司法程序以及适用仲裁来解决合同纠纷"[58],协调 OHADA 各会员的商法。喀麦隆进一步辩称,尼日利亚和加纳等一些非法

---

[56] Supra, Enonchong, 51, 95.

[57] See Kevin Mgwanga Gunme et al. v. Cameroon, ACHPR, Comm. No. 266/03 (2009).

[58] Ibid. , paragraph 105.

语国家正在加入该条约，这一事实表明该条约不具有歧视性。喀麦隆还指出，它已经采取了一些措施，以减轻执行《非洲商法协调条约》可能对喀麦隆南部民众所产生的负面影响。这些措施包括将OHADA法律翻译成英文，并对使用英语和法语的司法官员进行有关OHADA法律的培训。 81

喀麦隆提出的为解决因批准《非洲商法协调条约》而对喀麦隆南部民众产生歧视性影响而采取的措施的理由，被非洲委员会所采信。非洲委员会认为，如果这些措施没有实际落实，非洲委员会将倾向于认定喀麦隆违反了《非洲宪章》第2条的规定。非洲委员会指出：

> 仅仅加入或批准OHADA不应被视为违反第2条，除非被申诉成员显然未能采取任何措施来改善因语言差异所带来的影响。但被申诉成员已经表明其已采取措施解决歧视性问题，例如培训司法官员和开展文本翻译。

但值得注意的是，非洲委员会认为，喀麦隆批准《非洲商法协调条约》构成对喀麦隆南部地区公司和企业的歧视。这一结论是基于其提交给非洲委员会的证据作出的，即除非公司、企业依据OHADA法律进行注册并将其基本文件翻译成法语，否则他们不能开立银行账户。喀麦隆没有对这一证据提出疑问，但也没有说明他已采取措施去解决这一问题。非洲委员会认为：

> 尽管喀麦隆将OHADA文件翻译成英文，但银行等机构强迫设在喀麦隆南部的公司将其基本文件改成法文的做法是错误的。银行和其他机构本可以在不施加语言限制的情况下处理这些公司的业务。并且，银行的相关文件本应翻译成英文。本委员会认为，被申诉国未能解决喀麦隆南部企业所关注的问题，这些企业

> 被迫根据 OHADA 的规定重新注册。因此,喀麦隆构成对《非洲人权和民族权宪章》第 2 条的违反。[59]

该案认定存在歧视事实的一个重要意义在于,它间接证明了非盟法优先于 OHADA 法。尽管 OHADA 法优先于其会员的国内法,且国内法不能与其抵触,但 OHADA 法必须与非盟的法律——如《非洲宪章》相一致。

82

本章小结

长久以来,尽管人们认识到统一商业规范和标准是非洲大陆发展的一个先决条件,但迄今为止这方面的进展十分缓慢,某些因素阻碍了非洲商法与经济法的一体化。在摆脱殖民统治获得独立之后,非盟会员一直存在强烈的经济民族主义。非洲各国语言、政治、法律和行政制度的差异也对一体化进程构成了重大挑战。边界冲突与语言竞争(特别是英语和法语地区),加上种族猜疑,也阻碍了经济一体化道路。[60]《阿布贾条约》为非洲大陆在经济领域提出了一项大胆的议程,其最终目的是建立一个涵盖整个大陆的经济共同体。其选定 8 个区域经济共同体作为实现一体化目标基石的策略,在贸易与关税、货币统一与金融联盟和流动自由等领域取得了一些显著进步。然而,前进的步伐还是缓慢且零碎。尽管如此,OHADA 采用超国家规范和会员在执行这些规范上业已取得的进展表明,《阿布贾条约》所设定的目标——实际上是非盟的目标——从长远来看,是可以实现的。

---

[59] Ibid. , paragraph 108.

[60] Supra, Ndulo, 101, 118.

第五章　和平、安全、法治与非洲联盟法

本章探讨非盟保障会员与非洲大陆和平与安全和尊重法治的法律架构。由于多年来已有不少文献资料从政治和历史方面对这些问题做过讨论，所以本章对这些方面着墨较少。[①] 许多非盟会员都曾有过长期的独裁统治、专制政府和冲突状态，因此非盟将和平、安全与法治置于其法律秩序的优先发展领域。非盟聚焦这些领域的必要性还体现在，如果没有持续的和平、安全与法治，那么诸如经济发展与人权保护等重大问题，就无法得到妥善解决。而且，这些领域对于非盟在推进更紧密一体化进程中形成的法律体系的全面成功至关重要，在这一点上已形成了共识。为促进和平、安全与法治，非盟采取了一些措施，这些措施催生了对非盟会员有重大影响的新的法律原则与标准，它们都已被载入非盟的主要文件之中。这方面的法律原则包括不漠视、人权、防止政府违宪变更等。本章还将讨论非洲和平与安全架构(African Peace and Security Architecture)在这方面所起的重要作用，[②]该架构为非盟参与非洲大陆的和平建设与冲突后的重建奠定了

---

① See A. Jeng, *Peacebuilding in the African Union: Law, Philosophy and Practice* (Cambridge University Press, 2012); I. Badmus, *The African Union's Role in Peacekeeping: Building on Lessons Learned from Security Operations* (Palgrave Macmillan, 2015); P. Williams, *The Peace and Security Council of the African Union: Evaluating an Embryonic International Institution*, (2009) 47 (4) The Journal of Modern African Studies 603; A. Abass ed., Protecting Human Security in Africa (Oxford University Press, 2010).

② See A. Lins de Albuquerque, *The African Peace and Security Architecture (APSA)-Discussing the Remaining Challenges* (FOI, 2016).

广泛的法律基础。

一、背景：非统与不干涉原则

84 如本书第一章所述，非盟前身非统的设立目的是在推进共同目标和根除殖民统治实现独立的过程中，维护非洲各国的利益。这是 1945 年之后国际法律秩序的必然要求，该国际法律秩序“要求非统必须建立在国家主权、不干涉内政和领土完整原则的基础之上”[3]。可以理解的是，非统采用了不干涉会员内政和尊重会员领土主权的原则，这是其有限的宗旨所决定的。因此，非统对会员的国内政策和活动进行审查质询的范围极其有限，在早期这些审查质询可能对和平、法律与秩序产生威胁。[4]

自独立以来，非洲一直冲突不断，特别是布隆迪和卢旺达在 1993 年至 1994 年发生了种族灭绝战争，这冲击了非统处理和平与安全事务的方式。[5] 尽管如此，非统依然认为其主要职责是预防冲突，其原因有二：一是非统坚持不干涉内政这一基本原则；二是非统认为联合国对全球和平和维和行动负有主要责任。[6] 然而，由于联合国不愿带头解决非洲的重大冲突，所以非统的这一立场逐渐难以维持。于是，非洲的区域经济共同体不得不承担起干预这些冲突的责任。例如，在利比里亚、塞拉利昂和几内亚

---

③ Supra, Jeng, 180.

④ See U. O. Umozurike, *The Domestic Jurisdiction Clause in the OAU Charter*, (1979) 78 (311) African Affairs 197 – 202, 205 – 209 (examining the foundation of the OAU's non-interference policies); P. D. Williams, *From non-intervention to Non-indifference: The Origins and Development of the African Union's Security Culture*, (2007) 106 (423) African Affairs 252, 271 [the author observed that "the (OAU's) traditional response to *coups d'etats* was official indifference"].

⑤ See P. D. Williams, *The Peace and Security Council of the African Union: Evaluating an Embryonic International Institution*, (2009) 47 (4) The Journal of Modern African Studies 603 – 626.

⑥ See United Nations, *Charter of the United Nations*, 24 October 1945, 1 UNTS XVI. Under Chapter VII of the UN Charter, the Security Council has primary responsibility for the maintenance of international peace and security.

比绍的冲突局势中，西非国家经济共同体不得不承担责任以应对这一冲突。南部非洲发展共同体对 1988 年发生在莱索托和刚果民主共和国的冲突也采取了类似做法。[7]

但是，这并不意味着非统对于非盟有关和平与安全法律秩序的发展没有任何贡献。有学者认为，非统的主要贡献是制定了关于和平与安全的一般性原则与标准，但在解释与执行这些原则与标准方面的效果并不理想。[8]然而，具有讽刺意味的是，不干涉会员内政是非统的最基本原则。如上所述，该原则构成了非统对会员采取积极行动的阻碍。非统有关规则制定的重要文件包括：《非洲统一组织消除非洲雇佣军制度公约》（1985 年），该公 85
约为应对外国雇佣军和私营公司卷入非洲战争而制定；[9]《关于非洲政治与社会经济形势和世界所发生根本变化的宣言》（1990 年）；[10]《非洲无核武器区条约》，也称《佩林达巴条约》（2009 年）；[11]《关于轻武器的巴马科非洲共同立场》（2000 年）；[12]《非洲统一组织防止和打击恐怖主义公约》（2002

---

⑦ Supra, Williams.

⑧ See B. Moller, *The African Union as Security Actor: African Solutions to African Problems?*, Crisis Working Papers Series No. 2 – Working Paper No. 57 (August 2009) 6.

⑨ See Organisation of African Unity, *OAU Convention for the Elimination of Mercenarism in Africa*, 3 July 1977, CM/817 (XXIX) Annex Ⅱ Rev. 1, available at: https://au.int/sites/default/files/treaties/7768 – treaty – 0009_ – _oau_convention_for_the_elimination_of_mercenarism_in_africa_e.pdf, accessed 25 November 2017.

⑩ See *Declaration on the Political and Socio-Economic Situation in Africa and the Fundamental Changes Taking Place in the World* [OAU Doc. AHG/Decl. 1 (XXVI)], adopted at the 26th Ordinary Session of the Assembly of Heads of State and Government held in Addis Ababa, Ethiopia, 11 July 1990.

⑪ See African Union, *African Nuclear-Weapon-Free Zone Treaty*, 11 April 1996, available at: https://au.int/sites/default/files/treaties/7777 – treaty – 0018_ – _the_african_nuclear-weapon-free_zone_treaty_the_treaty_of_pelindaba_e.pdf, accessed 25 November 2017.

⑫ See Organisation of African Unity, *Bamako Declaration on an African Common Position on the Illicit Proliferation, Circulation and Trafficking of Small Arms and Light Weapons* (2000), available at: https://2001 – 2009.state.gov/t/ac/csbm/rd/6691.htm, accessed 16 December 2017.

年)。[13] 除了制定标准与原则之外,非统还试图提高其冲突预防与管理能力,但收效甚微(见下文关于非统预防、管理和解决冲突机制的讨论)。在这方面,非统进行了数量有限且影响微不足道的军事维和活动。

可以说,非统发挥其影响力的一个领域是应对军事政变和暴力更替政府。在其后期,非统表现出谴责和质询会员内政府违宪变更行为的意愿。[14] 例如,尽管《非统宪章》没有具体规定非统有推动民主的义务,但在第 35 届常会上,非统决定对 1997 年塞拉利昂的政变进行谴责,并呼吁其会员不要承认其军事政权。[15] 而且,在 1999 年《阿尔及尔宣言》中,非统通过援引国际民主标准呼吁在所有会员内恢复宪法秩序,表明其对政府违宪
86 变更的态度正在发生变化。[16] 但是,非统实际上并未通过任何具体政策文件和执行程序对政府违宪变更做出正式回应。[17] 除此之外,非统也艰难地应对了其他和平与安全挑战。非统在应对和平与安全挑战上能力的不足或缺失,正是非盟及其法律秩序得以建立的原因之一。

二、非盟和平与安全法律秩序的法律与规范基础:从非统到非盟

非盟在和平与安全领域的法律基础是从非统到非盟发展过程中逐渐

---

⑬ See Organisation of African Unity, *OAU Convention on the Prevention and Combating of Terrorism*, 1 July 1999, available at: https://au.int/sites/default/files/treaties/7779 - treaty - 0020_ - _oau_convention_on_the_prevention_and_combating_of_terrorism_e.pdf, accessed 25 November 2017.

⑭ See R. Murray, *Human Rights in Africa: From the OAU to the African Union*, Cambridge University Press, 2004, p. 17 - 21, 78 - 79; K. O. Kufuor, *The OAU and the Recognition of Governments in Africa: Analyzing Its Practice and Proposals for the Future*, (2011) 17 (2) American University International Law Review 369, 375; Supra, Williams, 273.

⑮ See Decision AHG/Dec. 141 (XXXV), adopted during the Thirty-fifth Ordinary Session of the Assembly.

⑯ See available at: http://archive.au.int/collect/auassemb/import/English/AHG%20Decl%201 - 2%20XXXV_E.pdf, accessed 13 January 2018.

⑰ See P. D. Williams, *The African Union's Emerging Security Culture: Options for U. S. Policymakers*, CSIS Online Africa Policy Forum, July 2007; E. Y. Omorogbe, *A Club of Incumbents? The African Union and coups d'état*, (2011) 44 (1) Vanderbilt Journal of Transnational Law 123, 127.

形成的。虽然这些发展采用了多种形式，但正缓慢汇聚成实质性的标准，尽管这些标准并不总是前后一致。这些法律基础可见于非盟及其前身非统的各种文件与声明之中。就非统的贡献而言，一个重要文件是 1990 年《关于非洲政治与社会经济形势和世界所发生根本变化的宣言》。[18] 这一宣言代表了非统为在非洲境内实现民主、和平、安全、人权和发展所采取措施的一个重要里程碑。当时，这些领域都被认为是非统会员或联合国的专属管辖领域。这一宣言强调和平与安全是实现与发展民主化等其他目标的前提条件，在非洲未实现持续稳定的和平与安全的情况下，非洲也无法实现其他发展目标。该宣言为建立 1993 年"非统预防、管理和解决冲突机制"并使其成为非统处理和平与安全事务的核心机构铺平了道路。[19] 该机制旨在预测并防止可能导致战争的潜在冲突，开展缔造并建设和平的工作，并在发生冲突后开展缔造并建设和平的活动。然而，一个普遍共识是，由于非统自身在解决这些问题上的能力薄弱，所以该机制几乎未取得任何 87
成果。[20] 这一机制作为和平与安全机构原本要被纳入非盟组织框架，但复审之后，非盟决定成立一个新的和平与安全理事会。[21] 在从非统向非盟的转型中，随着一些关键性法律和政策文件的通过，非盟的和平与安全框架也开始转变。这些法律与政策文件包括《非盟章程》、《关于非盟建立和平

⑱ See *Declaration on the Political and Socio-Economic Situation in Africa and the Fundamental Changes Taking Place in the World* [OAU Doc. AHG/Decl. 1 (XXVI)], adopted at the 26th Ordinary Session of the Assembly of Heads of State and Government held in Addis Ababa, Ethiopia, 11 July 1990.

⑲ See M. Vogt & M. Muyangwa, *An Assessment of the Mechanism, Which was Informed by the Now Completed OAU/IPA Joint Task Force on Peacemaking and Peacekeeping in Africa*, (2000), available at: www. ipinst. org/wp-content/uploads/publications/oau_conflict_1993_2000. pdf, accessed 8 January 2018.

⑳ Ibid.

㉑ See African Union, *Protocol Relating to the Establishment of the Peace and Security Council of the African Union*, 9 July 2002, available at: www. peaceau. org/uploads/psc-protocol-en. pdf, accessed 16 December 2017.

与安全理事会议定书》(《PSC 议定书》)[22]和《非洲共同国防与安全政策》(Common Afrian Defense and Security Policy)[23]。

由尼日利亚发起的《非洲共同国防与安全政策》、利比亚发起的泛非统一计划和南非提出的非洲复兴计划,[24]这三个项目共同促成了非盟的成立。《非洲共同国防与安全政策》对于非洲背景下的安全概念采取了一种整体性的识别与阐述方式。之所以采取这种方式,是因为在非洲造成冲突的原因很复杂,必须采取多管齐下的方式,“不仅要基于政治价值,而且要基于社会与经济需要”,强调“人类安全”。[25] 人类安全的维度至关重要,现在也被内化于非盟所采取的方式之中。从这一角度看,《非洲共同国防与安全政策》将贫穷、资源分配不公和腐败现象视为对非洲和平、安全与稳定的主要威胁。因此,该政策文件的基本原则和价值观包括推动社会公正以确保经济均衡发展。社会公正原则构成该政策文件的基础,且早于该政策形成。在该政策文件的组成部分中,包括非洲安全、稳定、发展与合作会议(Conference on Security, Stability, Development and Cooperation in Africa)[26]安全机制。这一机制的灵感来源,可以追溯到从赫尔辛基欧洲安全与合作会议(Conference on Security and Co-operation in Europe)[27]中学习到的经验教训。需要注意的是,在《关于安全、稳定、发展与合作的谅解

---

[22] Ibid.

[23] See Conference on Security, Stability, Development and Cooperation in Africa (CSSDCA) Solemn Declaration [AHG/Decl. 4 (XXXVI)], 2000.

[24] Supra, Moller, 7.

[25] Supra, African Union, *Protocol Relating to the Establishment of the Peace and Security Council*, 2002; African Union, *Solemn Declaration on the African Common Defence and Security Policy*, 2004; supra, Conference on Security, Stability, Development and Cooperation in Africa (CSSDCA).

[26] See Conference on Security, Stability, Development and Cooperation in Africa (CSSDCA) Solemn Declaration [AHG/Decl. 4 (XXXVI)], 2000.

[27] See Conference on Security and Co-operation in Europe (Final Act Helsinki 1975); see also D. J. Galbreath, *The Organization for Security and Co-operation in Europe* (OSCE) (Routledge, 2007).

备忘录》中，对《非洲共同国防与安全政策》将社会公正作为安全机制一部分的承诺进行了详细说明。[28] 因此，尽管非洲安全、稳定、发展与合作会议的中心任务是处理安全事务，但它也承认发展、和平、安全、人权与民主之 88
间的相互依赖。[29]《非洲共同国防与安全政策》的最重要意义在于，它将和平与安全的规范和标准建立在人类安全的理念之上，并将此确立为基调。

三、非洲和平与安全架构及其在规范创设中的作用

非洲和平与安全架构是非盟促进非洲和平与安全主要机制的总称。[30] 贝尔赫（Berhe）准确指出：非洲和平与安全架构结合了非盟在处理和平与安全问题上的各种基础性规范与机构。[31] 该架构内部有两个相互连结的层次：第一层次是其组织机制，包括和平与安全理事会、智者小组、大陆早期预警机制、非洲待命部队、非洲紧急应对危机力量与和平基金。非盟委员会经其主席授权，在和平与安全事务专员协助之下，在这一方面也发挥了很大作用。第二层次由非盟承认的八个区域经济共同体与两个区域机制（Regional Mechanisms）组成，它们在实现非洲和平与安全架构所设定目标的过程中也作出了很大贡献。[32] 在第二层次，处理非盟的非洲和平与安全架构与区域机构间关系的规则载于《非盟章程》、《关于非盟建立和平与安全理事会议定书》和《关于非盟、区域经济共同体和东部与北部非洲区

㉘ See Decision on the Conference on Security, Stability, Development and Cooperation (CSSDCA) AHG/DEC. 175 (XXXVIII).

㉙ See W. Zartman, *Security, Stability, Development and Cooperation in Africa: A Regional Expression of a Global Policy Network in Formation*, (2002) The Johns Hopkins University; African Union, *Solemn Declaration on the Conference on Security, Stability, Development and Co-operation in Africa (CSSDCA)* [Doc. AHG/Decl. 4 (XXXVI)], Lomé: African Union, 10 – 12 July 2000.

㉚ Supra, Lins de Albuquerque, 7.

㉛ See M. G. Berhe, *The Norms and Structures for African Peace Efforts: The African Peace and Security Architecture*, (2017) 24 (4) International Peacekeeping 661.

㉜ Supra, Lins de Albuquerque, 7 – 8.

域待命旅之间在和平与安全领域协调机制的谅解备忘录》（以下简称《协调机制谅解备忘录》）之中。[33] 在成立非洲经济共同体的《阿布贾条约》中也提到了这些关系。[34]

《关于非盟建立和平与安全理事会议定书》第 16 条第 1 款规定，非盟“对促进非洲和平、安全和稳定负有主要责任”，非盟机构与区域机制之间的合作伙伴关系模式应建立在各自具有相对优势和当下现状的基础之上。《协调机制谅解备忘录》还进一步指出，伙伴关系应当遵循辅助性、互补性
89 和比较优势等原则。[35] 但该备忘录并未对这些原则进行详细阐述。尽管如此，学者就这一条款所表达的含义达成了如下共识：应首先在区域一级由区域经济共同体或区域机制来解决冲突，如果区域一级的解决方案不可行或无法实行，那么非盟相关机构就需承担起责任。[36] 这一共识背后的原理是区域经济共同体和区域机制在距离上与冲突更近，也更加了解冲突情势的前因后果。因此，这种可能性使它们在处理这种情势时相较非洲大陆一级的机构更具优势。然而，与这些条款相关的问题是如何启动并管理这一程序，两个与此有关的问题依然未有定论：首先，在冲突形势下，区域组织是有权单独行动，还是需要得到非盟的授权或同意。其次，非盟是否有权决定区域组织机构如何部署军队或其他人员。有一种观点认为，基于《协调机制谅解备忘录》第 20 条的规定，在区域机制可适用于和平行动之前，需要得到非盟的授权。[37] 这一观点还指出，应采取类似非盟和联合国

---

[33] See *Memorandum of Understanding* (*MOU*) *on Cooperation in the Area of Peace and Security between the AU*, *RECs and the Coordinating Mechanisms of the Regional Standby Brigades of Eastern and North Africa*, available at: www. peaceau. org/uploads/mou-au-rec-eng. pdf, accessed 16 December 2017.

[34] Articles 4 and 6.

[35] Supra, MOU, Article Ⅳ.

[36] See supra, Lins de Albuquerque, 24; Laurie Nathan et al. , *African Peace and Security Architecture* (*APSA*) 2014 *Assessment Study Final Report* [FOI, The Total Defense Research Institute (name translated from Swedish), 16 April 2015].

[37] Supra, Lins de Albuquerque, 25.

安理会之间的关系模式，该模式要求非盟在国际层面上取得联合国安理会的授权。《关于非盟建立和平与安全理事会议定书》第16条第1款规定，非盟“对于促进非洲的和平、安全与稳定负有主要责任”，但其第17条第1款规定又承认，联合国安理会“对国际和平与安全享有最高权威”[38]。另外，《非盟建立和平与安全理事会2005年路线图》指出“非盟需在联合国安理会授权下开展执行行动”[39]。但是，在这一问题上还是未达成共识，这可能导致非盟与区域组织之间出现紧张关系。[40]

和平与安全理事会(Peace and Security Council)是非盟法律框架中关于和平与安全方面的核心机构，基于《关于非盟建立和平与安全理事会议定书》设立。[41] 应当明确的是，该议定书是非盟首脑大会根据《非盟章程》第5条第2款的授权通过的，该条款规定，除《非盟章程》所提到的规定之外，还应当设立其他相应组织机构。和平与安全理事会是非盟中负责预防、处理及解决冲突的最高权威和常设机构。这一组织框架旨在直接应对各种冲突，尤其是在20世纪90年代发生的种族冲突事件。该理事会大致 90
模仿了联合国安理会的组织结构。如上所述，和平与安全理事会与其他区域性安排共同合作，对推动非盟的和平、安全与稳定负有责任。[42] 和平与安全理事会的核心职能包括开展早期预警和预防性外交、开展和平缔造活动、开展和平支持工作，并在特别情况下建议对会员的内政进行干预，以推

---

[38] Supra, United Nations, Chapter Ⅶ; J. I. Levitt, *The Peace and Security Council of the African Union: The Known Unknowns*, (2003) 13 (1) Transnational Law & Contemporary Problems 110.

[39] African Union, *Roadmap for the Operationalization of the African Standby Force*, experts' meeting on the relationship between the AU and the Regional Mechanisms for Conflict Prevention, Management and Resolution, Addis Ababa, AU doc. EXP/AU-RECS/ASF/4(i).

[40] Supra, Lins de Albuquerque, 26.

[41] See available at: https://au.int/en/treaties/protocol-relating-establishment-peace-and-security-councilafrican-union, accessed 16 December 2017.

[42] See A. Abass, *Regional Organisations and the Development of Collective Security: Beyond Chapter Ⅷ of the UN Charter* (Hart Publishing, 2004).

动和平、安全与稳定。此外,和平与安全理事会还致力于缔造和平、战后重建、人道主义行动和灾难管理。[43] 然而,必须强调的是,和平与安全理事会的主要法律职权是根据《非盟章程》第4条的规定,对会员的内政进行干预。

四、"不漠视"原则

从严格的法律角度来看,《非盟章程》是非盟法律秩序的基础。有观点认为,依据《非盟章程》,非盟的和平与安全框架深植于三个不同但相互有机联系的范式之中。[44] 首先是《非盟章程》第4条所提到的"不漠视"概念,其次是规范制定,最后是社会一体化与相互依存。简认为,这些范式起源于《非盟章程》所采用的具有变革性的缔造和平方法。[45] 如本书第一章所述,规范制定范式注重推动构建共同价值观,这些价值观对形成共同身份认同和提升集体利益具有重要意义。与欧盟经验类似,社会一体化与相互依存范式涉及深化一体化并降低冲突吸引力的方式。但从法律视角来看,《非盟章程》第4条规定中的"不漠视"概念是最重要的一种范式。简认为:

> 在此意义上,第4条的编纂可以作为非盟"法律"的模板,本条反映了过去体制与规范的不足之处,体现了非盟要摒弃这些不足之处的决心。也许,没有什么能够比一个以非洲一体化为目标的组织更让人期待的了。[46]

《非盟章程》第4条列举了一系列基本原则,包括尊重民主、人权、法
91 治与善治、谴责与拒绝有罪不罚和政治暗杀、反对政府违宪变更等。2003

---

[43] See generally, Article 7 PSC Protocol.

[44] Supra, Jeng, 182.

[45] Ibid.

[46] Ibid.

年修订《非盟章程》的议定书对第 4 条规定的内容进行了扩充。[47] 原《非盟章程》第 4 条第 8 款规定，非盟有权对会员的内部事务进行干预，如有必要，在“严重情况”下可使用武力，如发生战争罪、种族灭绝罪和反人类罪等。理论上，该条款赋予非盟单方面使用武力解决政府违宪变更问题，如果导致该政府更迭的行为或其后果涉及战争罪、反人类罪以及种族灭绝罪。2003 年议定书扩大了非盟对这一权力的适用场景，指出须包括对会员合法秩序的严重威胁和根据非盟和平与安全理事会建议以恢复会员和平与稳定的需要。虽然这一扩展大受欢迎，但也受到一些学者的指责。[48] 但无论如何，修订后的《非盟章程》第 4 条第 8 款表明，会员通过接受并嗣后批准《非盟章程》，已经自愿将其部分主权移交至非盟。[49] 根据《非盟章程》的规定，有关执行的方法与手段，可由非盟自己决定。这一领域的主权让渡是在非洲出现新的法律体系的最强烈的迹象之一，它是构成这一新法律体系中“不漠视”原则的基础。

除第 4 条第 8 款规定之外，《非盟章程》第 4 条第 10 款还授予了非盟会员请求非盟进行干预以恢复和平与安全的权利。这一规定意味着，会员政府在应对政府违宪变更事件时，可以自愿要求非盟干预其国内事务。这些条款巩固了《非盟章程》第 3 条所规定的非盟目标，包括政治合作、推动并保障人权以及保证民主价值观。

顺便说明一下，在国际层面，非盟授予的广泛法律权力表面上会与联合国安理会授权开展军事行动以恢复和平与安全的权力相冲突。但正如简所准确指出的那样，这种冲突并不必然发生。简认为：

---

[47] See *Protocol on the Amendment to the Constitutive Act of the African Union*, Maputo, Mozambique, 11 July 2003.

[48] See E. Baimu & K. Sturman, *Amendment to the African Union's Right to Intervene: A Shift from Human Security to Regime Security*, (2003) 12 (2) African Security Review 37, 42.

[49] Supra, Jeng, 182.

《联合国宪章》第 52 条规定可以作为《非盟章程》的法律基础。该条款授予区域组织发挥执行和平性质的功能。由于《非盟章程》本身是一个多边条约，所以虽然其第 4 条所规定的干预旨在寻求《联合国宪章》所提及的区域和平与稳定，但它不属于《联合国宪章》第 53 条第 1 款规定的范畴。只要相关多边条约是由其缔约国自由协商并通过的，那么该多边条约就要优先适用。[50]

92 五、政府违宪变更原则

与上述内容紧密相关的是政府违宪变更原则，该原则是非盟法律秩序规范性发展的一个主要方面，其发展与非盟和非盟前身——非统对政府违宪变更威胁非洲大陆和平与安全的担忧直接相关。在历史上，政府违宪变更一直被视为对非洲大陆和平与安全以及法治的一大威胁。例如，1952 年至 2012 年，非洲共发生了 88 次既遂的军事政变，造成了一些会员的不稳定。[51] 德尔索（Dersso）准确指出，由于政府违宪变更原则赋予非盟及其相关机构很大的干预权力，所以它将非盟和平安全秩序与类似的区域性和国际性的和平安全安排区分开来。[52] 德尔索认为："政府违宪变更原则表明了一种规范性立场，即确立与维护民主治国的努力，使其免受来自军事政变或其他非法改变或者夺取权力行为的威胁。"[53]正是因为政府违宪变更和和平与安全之间的联系，使这一原则被概念化为一种和平与安全的

---

[50] Ibid., p. 182 – 184.

[51] See I. K. Souare, *The African Union as a Norm Entrepreneur on Military Coups d'etat in Africa* (1952 – 2012): *An Empirical Assessment*, (2014) 52 (1) Journal of Modern African Studies 69.

[52] See S. A. Dersso, *Defending Constitutional Rule as a Peacemaking Enterprise*: *The Case of the AU's Ban of Unconstitutional Changes of Government*, (2017) 24 (4) International Peacekeeping 639.

[53] Ibid., p. 640.

工具。

禁止政府违宪变更产生于非盟集体和平与安全架构，并以非盟对“和平与安全”的广泛定义为基础。《洛美宣言》在这一方面起到了基础性作用。[54]《洛美宣言》在其序言中指出，政府违宪变更是对和平与安全的威胁，“对非洲大陆仍在持续的民主化进程带来了一种令人不安的趋势和沉重打击”[55]。根据《洛美宣言》的相关规定，政府违宪变更是指对民选政府发动军事政变，通过雇佣军干预以取代民选政府，通过武装的不同政见团体和反叛运动取代民选政府，现任政府拒绝在自由、公平和定期选举后将权力直接移交给获胜政党。2007年《非洲民主、选举与治理宪章》(African Charter on Democrary, Elections and Governance)第25条第5款对这一定义进行了补充，增加了“对宪法或法律文件的任何修正或修订侵犯了政府民主变更原则”[56]。近期，政府违宪变更已被规定为一种犯罪行为，对此非 93
洲正义与人权法院有管辖权。[57]《马拉博议定书》也对这一定义进行了补充，其第28条第5款第6项规定政府违宪变更还包括“未经多数政治参与者同意，在选举前六个月内对选举法做出任何实质性的变更”[58]。

这一原则不仅禁止政府违宪变更，而且更重要的是，它受一个执行机制的支持，而该执行机制因由《非盟章程》规定，所以具有宪法地位。近年来，这一原则在减少非洲的政府违宪变更现象中起到了重要作用。值得注意的是，这些年间，对该原则的实施已经形成了一定程度的一致性。[59] 正

---

[54] See Lomé Declaration of July 2000 on the framework for an OAU response to unconstitutional changes of government [AHG/Decl. 5 (XXXVI)].

[55] Ibid.

[56] See African Union, *African Charter on Democracy, Elections and Governance* (2007), available at: www.achpr.org/instruments/charter-democracy, accessed 16 December 2017.

[57] See *Protocol on Amendments to the Protocol on the Statute of the African Court of Justice and Human Rights* (Malabo Protocol), available at: https://au.int/en/treaties/protocol-amendmentsprotocol-statute-african-court-justice-and-human-rights, accessed 16 May 2018.

[58] Ibid.

[59] Supra, Dersso, 639.

如本书第二章所述，《非盟章程》规定，如果非盟会员"事实上的"政府是通过违宪手段来获取政权，那么非盟可对该会员进行制裁。[60] 依据《非盟章程》第23条第2款的规定，不遵守非盟决定和政策的会员可能会遭受制裁，包括中断与其他会员的交通运输或通信联系以及其他政治和经济性质的制裁措施。经济层面的制裁也至关重要，因为正如本书第四章所述，非洲经济的一体化，尤其是区域经济一体化近年来有所发展。这些条款所规定的执行机制，体现了由非统不干涉原则到非盟"不漠视"原则的一个重大转变。[61] 这些条款也凸显了尚处于发展初期的非盟法律秩序加强法律机制建设的重要性。

同样值得关注的是，2009年非盟和平与安全理事会通过了《非盟在非洲政府违宪变更情势下加强措施执行力度的埃祖尔维尼框架》，[62]这一框架决定为非盟设立一个制裁委员会，以监督和平与安全理事会制裁政策的执行。[63] 尽管如此，非盟对于制裁措施执行情况的监管能力仍然十分有限，而且其实施制裁的记录大部分依然局限于违反该原则的"中等规模"的会员。[64]

94 在实践中，对所有发生政变的会员，非盟和平与安全理事会都已经实施了制裁，即使该会员还未批准《关于非盟建立和平与安全理事会议定书》。其中的一个例子是，2005年理事会对毛里塔尼亚进行了制裁，尽管

---

[60] Article 30.

[61] Supra, Jeng, 183.

[62] See Peace and Security Council, *Ezulwini Framework for the Enhancement of the Implementation of Measures of the African Union in Situations of Unconstitutional Changes of Government in Africa*, PSC/PR/2 (CCXIII)/Assembly/AU3XIV, 17 – 19 December 2009, available at: www. peaceau. org/en/article/ezulwini-framework-for-the-enhancement-of-the-implementation-of-measuresof-the-african-union-in-situations-of-unconstitutional-changes-of-government-in-africa-ezulwinikingdom-of-swaziland – 17 – 19 – december – 2009, accessed 16 December 2017.

[63] Ibid.

[64] See S. Straus, *Wars do End! Changing Patterns of Political Violence in Sub-saharan Africa*, (2012) 443 (111) African Affairs 179 – 201.

后者在当时尚未批准该议定书(毛里塔尼亚分别于2003年5月和2008年7月签署、批准该议定书)。理事会还在2009年对几内亚实施了制裁(几内亚于2002年7月签署并于2017年批准该议定书)。[65] 同时,在处理政府违宪变更问题上,理事会也与区域经济共同体和联合国合作。例如,在2012年3月马里突然发生政变后,同年7月,理事会授权西非国家经济共同体进行干预,以将政权交还给民选政府。[66] 经理事会授权,西非国家经济共同体设立了3个主要目标:第一,确保过渡机构的安全;第二,重新建立和组织马里的国防部队;第三,恢复马里北部地区的国家政权,并打击恐怖主义与犯罪组织。在执行这些措施时,西非国家经济共同体与联合国进行了协作,联合国安理会关于马里的2071号决议确认了在马里部署国际部队的合法性。[67] 在这项决议通过后,西非国家经济共同体的领导人同意向马里部署3300名士兵进行干预,这些士兵主要来自尼日利亚、尼日尔和布基纳法索。[68] 作为区域经济共同体之一,西非国家经济共同体的干预体现了区域经济共同体在这种情形下的重要作用。相较于非盟,各会员目前对其所属非洲各区域经济共同体的责任感似乎更为强烈。[69]

六、人权原则

本书第六章、第七章将对人权原则的重要性及其在非盟法律秩序中的

---

[65] Supra, Omorogbe, 123, 127; supra, Williams (2009) 603.

[66] See African Union, *Strategic Concept for the Resolution of the Crises in Mali*, available at: www. peaceau. org/uploads/psc-strategic-concept – 24 – 10. pdf, accessed 17 December 2017.

[67] See United Nations Security Council Resolution (UNSCR) 2071 was unanimously adopted on 12 October 2012.

[68] See A. Vines, *A Decade of African Peace and Security Architecture*, (2013) 89 (1) International Affairs, 89 – 109.

[69] See A. -F. Musah, *West Africa: Governance and Security in a Changing Region*, Africa Program Working Paper (International Peace Institute, February 2009) 17 – 18, available at: www. ipinst. org/2009/02/west-africa-governance-and-security-in-a-changing-region, accessed 17 December 2017.

基础性作用进行详细探讨。此外，《非洲宪章》中有一个重要条款构成非盟和平与安全相关法律基础的组成部分。该宪章第 23 条将各民族的和平与安全权利纳入非盟法律秩序之中，[70]规定“所有民族都有权享有国内与国际的和平与安全”。因此，这项权利同时适用于国内和国际层面。非洲委员会已在其司法判例中审议并适用了该条款。非洲委员会在“马拉维
95 非洲协会等诉毛里塔尼亚案”[71]与“刚果民主共和国诉布隆迪、卢旺达和乌干达案”[72]（这些案件将在本书第七章中讨论）中，发现了违反《非洲宪章》第 23 条规定的行为。在后一案例中，非洲委员会认为《非洲宪章》第 23 条是会员必须遵守的强制性规范，非洲委员会有责任予以维护。[73]

七、作为非盟规范的保护责任

保护责任规范源于 1994 年卢旺达种族大屠杀事件之后由非统成立的国际专家小组（International Panel of Eminent Personalities）所作的报告。[74]这份报告是该国际专家小组独立调查的成果。该国际专家小组给出了一项重要建议：

> 既然非洲已经认识到自身在保护其公民生命上所负的主要责任，我们呼吁：(1) 非统应建立适当机制，确保在冲突局势之中有效维护和平；(2) 国际社会应当在财政、后勤和能力上对非统在这方面的工作进行支持。

---

[70] 参见第七章。

[71] Malawi African Association and Others v. Mauritania, African Commission on Human and Peoples' Rights, Comm. Nos. 54/91, 61/91, 98/93, 164/97, 196/97 and 210/98 (2000).

[72] Democratic Republic of Congo v. Burundi, Rwanda, Uganda, 33rd Ordinary Session, 15 – 29 May 2003, Niamey, Niger.

[73] Ibid., paragraph 68.

[74] See African Union, *Rwanda: The Preventable Genocide*, July 2000, available at: www.refworld.org/docid/4d1da8752.html, accessed 17 December 2017.

保护责任这一概念是非洲从不干涉原则转向“不漠视”原则的驱动力之一,这种责任也意味着非盟拥有依据《非盟章程》第4条第8款规定对会员进行干预的权利。此外,2009年《非盟在非洲政府违宪变更情势下加强措施执行力度的埃祖尔维尼框架》也承认这一责任是非盟规范不可分割的组成部分。[75] 该规范现在已得到全球的普遍认可,并已经被联合国等一些国际组织采纳。

八、民主宪制:法治与善治

《非盟章程》中第4条第13、16款强调了非盟对民主宪制的立场。第
4条第13款规定“尊重民主原则、人权、法治和善治”,第16款通过“谴责 96
并拒绝政府违宪变更”支持了政府违宪变更的相关规范。第16款也被作为法律依据,据此非盟有权对发生政府违宪变更的会员暂停会员资格直至其恢复宪制秩序,而后者通常通过透明民主选举来实现。

在其他文件——如《非洲宪章》[76]和《非洲联盟预防和打击腐败公约》[77]之中,也有支持民主宪制的相关规范。考虑到与民主宪制规范相关事项的重要性,非盟各会员决定通过一个综合性文件来治理这一领域。这个综合性文件是《非洲民主、选举与治理宪章》[78],它于2012年生效,对《非盟章程》的内容进行了扩展。《非洲民主、选举与治理宪章》的独特之处在于,它将民主与民族参与权确立为公民的基本权利,并将非盟之前所作的与民主和治理相关的所有承诺合并于一部法律文件之中。该宪章的宗旨

---

[75] Supra, Peace and Security Council, *Ezulwini Framework*.

[76] See OAU, *African Charter on Human and Peoples' Rights*, 27 June 1981, CAB/LEG/67/3 rev. 5, 21 I. L. M 58 (1982), available at: www. achpr. org/files/instruments/achpr/banjul_charter. pdf, accessed 24 November 2017.

[77] See African Union, *African Union Convention on Preventing and Combating Corruption*, 11 July 2003, adopted by the 2nd Ordinary Session of the Assembly of the Union, Maputo, 11 July 2003. Entered into force on 5 August 2006.

[78] See African Union, *African Charter on Democracy, Elections and Governance* (2007), available at: www. achpr. org/instruments/charter-democracy, accessed 16 December 2017.

是将整个非洲大陆的政治文化改变成允许公平透明地进行民主、自由和公平选举。

《非洲民主、选举与治理宪章》的主要目标是鼓励并推动非洲的民主、法治与人权。[79] 该宪章是非盟会员通过的试图全面满足在非洲大陆建立自由民主政体所有需求的第一个具有约束力的法律文书。该宪章包含了许多与政府违宪变更相关的条款。如上所述,它扩大了“政府违宪变更”的范围,把任何违反民主变更政府原则对会员宪法或其他法律进行修订的行为包括在内。[80] 需指出的是,因该宪章有关促进民主的条款的宽泛性,非盟一些会员并不愿意批准该宪章。[81] 尽管如此,一些成功实现民主的会员可以成为未批准该宪章的会员往前走的一个榜样。[82] 值得一提的是,非
97 洲法院在“保护人权行动组织诉科特迪瓦共和国案”中,适用了该宪章中的条款。[83]

在这方面,《非洲发展新伙伴关系计划》也值得一提。[84] 它是非洲领导人在欧盟支持下提出的一项倡议,于 2001 年由南非、尼日利亚、阿尔及利亚、埃及和塞内加尔这五个主要会员成立。该倡议的核心目标是推动和平、安全和人权,促进整个非洲大陆民主机制的建立。尽管严格来讲,该倡议独立于非盟法律秩序,但二者在安全、法治和维和等核心问题上有共同

---

[79] Ibid.

[80] See S.-A. Elvy, *Towards a New Democratic Africa: the African Charter on Democracy, Elections and Governance*, (2013) 27 (1) Emory International Law Review 41, 43.

[81] Ibid.

[82] Ibid. See also M. Hilgers, *Evolution of Political Regime and Evolution of Popular Political Representations in Burkina Faso*, (2010) 4 (9) African Journal of Political Science and International Relations 350 – 359.

[83] See The matter of Actions Pour la Protection des droits de l'Homme (APDH) v. Republic of Côte D'Ivoire, Application 001/2014 (2016).

[84] See African Union, *New Partnership for Africa's Development*, 9 – 11 July 2001, AHG/Dec. 1 – 11 (XXXVII), AHG/Decl. 1 – 2 (XXXVII), available at: http://archive.au.int/collect/auassemb/import/English/2001%20AHG%20Dec%20160 – 170%20(XXXVII)%20_E.pdf, accessed 26 November 2017.

关切。[85] 然而,该倡议并不具有约束力,因此会员在法律上没有义务遵守其规定。直至今日,这仍然是该倡议设计中的一个重大漏洞。[86]

《非洲发展新伙伴关系计划》的成员于2002年提出了一项《民主、政治、经济和公司治理宣言》(又称《民主宣言》)。[87] 该宣言声称,为了实现非洲的社会经济发展,非盟必须促进非洲国家在民主和政治善治方面的发展。《民主、政治、经济和公司治理宣言》特别重申了非盟在促进民主和保护与民主息息相关的人权上的承诺,这些人权包括但不限于所有公民在法律面前的平等权利、组建和加入政党与工会的权利、个人对自由公平选举的不可剥夺的参与权利。[88]《非洲发展新伙伴关系计划》的另一项成果是《非洲同行审议机制》,这是非盟会员于2003年提出的一项自我治理的文件。该机制的核心任务是在和平、安全和法治等领域,推动实现治理的价值取向、准则和标准的一致性。该机制邀请会员对彼此的政治与经济治理情况进行审查评估,彼此协助解决问题并鼓励采用更好的做法。

另一个相关法律文件是2003年通过的《非洲联盟预防和打击腐败公 98
约》。[89] 非盟会员认识到腐败现象在会员内部十分猖獗,已经严重阻碍非洲国家建立民主体制和推动经济发展,所以它们通过了该公约。[90] 该公约

---

[85] Supra, Jeng, 191.

[86] See K. D. Magliveras & G. J. Naldi, *The African Union (AU)* (Wolters Kluwer, 2013) 93 – 327.

[87] See *Declaration on Democracy, Political, Economic and Corporate Governance*, Annex 1, O. A. U. Doc. AHG/235 (XXXVIII), 8 July 2002, available at: www. chr. up. ac. za/chr_old/hr_docs/arpm/docs/book2. pdf, accessed 17 December 2017.

[88] See R. Ngamau, *The role of NEPAD in African Economic Regulation and Integration*, (2004) 10 Law and Business Review of the Americas 515, 520 – 521, 536; S. A. Djoyou Kamga, *Human Rights in Africa: Prospects for the Realisation of the Right to Development under the New Partnership for Africa's Development* 255 – 256 (June 2011) (LLD thesis, University of Pretoria), available at: https://repository. up. ac. za/handle/2263/25141, accessed 17 December 2017.

[89] See African Union, *African Union Convention on Preventing and Combating Corruption*, 11 July 2003, adopted by the 2nd Ordinary Session of the Assembly of the Union, Maputo, 11 July 2003. Entered into force on 5 August 2006.

[90] Ibid.

确立了一些旨在打击腐败并促进民主的原则,规定会员必须谴责并拒绝腐败行为,尊重人权和民主原则与制度,通过促进社会公正确保社会经济发展。[91] 公约中的一些关键条款确保了市民、社会和媒体就监督公约执行情况方面的信息获取权与参与权。值得关注的是,公约认定,将通过非法和腐败行为获取的资金用于会员内政党的融资是非法行为。与《非洲民主、选举与治理宪章》类似,作为一部法律文件,《非洲联盟预防和打击腐败公约》的规定具有强制性,对已批准该公约的会员有约束力。

值得指出的是,《非洲联盟预防和打击腐败公约》将包括外国公司在内的私营部门也纳入其职权范围。非盟认识到,私营部门的腐败行为会造成一些社会经济影响,如侵犯人权。[92] 因此,它试图利用《非洲联盟预防和打击腐败公约》解决这一问题。该公约第 1 条将“私营部门”定义为:“国内经济中归私人所有的部分,其生产资料的分配由市场力量而不是公共权力部门决定,以及不由公共部门或政府控制的其他经济实体。”这一定义将各种私人实体包含在内,如合伙企业、中小企业和跨国公司。[93]《非洲联盟预防和打击腐败公约》第 1 条和第 4 条第 1 款第 5、6 项以及第 11 条直接规定,各国有责任在公约所涵盖的领域内规范公司活动。其中,第 11 条特别规定:

> 缔约国应当:
>
> (1)采取立法和其他措施,预防和惩治在私营部门内或由其代表实施的腐败和相关犯罪行为。
>
> 99 (2)建立机制,鼓励私营部门参加反不正当竞争、尊重投标

[91] Ibid. Article 3.

[92] See O. Amao, *Corporate Social Responsibility, Human Rights and the Law: Multinational Corporations in Developing Countries* (Routledge Taylor & Francis, 2011).

[93] See I. Carr, *Corruption in Africa: Is the African Union Convention on Combating Corruption the Answer?*, (2007) 2 Journal of Business Law 111.

程序和财产权利。

(3)采取其他必要措施,防止公司为赢得投标而行贿。

《非洲联盟预防和打击腐败公约》第22条规定了一个追踪机制,且根据该条设立了一个顾问委员会,由非盟理事会选出的11名成员组成,任期两年,可连任一次。顾问委员会的职能范围广泛。例如,该条第5款第2项规定,顾问委员会应当"收集信息并分析跨国公司在非洲的运作与行为,并向第18条第1款所规定的国家职能部门传递该信息"[94]。顾问委员会应当就各会员执行公约的进展情况定期向执行委员会提交报告。

本章小结

在非洲大陆上,各种对民主与法治的挑战,以及最近流动性叛乱活动的增加,如"伊斯兰马格里布基地组织""索马里青年党""博科圣地"的活动,以及在塞内加尔、利比亚、安哥拉和马里的分离主义团体的持续活动,[95]促使以一种强有力的方式解决和平与安全问题成为非盟的当务之急,只有这样非盟才能有效应对挑战,促进非洲大陆的稳定。本章表明,非盟迄今所采取的措施已经催生了一些引人注目的规范,尤其是,非盟已经从非统的不干涉原则转向为"不漠视"原则。而且,非盟促进了一些新原则的产生,包括政府违宪变更、人权、保护责任和民主宪制等原则。今后,非盟的工作重点应是细化这些原则,并确保其在整个非洲大陆得到有效执行和适用。

---

[94] Article 18 (1) of the AU Convention provides as follows: In accordance with their domestic laws and applicable treaties, State Parties shall provide each other with the greatest possible technical cooperation and assistance in dealing immediately with requests from authorities that are empowered by virtue of their national laws to prevent, detect, investigate and punish acts of corruption and related offences.

[95] See I. Salehyan, *Rebels without Borders: Transnational Insurgencies in World Politics* (Cornell University Press, 2009).

第六章　非洲联盟法中的人权

历史上，非洲大陆在保护和促进人权方面有过巨大挑战，不得不处理持续出现的人权问题，包括旷日持久的灾难性内战、国家间冲突、种族清洗、政变、大规模腐败、选举混乱、有毒废物倾倒、饥荒、疾病和童工等。苏丹、索马里、刚果民主共和国、尼日利亚北部和津巴布韦的当前局势都是明显的例子。侵犯人权的原因是多方面的，与第五章讨论的和平、安全和法治等问题有关，具体原因包括：当代形式的奴隶制、新殖民主义、种族主义、宗教不容忍、贫穷、冲突、管理不善、不良治理、腐败、权力垄断、缺乏司法和新闻自主权、环境恶化、恐怖主义和族阀主义等。因此，在非盟机构的发展及其新出现的法律秩序中，人权问题一直非常突出不足为奇。①《非洲宪章》②是非盟法律秩序中人权规范的核心。在《非洲宪章》制定的前后，非洲内部还制定了与人权有关的其他文件，包括：《非洲统一组织关于非洲难民问题

---

① See generally O. Amao, *The African Regional Human Rights System*, in M. A. Baderin and M. Ssenyonjo eds., International Human Rights Law: Six Decades after the UDHR and Beyond (Ashgate, 2010) 253 - 251; O. Amao, *Civil and Political Rights in the African Charter*, in M. Ssenyonjo ed., The African Regional Human Rights System: 30 Years After the African Charter on Human and Peoples' Rights (Martinus Nijhoff, 2011) 29 - 53.

② See *African Charter on Human and Peoples' Rights*, adopted 27 June 1981, entered into force on 21 October 1986, OAU Doc. CAB/LEG/67/3 Rev. 5.

某些特定方面的公约》③、《非洲儿童权利和福利宪章》④、《非洲人权和民 101
族权宪章关于设立非洲人权和民族权法院的议定书》⑤、《马普托议定书》⑥和《非洲正义与人权法院规约议定书》⑦。为补充这些条约，通常会发布一些针对具体问题的软法文件。

本章指出，在非洲法律秩序内，非盟的人权机制发展出了一种处理人权问题的独特办法。而且，人权文件的覆盖面、创新性和应用性与非盟不断发展的法律制度中的其他领域相比，非盟在人权领域的法律秩序有了长足的进步。作为最初的准司法执行机构，非洲委员会的判例在法律秩序形成方面发挥了重要作用。⑧ 然而，必须指出的是，非洲委员会的书面判决起初因为缺乏深度而受到广泛批评。但是，多年来，非洲委员会在分析深度问题上已逐步改善。值得注意的是，非洲法院迄今对判例的贡献非常有限。⑨ 该法院相对较新，在撰写本书时，其仅对 32 个案件作出了判决，其中只对 7 个案件的实体问题进行了判决。但是，非洲法院的设立意义重大，因为它标志着从促进和保护人权的准司法方法向具有约束力的司法程序的转变。与非洲委员会不同的是，非洲法院有权对会员作出具有约束力

---

③ See *Convention on Specific Aspects of the Refugee Problem in Africa*, 1001 U. N. T. S. 45, entered into force 20 June 1974.

④ See *African Charter on the Rights and Welfare of the Child*, OAU Doc. CAB/LEG/24.9/49 (1990), entered into force 29 November 1999.

⑤ See *Protocol to the African Charter on Human and Peoples' Rights on the Establishment of an African Court on Human and Peoples' Rights*, 9 June 1998, OAU Doc. OAU/LEG/EXP/AFCHPR/PROT (Ⅲ).

⑥ See *Protocol to the African Charter on Human and Peoples' Rights on the Rights of Women in Africa*, adopted by the 2nd Ordinary Session of the Assembly of the Union, Maputo, CAB/LEG/66.6 (13 September 2000), entered into force 25 November 2005.

⑦ See *Protocol on the Statute of the African Court of Justice and Human Rights*, adopted by the 11th Ordinary Session of the Assembly, held in Sharm El-Sheikh, Egypt, 1 July 2008.

⑧ See R. Murray & D. Long, *The Implementation of the Findings of the African Commission on Human and Peoples' Rights*, Cambridge University Press, 2015, p. 112 – 115.

⑨ See Supra, *Protocol to the African Charter on Human and Peoples' Rights on the Establishment of an African Court on Human and Peoples' Rights*, 1998.

的判决。[⑩] 还应当指出的是,非洲法院并没有完全取代非洲委员会,而是为了补充非洲委员会在促进和保护人权方面的工作。

本章重点讨论公民权利和政治权利,而下一章则讨论经济、社会、文化权利和团体权利。为了解这一领域事态发展的细节,本章和下一章将审议《非洲宪章》所保障的实体权利及其不断演变的判例。

102 一、人权在非洲法律秩序中的出现

人权出现在非洲法律秩序之中,可以追溯到非统的成立与其解决人权问题的方法。如上所述,非统成立于 1963 年,旨在与殖民主义和种族隔离作斗争。[⑪] 因此,除了在有限范围内处理发生在南非的民族自决和种族隔离问题,非统不必重点处理人权问题。[⑫] 非统不重视人权部分原因还在于会员对不干涉别国内政的坚持。然而,《非统宪章》在其序言中具体提到了《世界人权宣言》(Univesal Declaration of Human Rights)。它声称,非统的成员:

> 相信我们重申信奉其原则的《联合国宪章》与《世界人权宣言》为各国之间进行和平与积极合作提供了牢固的基础。

《非统宪章》第 2 条进一步规定,非统的宗旨之一是"在对《联合国宪章》与《世界人权宣言》给予应有尊重的情况下促进国际合作"。因此,《世界人权宣言》是在非洲法律秩序中建立的人权制度这一观点应不足为奇。

---

⑩ Ibid., Preamble, Article 20; Rule 61 (5) *Rules of Court* (2010), available at: http://en.african-court.org/images/Protocol-Host%20Agrtmt/Final_Rules_of_Court_for_Publication_after_Harmonization_-_Final__English_7_sept_1_.pdf, accessed 29 November 2017.

⑪ See the *Charter of the Organisation of African Unity*, adopted 25 May 1963, entered into force 13 September 1963, 479 U.N.T.S. 39.

⑫ See A. Lloyd and R. Murray, *Institutions with Responsibility for Human Rights Protection under the African Union*, (2004) 48 (2) Journal of African Law 165, 166.

在签署《非统宪章》多年之后，非洲的领导人们开始考虑是否有可能根据《世界人权宣言》和《联合国宪章》通过一项具体的人权公约，这推动了1981年《非洲宪章》的出台，并在冈比亚班珠尔设立了独立委员会。值得注意的是，《非洲宪章》具有一些显著特征，使其区别于其他区域和国际人权文件，这些显著特征包括：涵盖经济、社会、文化权利和公民与政治权利，引进第三代人权，引入民族或团体权利以及个人与国家的特定职责。这些特征对《非洲宪章》条款的解释和适用产生了重大影响。

《非盟章程》进一步推动了这一变化，将人权坚定地纳入非盟法律秩序。根据《非盟章程》的规定，非盟的职能包括确保非洲大陆的民主、保护人权和维护经济可持续发展。而且，根据该章程，非盟的目标包括促进民主原则和体制，促进民众参与和善治，最重要的是，促进和保护本章所讨论 103
的人权。[13] 因此，通过赋予其宪法地位，非盟似乎巩固和推进了非洲大陆的发展和人权机制的保护。

二、非洲人权法的显著特征

《非洲宪章》起草者所遵循的原则是：宪章应“反映非洲的人权观念，将非洲的法律哲学作为一种模式，并满足非洲的需要”[14]。因此，该宪章试图有意识地以现有的国际人权标准合理调整有关个人与社会关系的非洲视角。乌多姆巴纳（Udombana）指出，《非洲宪章》是国际法和非洲传统两大要素融合的结果。他认为：

>（《非洲宪章》）不仅仅是国际公法或国际习惯法的问题，它是普遍性因素与非洲因素的综合。它的组织原则是传统与现代

---

[13] See Article 3, *Constitutive Act of the African Union*, OAU Doc. CAB/LEG/23. 15, entered into force 26 May 2001.

[14] *Meeting of Experts for the Preparation of the Draft African Charter of Human and Peoples' Rights*, Dakar 28 November 1979, OAU CAB/LEG/67/3 Rev. 1.

> 的平衡，但不仅是非洲传统与国际法现代性之间的平衡，还是非洲现代性与国际法传统之间的平衡。[15]

如上所述，《非洲宪章》不仅承认公民权利和政治权利，而且承认社会经济权利。它规定无条件实现《非洲宪章》所承认的所有权利，这点和类似的国际人权文件不同。这一做法强调了人权的不可分割性以及发展问题在非洲的重要性。[16]《非洲宪章》不允许克减或载有克减条款。[17] 非洲委员会一再指出，即使在内战等紧急情况下，也不能减损《非洲宪章》所保障的权利。[18] 对《非洲宪章》所保护权利进行限制的唯一正当理由规定在其
104 第 27 条第 2 款中，该条款规定，权利的行使应适当考虑他人权利、集体安全、道德和共同利益。[19]

非洲委员会在其判决中创造性地扩大了宪章条款，这是一个可喜的进步。例如，非洲委员会通过解释将《非洲宪章》未列举的权利也纳入宪章条款之中。在“SERAC 诉尼日利亚案”[20]中，非洲委员会主张，虽然有些权

---

[15] J. Udombana, *Between Promise and Performance: Revisiting States' Obligations under the African Human Rights Charter*, (2004) 40 (1) Stanford Journal of International Law 105, 110.

[16] See C. Heynes & M. Killander, *The African Regional Human Rights System*, in F. Gomez Isa and K. De Feyter eds., International Protection of Human Rights: Achievements and Challenges (University of Deusto, Bilbao, 2006) 507 - 516.

[17] See Media Rights Agenda, Constitutional Rights Project, Media Rights Agenda and Constitutional Rights Project v. Nigeria, Communication Nos. 105/93, 128/94, 130/94 & 152/96 (1999) 12th, paragraphs 68 and 69.

[18] See Centre on Housing Rights and Evictions v. The Sudan, Communication Nos. 279/03 & 296/05, African Commission on Human and Peoples' Rights (2009), paragraph 167.

[19] See Constitutional Rights Project, Civil Liberties Organisation and Media Rights Agenda v. Nigeria, Communications 140/94, 141/94, 145/95 (1999); Sudan Human Rights Organisation v. The Sudan, Communication No. 279/03 (2009); supra, Centre on Housing Rights and Evictions v. The Sudan, Communication 296/05 (2009).

[20] Social and Economic Rights Action Centre (SERAC) and The Centre for Economic and Social Rights (CESR) v. Nigeria (2001), Communication No. 155/96 (2001), online: University of Minnesota Human Rights Library, available at: http://www.umn.edu/humanrts/africa/comcases/155-96b.html, accessed 27 December 2017.

利在《非洲宪章》中没有被明确提及，但应被视为默示列入，这些权利包括根据《非洲宪章》有关健康、财产和家庭的条款而推导出的住房或住所权，[21]从生命、尊严、健康权和经济、社会、文化发展权推导出的食物权。[22]而且在该案中，非洲委员会确认《非洲宪章》规定的所有权利都是可执行的，无论这些权利是公民权利、政治权利、经济权利还是未列举的权利。谢尔顿（Shelton）对此指出：

> 委员会在其判决中指出《非洲宪章》中的所有权利都是可执行的，并且可能受制于该人权体系的来文程序。这一判决推动了非洲人权体系的发展，使其领先于其他区域性人权体系，后者在允许对经济、社会和文化权利的申诉上还只处于试验阶段，而且仅部分承认环境权。[23]

《非洲宪章》的另一个重要特点是引入和承认“民族权”。虽然《非洲宪章》没有对这一概念作出定义，但普遍将其理解为集体或团体权利。这类权利包括：民族平等（第 19 条）；民族的生存权和自决权（第 20 条）；民族自由处置其财富和国家资源的权利（第 21 条）；发展权（第 22 条）；国内国际和平与安全权（第 32 条）；普遍良好的环境权（第 24 条）。

而且，与其他国际人权文件类似，《非洲宪章》规定了个人的相关义务，并进一步规定了与权利无关的自主义务。[24] 更有特色的是，《非洲宪 105

[21] Articles 14, 16 and 18 of the African Charter. See also Paragraph 60 of SERAC v. Nigeria (supra).

[22] Articles 4, 5, 16 and 22 of the *African Charter*.

[23] D. Shelton, *Decision Regarding Communication* 155/96 (Social and Economic Rights Action Center/Center for Economic and Social Rights v. Nigeria). *Case No. ACHPR/Comm. A044/1'*, (2002) 96 (4) American Society of International Law 937, 942.

[24] See The Preamble and Articles 27 through 29 of the African Charter recognise private duties. See also: Supra, Udombana, 111.

章》为会员规定了一些更广泛和具体的义务。这些义务载于《非洲宪章》第20、21、22、25、26条中,包括:协助进行解放斗争、消除外国的经济剥削、确保发展权的行使、促进宪章所载的权利和自由、保障法院的独立性以及建立和改进负责促进和保护人权的国家机构。

《非洲宪章》所保障权利的范围存在一个重大缺陷,就是在其许多实质性条款(第6~14条)中广泛使用了收回条款(clawback clauses)。有些收回条款使《非洲宪章》的规定屈从于会员的法律和各国的自由裁量,因为它们在某些情况下就《非洲宪章》原则的遵守进行了限制。[25] 这些条款的使用遭到了人权学者的广泛批评。[26] 有学者认为,即使"宪章不包含在国家紧急情况下中止权利的一般克减条款,但由于允许其他限制,所以这样的克减条款很可能是多余的",其原因就是《非洲宪章》中纳入了这些收回条款。[27] 但是,非洲委员会在判例中根据国际人权标准对这些条款进行了解释,遏制了其不良影响。[28] 换言之,对受保护的权利进行限制,只有同时与《非洲宪章》和会员的国际义务一致才会被接受。[29]

同样值得指出的是,有学者认为《非洲宪章》有关人权的规定在某些方面还不完善,包括免于奴役、免于强制或强迫劳动、禁止死刑、婚姻权和隐私权等权利条款存在不足或缺失。这也许是事实,但这并不减损《非洲

㉕ See C. M. Shaw, *The Evolution of Regional Human Rights Mechanisms, A focus on Africa*, (2007) 6 (2) Journal of Human Rights 209, 214.

㉖ See K. Hopkins, *A New Human Rights Era Dawns on Africa*?, (2003) 18 South African Public Law 349.

㉗ See C. Flinterman and C. Henderson, *The African Charter on Human Rights and Peoples' Rights*, in R. Hanski and M. Suksi eds., An Introduction to the International Protection of Human Rights: A Textbook (Abo Akademi University, 1999) 390.

㉘ See Amnesty International v. Zambia, 12th Annual Activity Report, 1994 - 2001 compilation, IHRDA, Banjul, 2002, 371 - 382; Civil Liberties Organization (in respect of Nigerian Bar Association) v. Nigeria, 8th Annual Activity Report, 1994 - 2001 compilation, IHRDA, Banjul, 2002, 200 - 202; Sir Dawda K. Jawara v. The Gambia, 13th Annual Activity Report, 1994 - 2001 compilation, IHRDA, Banjul, 2002, 108 - 121.

㉙ Article 19 v. Eritrea, Communication 275/03 (2007).

宪章》对非盟法律秩序演变所作出的重大贡献。学者认为,虽然非盟法律秩序的发展是渐进的,但在其发展过程中可能会填补任何空白。下一节将 106
介绍一些互补的文件多年来是如何填补《非洲宪章》空白的。

三、扩大法律规定的权利范围

除了通过判例法扩大《非洲宪章》规定的权利范围外,有关非洲法律秩序所保护权利的实体性条款范围也通过一些互补性的文件得以逐步扩大。例如,在《非洲宪章》中,除第 18 条第 3 款规定外,没有关于儿童权利的特殊规定,而《非洲儿童权利和福利宪章》填补了这一空白。虽然其规定与《联合国儿童权利公约》[30]非常相似,但《非洲儿童权利和福利宪章》在某些情况下为儿童提供了更高水平的保护。同样,《禁止向非洲输入和控制危险废物在非洲境内越境转移和管理的巴马科公约》[31]补充了《非洲宪章》关于普遍良好环境权(第 24 条)、生命权(第 4 条)、人身安全权(第 6 条)和健康权(第 16 条)的相关条款。倾倒有毒废物的行为被认为侵犯了受保护的权利,通过《禁止向非洲输入和控制危险废物在非洲境内越境转移和管理的巴马科公约》就是为了解决在非洲大陆倾倒有毒废物这一问题。此外,公约对在非洲大陆转移危险废物的行为也加强了控制。

非洲国家还通过了《马普托议定书》,以扩大非盟法律秩序下的妇女权利。[32] 虽然在《非洲宪章》中也可以找到《马普托议定书》所保障的某些

[30] See *Convention on the Rights of the Child*, G. A. res. 44/25, annex, 44 U. N. GAOR Supp. (No. 49) at 167, U. N. Doc. A/44/49 (1989), entered into force 2 September 1990.

[31] See OAU, *Bamako Convention on the Ban of the Import into Africa and the Control of Transboundary Movement and Management of Hazardous Wastes within Africa*, 30 January 1991, U. N. T. S, Vol. 2101, 1 – 36508, available at: https://treaties. un. org/doc/Publication/UNTS/Volume%202101/v2101. pdf, accessed 25 November 2017.

[32] See *Protocol to the African Charter on Human and Peoples' Rights on the Rights of Women in Africa*, adopted by the 2nd Ordinary Session of the Assembly of the Union, Maputo, CAB/LEG/66. 6 (13 September 2000), entered into force 25 November 2005.

权利,但是后者比前者更为全面,而且更为具体地针对妇女问题。[33] 该议定书规定的权利包括:尊重人格尊严(第 3 条)、免于歧视(第 2 条)、人身和精神安全权(第 4 条)、参与政治进程的权利(第 9 条)、和平权(第 10 条)、经济和社会福利权(第 13 条)、健康和生殖权(第 14 条)、环境权(第 18 条)和可持续发展权(第 19 条)。此外,《马普托议定书》还引入了《非
107 洲宪章》未包含的一些新权利,即政府在政策发展方面有义务融合妇女的视角(第 2 条);妇女中弱势群体的权利,包括老年妇女、寡妇、残疾妇女和处于困境中的妇女(第 20、21、22、24 条);粮食安全和住房权(第 15、16 条);在积极文化环境中生活的权利(第 17 条);禁止女性割礼(第 5 条);妇女的生殖权利(第 14 条)。上述对非盟法律秩序中权利的扩大情况表明,非洲法律秩序具有很大潜力来应对本大陆的各种变化和具体需要。

四、非盟法律秩序下公民权利和政治权利的塑造

多年来,非盟在公民权利和政治权利方面的法律秩序已有长足发展。与其他类别的人权相比,非洲委员会处理的涉及公民权利和政治权利的案件更多。这是因为,申诉人在非洲委员会援引与公民权利和政治权利有关的条款更为频繁,非洲委员会因此能够就公民权利和政治权利作出更为合理的判例。[34] 而且值得注意的是,在实践中,与北非相比,撒哈拉以南的非洲更多援引了人权法,一部分原因可能是北非政治改革和民主进程的步伐相对较慢。[35] 然而,近期的"阿拉伯觉醒运动"似乎在一定程度上改变了北

---

[33] See The African Charter made specific reference to women only in Article 68.

[34] See M. Ssenyonjo, *Economic, Social and Cultural Rights in the African Charter*, in M. Ssenyonjo ed., The African Regional Human Rights System: 30 Years after the African Charter on Human and Peoples' Rights (Martinus Nijhoff Publishers, 2012) 57.

[35] See L. Storm, *The Persistence of Authoritarianism in North Africa* (2009) 85 (5) International Affairs 997 – 1013.

非的局势。[36]

《非洲宪章》第 1 条是其保护所有权利的基础，因为它不仅要求会员承认《非洲宪章》中规定的所有权利、义务和自由，而且还要求会员予以实施。因此，非洲委员会对该条的解释是，《非洲宪章》不仅只规定一个会员已经做的事情，而且还包含了它没有做或忽略做的事情。这一解释的含义是，一方面，如果某会员未能或忽视采取措施（包括通过国内法）以确保《非洲宪章》所保障权利的实现，那么该会员可能因违反《非洲宪章》而承担责任。[37] 在“国际人权法律保护中心、非洲人权与发展研究所以及毛里塔尼亚人权协会诉毛里塔尼亚案”中，[38]非洲委员会指出，《非洲宪章》第 1 108
条为会员规定了承认《非洲宪章》所保护权利的一般性义务，并要求它们采取措施落实这些权利。据此，非洲委员会认定未采取措施落实任何一项受保护的权利都自动违反《非洲宪章》第 1 条的规定。[39] 另一方面，《非洲宪章》的地位高于国内法，因此会员的国内法必须符合《非洲宪章》的相关规定，[40]并且该会员无权撤销为执行宪章规定而采取的措施。[41] 非洲委员会还认为，会员有义务确保其领土内的个人和实体（包括私人实体）保障《非洲宪章》所承认的权利、义务和自由实现。[42]

在非洲委员会审理的许多案件中都援引了《非洲宪章》第 2 条规定。

---

[36] See In the Matter of African Commission on Human and People's Rights v. Great Socialist People's Libyan Arab Jamahiriya, Application No. 004/2011.

[37] See Commission Nationale des Droits de l'Homme et des Libertés v. Chad, Communication No. 74/92, (1995 – 1996); Interights, Institute for Human Rights and Development in Africa, and Association Mauritanienne des Droits de l'Homme v. Islamic Republic of Mauritania, Communication 373/2009 (formerly 242/2001) (2010), paragraph 46.

[38] Ibid. (Interrights).

[39] This approach was at the heart of the Commission's decision in Social and Economic Rights Action Centre (SERAC) and The Centre for Economic and Social Rights (CESR) v. Nigeria (supra). In that case, the Nigerian government was found to have neglected its obligation to prevent violations of rights enshrined under the African Charter.

[40] Lawyers for Human Rights v. Swaziland, Communication No. 251/2002 (2005).

[41] Civil Liberty Organization v. Nigeria, Communication No. 129/94, (1995).

[42] Supra, Commission Nationale des Droits de l'Homme et des Libertés v. Chad, 9.

该条规定指出:

> 享有《非洲宪章》……承认和保障的权利和自由,不分种族、族裔、肤色、性别、语言、宗教、政治或其他任何见解、国籍和社会背景、财富、出生或其他地位。

在"非洲保护人权会议诉赞比亚案"中,[43]非洲委员会审议了该条款。非洲委员会在该案中要考虑赞比亚驱逐西非国民是否违反《非洲宪章》第2条的规定。赞比亚以这些人非法居住为由进行了驱逐。表面上看,驱逐行动违反了《非洲宪章》第12条的规定,该条禁止大规模驱逐非本国人。《非洲宪章》第12条第5款将"大规模驱逐"定义为"针对民族、种族、族裔或宗教群体的驱逐"。赞比亚认为,《非洲宪章》并没有取消会员对跨界流动的管制和签证要求。虽然非洲委员会同意《非洲宪章》本身并不禁止驱逐行为,但它认定开展该行为不能带有歧视性。在该案中,非洲委员会认为,赞比亚的驱逐行为是基于被驱逐者的国籍,因此这种驱逐是具有歧视
109 性的。据此,非洲委员会判决指出赞比亚未能保障《非洲宪章》所规定的个人权利,因而违反了第2条的规定。在"全球反酷刑中心诉卢旺达案"[44]中也得出了类似的结论。在"肯尼亚努比亚社区诉肯尼亚共和国案"中,[45]确定的事实是,肯尼亚的努比亚民众为获取肯尼亚国民身份证件,经历了漫长、屈辱且付出极高成本的审批程序,而国家身份证件是承认公民身份和使公民获得公共服务的必要条件。该审批程序导致肯尼亚的努比亚人

[43] Rencontre Africaine pour la Défense des Droits de l'Homme v. Zambia, Communication 71/92, (1995 - 1996).

[44] Organisation Mondiale Contre La Torture v. Rwanda, African Commission on Human and Peoples' Rights, Communication Nos. 27/89, 46/91, 49/91, 99/93, (1996 - 1997).

[45] See The Nubian Community in Kenya v. The Republic of Kenya, Communication 317/2006; see also the African Court's decision in African Commission on Human and Peoples' Rights v. Kenya, Application No. 006/2012 (2017).

在申请身份证件过程中和身份证件丢失时处于极为不利的地位。据称,肯尼亚努比亚人之所以受到不同的对待,是因为他们的种族和宗教出身。非洲委员会认为:

> 在来文中,申诉人已经证实并提交了充分的证据,证明肯尼亚的努比亚人在获得身份证件方面受到与其他肯尼亚人不同的对待。申诉人还说明了在寻求获得身份证件时他们所承受的巨大额外负担。他们除了需要提供证明文件,如他们祖父母的身份文件(这是其他肯尼亚土著民众所不需要提供的),努比亚人还必须经过一个委员会的审查和批准;为支撑其对身份证件的需要,他们必须在地方法院宣誓,并向法院支付费用。㊻

肯尼亚似乎承认了这些指控,但辩称,为了防止邻国民众的涌入,审查程序是必要的。非洲委员会否定了这项主张,认为该国给予努比亚人的待遇违反了《非洲宪章》第2、3条的规定。

在"普罗赫特和摩尔诉冈比亚案"中,㊼非洲委员会也认定冈比亚颁布的法律违反了《非洲宪章》第2条的规定。申诉人在该案中认为冈比亚1917年《精神病人拘留法》具有歧视性,该法是冈比亚有关精神健康的主要立法。申诉人的理由是,在对精神状态做出判断后,受影响的人没有复核或上诉程序可以利用,这将可能导致精神状态被错误评估的人因不能申请重新评估而被禁锢在精神病院。非洲委员会认为,冈比亚的这一法律"未能达到《非洲宪章》第2、3条规定的反歧视和平等保护的要求"。㊽ 在 110
1994年向非洲委员会提交的另一申诉中,涉及《非洲宪章》第2条所保护

㊻ Paragraph 127.

㊼ See Purohit and Moore v. The Gambia, Communication No. 241/2001 (2002-2003).

㊽ Ibid., paragraph 54.

的其他“地位”是否包括性取向权问题。但是,在非洲委员会对其审议之前,该申诉被撤回。[49]

值得注意的是,非洲委员会已将《非洲宪章》第3条的解释与第2条的规定联系起来,第3条保障法律面前人人平等和人人有权享有法律的平等保护。在“普罗赫特和摩尔诉冈比亚案”[50](上文已作讨论)[51]中证明了这一点。在“开放社会司法倡议诉科特迪瓦案”中,[52]非洲委员会确认了该立场,指出:

> 委员会坚持这一立场,认为《非洲宪章》第2条所保护的非歧视权,实际上是对第3条的法律保障,以确保该条所规定的法律面前平等权和受法律平等保护权的实现。换言之,在发生歧视时,法律面前平等权和受法律平等保护权就会自动受到损害。因此,只要确定违反《非洲宪章》第2条的规定,那么第3条规定的权利必然会遭到侵犯。这一合乎逻辑的立场的唯一例外是,某一歧视是法律规定的,而且是合理且与特定目标是相称的。在审议本案来文时,委员会得出结论认为不合理的歧视已经发生。[53]

非洲委员会已经处理了一些与《非洲宪章》第4条规定相关的关键问题,该第4条为身体完整权和生命权提供了保障。虽然《非洲宪章》并未就身体完整权和生命权作出指导性的定义,但是这一缺陷并不妨碍该规定的适用。例如,在“全球反酷刑中心诉卢旺达案”中,[54]非洲委员会认定,卢

---

[49] 这个案件将在第八章进一步讨论。

[50] Supra, Purohit and Moore v. The Gambia.

[51] Ibid.

[52] Open Society Justice Initiative v. Côte d'Ivoire, Communication 318/06 (2016).

[53] Paragraph 155.

[54] Supra, Organisation Mondiale Contre La Torture v. Rwanda.

旺达武装部队未经司法程序对卢旺达的村民进行杀害侵犯了他们的生命权。[55] 值得注意的是,在最近的一项判决中,非洲法院划定了生命权条款的适用范围。在“非洲人权和民族权委员会诉肯尼亚案”中,[56]非洲法院认定侵犯社会经济权利并不一定侵犯生命权。在该案中,申诉人主张他们因 111
被强行驱逐所以生计遭受威胁,这侵犯了他们的生命权。非洲法院驳回了这一主张,认为该条涉及的是对生命权在身体意义上而非生存意义上的理解,因此,本条应放在身体意义上的生命权的背景下进行解释。关于《非洲宪章》第4条规定的一个棘手问题是其对死刑的影响,死刑作为一种惩罚形式在非洲大陆很普遍。[57] 与其他国际性和地区性人权条约不同,《非洲宪章》没有专门提及死刑,[58]而且,也没有禁止死刑的议定书对其进行补充。[59] 尽管存在这一缺陷,但非洲委员会还是在“国际人权法律中心等诉博茨瓦纳案”[60]中,根据《非洲宪章》审议了死刑的合法性。在该来文中,玛丽艾特·波什(Mariette Bosch)被判犯有谋杀罪并被判处死刑。有人指出,该案的死刑判决违反了《非洲宪章》的规定。非洲委员会强调,《非洲宪章》不排除将死刑作为一种惩罚形式,但只有在审慎考虑后才能判处死刑。虽然非洲委员会鼓励非洲国家暂停执行死刑,但非洲委员会也认为,对玛丽艾特·波什一案的判决并没有违反《非洲宪章》的相关条款。[61] 在

[55] See also Achutan (on behalf of Banda) and Amnesty International (on behalf of Orton and Vera Chirwa) v. Malawi, Communication Nos. 64/92, 68/92 and 78/92 (1995).

[56] Application No. 006/2012 (2017).

[57] See L. Chenwi, *Towards the Abolition of Death Penalty in Africa: A Human Rights Perspective* (Pretoria University Law Press, 2007).

[58] See Groupe de Travail sur les Dossiers Judiciaires Stratégiques v. Democratic Republic of Congo, Communication 259/2002 (2015).

[59] See B. Manby, *Civil and Political Rights in the African Charter on Human and Peoples' Rights: Articles* 1 – 7, in M. Evans and R. Murray eds., The African Charter on Human and Peoples' Rights: The System in Practice, 1986 – 2006 (Cambridge University Press, 2008), 189.

[60] Interights et al. v. Botswana, African Commission on Human and Peoples' Rights, Communication Nos. 240/2001 (2004).

[61] See also Spilg and Mack & DITSHWANELO (on behalf of Lehlohonolo Bernard Kobedi) v. Botswana, Communication 277/2003 (2013).

“国际笔会等诉尼日利亚案”中，[62]非洲委员会认为，如果案件未经适当审议，就会导致判处死刑的程序不公平，生命权就可能受到侵犯。[63] 值得注意的是，在“国际人权法律保护中心与博茨瓦纳人权中心诉博茨瓦纳案”中，[64]非洲委员会裁定，由于博茨瓦纳采用了绞刑方式执行死刑，所以违反了《非洲宪章》第 4 条的规定。

在“诺亚·卡辛加切尔、约翰·切什加等诉津巴布韦案”中，[65]津巴布
112 韦人权非政府组织论坛代表在 2001 年不同时间为被该国安全官员杀害的死者提起一项申诉。这些死者中，一人在军官拦车时被打死，一人因为是一名反政府组织成员而被殴打致死，一人在逮捕过程中被杀害，最后一人则在镇压学生抗议游行时被杀。非洲委员会承认，在某些情况下，如自卫和保护他人时，执法人员可以杀人，但它也指出，行使这一杀人许可的权力是最后的选择。非洲委员会在审议收到的事实后发现，在导致四人死亡的情况下，并不存在对军官或任何其他人构成的严重风险。因此，非洲委员会得出结论，认为这些谋杀并无正当理由。在其中一起案件中，非洲委员会指出，所涉执法人员在其杀人时并非以官方身份行事。非洲委员会重申了法理，即私人行为者侵犯人权的行为可能导致一国的国际责任，如果该国未能尽责防止这种侵权行为。该委员会认为，津巴布韦在应对这些非法杀戮时未尽到勤勉义务，因此判决在这些案件中均违反了《非洲宪章》第 4 条的规定。

1994 年，在“南部非洲人权非政府组织网等诉坦桑尼亚案”中，[66]坦桑

---

[62] See International Pen and Others (on behalf of Saro-Wiwa) v. Nigeria, Communication Nos. 137/94 - 139/94 - 154/96 - 161/97, (1998).

[63] See Egyptian Initiative for Personal Rights and Interights v. Arab Republic of Egypt, 334/06.

[64] Interights and Ditshwanelo v. The Republic of Botswana, Communication 319/06 (2016).

[65] See Noah Kazingachire, John Chitsenga, Elias Chemvura and Batanai Hadzisi (represented by Zimbabwe Human Rights NGO Forum) v. Zimbabwe, Communication No. 295/04 (2013).

[66] See Southern African Human Rights NGO Network & Ors v. Tanzania, Communication 333/2006 (2010).

尼亚高等法院就一谋杀案作出判决,认定坦桑尼亚法律规定的死刑违宪。而之所以违宪,是因为法官认为以绞刑方式执行死刑侵犯了受刑者的人格尊严,构成了坦桑尼亚《宪法》所规定的内在的残忍、不人道和有辱人格的行为。法官判处被告无期徒刑,而不是坦桑尼亚法律所规定的死刑。坦桑尼亚政府向上诉法院提起上诉,上诉法院于 1996 年推翻了该判决。上诉法院认为,以绞刑方式执行死刑是合宪的,该方式是由坦桑尼亚《宪法》中的收回条款所保留的。上诉法院进一步指出,以绞刑方式执行死刑在国际人权法下是允许的,这是一种已为公众所接受且成本较低的有效的威慑机制,已被《非洲宪章》其他会员广泛实施。2006 年,申诉人要求非洲委员会宣布坦桑尼亚上诉法院的判决违反了《非洲宪章》第 4 条的规定。但是,非洲委员会拒绝处理该案的实体问题,其理由是在来文之前,已有 11 年的不合理延误,且申诉人未提供任何关于延误的解释。因此,非洲委员会宣布对该来文不予受理。非洲委员会选择驳回该来文令人失望,因为基于一
些技术上的原因需要其运用自由裁量权,考虑所涉的各种基本问题。然 113
而,在对青少年和未成年人适用死刑方面,非洲委员会已有一个更为清晰的立场。在“战略性司法案件工作组诉刚果民主共和国案”中,[67]非洲委员会判定,对 18 岁以下的青少年判处死刑违反《非洲宪章》,即使判决死刑之后被减为无期徒刑,也不能改变会员因原判决而违反《非洲宪章》的认定。

《非洲宪章》第 5 条规定保障了人类固有尊严和免于奴役的权利,非洲委员会根据该条规定处理了许多案件。在“媒体权利议程诉尼日利亚案”中,[68]非洲委员会指出,应对《非洲宪章》第 5 条进行广义解释,以扩大保护范围,使之免遭各种形式的滥用。[69] 根据第 5 条的规定,非洲委员会能够在一定程度内解决非洲大陆某些地区普遍存在的奴隶制问题。在

---

[67] Supra, Groupe de Travail sur les Dossiers Judiciaires Stratégiques v. Democratic Republic of Congo.

[68] Supra, Media Rights Agenda and Constitutional Rights Project v. Nigeria.

[69] Ibid.

"巴·奥德·拉巴诉毛里塔尼亚案"中，[70]非洲委员会适用了《非洲宪章》第5条的规定。在该案中，申诉人的家人在其母亲去世后被逐出家门，实施驱逐的人声称申诉人的母亲是他的"奴隶"，在她去世后有权获得其财产。申诉人主张，驱逐人的行为违反了《非洲宪章》第5条的规定。毛里塔尼亚政府认为，这是同一家庭成员之间的争端，而不是《非洲宪章》规定的奴役问题。非洲委员会的结论是，这是奴役行为，命令毛里塔尼亚政府采取适当措施恢复申诉人的权利。但遗憾的是，与大多数决定一样，非洲委员会没有明确说明在这方面需要采取哪些措施，这对确定会员对命令的遵守程度并没有太大帮助。在"S. O. S. 女奴诉毛里塔尼亚案"[71]中，申诉人提出的指控是，奴役行为是毛里塔尼亚的一种普遍做法。[72] 在该案中，申诉人还提供了这种做法的具体事例。但不幸的是，非洲委员会认为该申诉不可受理，其原因是申诉人没有按照《非洲宪章》要求在申诉之前用尽当地救济。

在与酷刑、残忍、不人道或有辱人格的处罚和待遇有关的案件中，非洲
114 委员会有力实施了《非洲宪章》第5条的规定。非洲委员会认为，监狱中的殴打、酷刑、人满为患，[73]囚犯被戴上手铐脚链锁在墙边并被关在肮脏的不通风的牢房中，[74]以及国家官员长期施以电刑的行为，[75]均违反了《非洲宪章》第5条的规定。在"柯蒂斯·弗朗西斯·杜伊博雷诉苏丹案"中，[76]

---

[70] See Bah Ould Rabah v. Mauritania, Communication No. 197/97 (2004).

[71] Communication No. 198/97 (1999).

[72] See Mauritania formally abolished slavery in 1980. It was the last country to do so. M. Killander, *African Human Rights Law in Theory and Practice*, in S. Joseph and A. McBeth eds., Research Handbook on International Human Rights Law (Edward Elgar Publishing Limited, 2010) 388 at 395.

[73] Supra, Achutan (on behalf of Banda) and Amnesty International (on behalf of Orton and Vera Chirwa) v. Malawi.

[74] Supra, International Pen and Others (on behalf of Saro-Wiwa) v. Nigeria.

[75] Gabriel Shumba v. Zimbabwe, Communication No. 288/04 (2017).

[76] Communication No. 236/2000 (2003).

8 名大学生(穆斯林)因在公共场所实施了违反公共道德的行为而被判违反苏丹《刑法》。这些大学生当时正在野餐,据指称,他们有接吻、穿长裤、和女孩跳舞、交叉双腿、男女混坐和交谈等行为。他们不仅被处以罚款,还被下令处以鞭刑。鞭刑在苏丹法院的监督下公开进行,由于使用由金属丝与塑料制成的鞭子鞭打,所以在受害者的背上造成了永久性的疤痕。申诉人主张,鞭刑违反了《非洲宪章》第 5 条的规定。苏丹辩称,它是在其刑法范围内行事,而且与监禁相比,鞭刑对受害者更有利。非洲委员会认定,这种惩罚与《非洲宪章》相抵触,因为个人尤其是一国政府无权将人身暴力作为对罪行的惩罚手段。[77] 非洲委员会认为,这种做法等同于国家操纵酷刑,违背了《非洲宪章》作为人权条约的性质。苏丹的伊斯兰教法(伊斯兰法)允许体罚,并对苏丹《刑法》的内容产生了影响。[78] 在该案中,非洲委员会本可更进一步,就伊斯兰教法所规定的体罚问题与宪章是否相一致作出意见,这会很有帮助。但就《非洲宪章》第 5 条,非洲委员会采取的进一步措施是发布了《罗本岛准则》,该准则是一份无约束力的宣言,旨在禁止和防止酷刑、残忍、不人道或有辱人格的待遇或者处罚并响应受害者的需要。[79]

在"埃及个人权利倡议和国际人权法律保护中心诉埃及案"中,[80]提出了一项代表三人的针对埃及的申诉。该申诉指称,这三人因涉嫌参与西奈半岛的两次爆炸事件而被拘禁、审判并因此被判处死刑,在拘禁期间,这三人遭受了各种形式的刑讯逼供。申诉人身上的伤痕被作为证据提交给非 115

[77] Ibid. , paragraph 42.

[78] Supra, Manby, 194 – 195.

[79] See *Guidelines and Measures for the Prohibition and Prevention of Torture, Cruel, Inhuman or Degrading Treatment or Punishment in Africa* (The Robben Island Guidelines), African Commission on Human and Peoples' Rights, 32nd Session, 17 – 23 October 2002, Banjul, The Gambia.

[80] See Egyptian Initiative for Personal Rights and INTERIGHTS/Egypt, Communication 323/06 (2011).

洲委员会。他们还被单独监禁,并在相当长的时间内不准与律师联系。非洲委员会指出,埃及无法就这些人在押期间是如何受伤一事提供令人满意的解释。据此,非洲委员会判定,埃及违反了《非洲宪章》第 5 条的规定。在“斯皮尔格和马可以及博茨瓦纳人权中心诉博茨瓦纳案”中,[81]非洲委员会认为,博茨瓦纳当局未能允许罪犯在被处决前与家人告别,这也违反了《非洲宪章》第 5 条的规定。

在有关国籍和公民身份的案件中也适用了《非洲宪章》第 5 条的规定。例如,在“肯尼亚努比亚社区诉肯尼亚共和国案”中,非洲委员会判决指出,肯尼亚的政策让努比亚人很难获得肯尼亚的公民身份,继而使其处于无国籍状态,因此根据《非洲宪章》第 5 条的规定,肯尼亚的政策侵犯了努比亚人的尊严,肯尼亚需要承认努比亚人的法律地位。[82] 在“公开社会正义倡议诉科特迪瓦案”中,非洲委员会同意申诉人的意见,认为科特迪瓦国籍法的不明确对其国内的迪乌拉(Dioula)社区产生了不利影响,导致迪乌拉人的国籍被剥夺,他们的法律地位不被承认,这使他们陷入了无国籍的危险境地。据称,迪乌拉人之所以受到不同对待,是因为他们的文化遗产和宗教信仰。在本案中,非洲委员会审议了《非洲宪章》第 5 条是否包含国籍权,指出:

> 正如申诉人在其意见书中所提出的,在当前情况下,根据《非洲宪章》第 5 条的规定,解决有关是否具有“国籍权”的问题至关重要。在这一点上,委员会注意到,《非洲宪章》第 5 条所保障的权利是上述“所承认的法律地位”的一种。也就是说,国籍是这项权利的基本组成部分,因为它是个人法律和社会政治地位的表现形式,如果一国授予个人以难民或居民的地位,那么他们

---

[81] Supra, Spilg and Mack & DITSHWANELO v. Botswana.

[82] Supra, The Nubian Community in Kenya v. The Republic of Kenya.

> 就可享有权利和履行义务。委员会在其关于国籍权的第234号决议中重申了这一立场:“任何人的国籍权都是来源于《非洲宪章》第5条的一项基本权利,是享有宪章所保障的其他基本权利和自由的基础。”[83]

非洲委员会认为,在非洲背景中确定国籍必须考虑案件所涉的历史、法律和政治因素。在此基础上,迪乌拉人对有权获得科特迪瓦国籍提出了 116
有效主张,而科特迪瓦根据其法律处理这一主张的方式与《非洲宪章》第5条的规定不符。因此非洲委员会认定,申诉人无论是依据其血统、归属还是通过简化的入籍程序,都有权获得科特迪瓦国籍。

非洲委员会关于《非洲宪章》第6条的判例相当模糊。该条保障人身自由和安全,除非根据法律先前规定的理由和条件,否则任何人均不得被剥夺自由。该条还禁止非法的任意逮捕和拘禁。值得注意的是,该条款与《公民权利和政治权利国际公约》(International Covenant on Civil and Political Rights)第9条规定相似,但没有包含后者的程序性保障措施,如迅速告知逮捕原因,迅速将被告送交法官,提供人身保护以及对遭受非法拘禁的受害人进行赔偿。[84] 一些学者指出,该条的另一个主要缺陷是,[85]该条所规定的权利应受何种法律管辖不够明确。如果是国内法,那么该权利可能会被会员通过立法而排除。鉴于这种可能性,更可取的做法是将该权利置于国际法标准之下。[86] 在“亨利·卡伦加诉赞比亚案”中,[87]申诉人未

---

[83] Supra, Open Society Justice Initiative v. Côte d'Ivoire, paragraph 97.

[84] Supra, Killander, 395.

[85] See for example, M. K. Mbondeyi, *Improving the Substance and Content of Civil and Political Rights Under the African Human Rights System*, (2008) 17 (2) Lesotho Law Journal 37.

[86] In relation to clawbacks in the African Charter generally, the Commission has stated a general principle that international human rights standards must prevail over contrary national law in order not to defeat the purpose of the rights and freedoms in the Charter. See Supra, Media Rights Agenda and Constitutional Rights Project v. Nigeria.

[87] See Henry Kalenga v. Zambia, Communication No. 11/88 (1994).

经审判被拘禁了约三年。他向非洲委员会申请，指控赞比亚违反了《非洲宪章》第 6 条的规定，并要求赞比亚释放他。赞比亚随后通知非洲委员会申诉人已被释放。非洲委员会以问题已妥善解决为由终止了诉讼程序，但非洲委员会没有联系申诉人，也没有考虑其被拘禁的时间和为其提供某种救济。非洲委员会在“国际笔会等诉布基纳法索案”[88]中采取了类似做法。在这种做法遭受批评之后，非洲委员会决定在与亨利·卡伦加案类似的情形下，将与申诉人联系作为程序的一部分，询问他们是否寻求释放以外的其他救济。[89] 在近期发生的“阿伯戴尔·哈迪、阿里·拉迪等诉苏丹案”中，[90]申诉人是 88 名难民，他们因战争逃离苏丹的达尔富尔，定居在苏丹
117 首都喀土穆之外的一个难民营里。苏丹警察未经任何解释就逮捕了他们，并将他们拘禁了大约 12 个月。他们无法获得律师救助，也见不到家人并得不到医疗服务。他们还声称遭受了酷刑。申诉人试图让苏丹政府对这些指控进行调查，但苏丹政府对此并未回应。非洲委员会认为，没有理由而拘禁这 88 名难民 12 个月违反了《非洲宪章》第 6 条的规定。[91]

《非洲宪章》第 7 条保障了公平审判权利。依据《非洲宪章》规定，该权利的要素包括：提供公平审讯、上诉权、无罪推定、辩护权和选择律师权、在合理时间内的受审权、在公正法院或法庭的受审权，禁止事后法律和个人刑事责任。非洲委员会强调，将案件提交给普通民事法院或军事法庭等专门法庭并不重要，[92]关键因素是采用的程序是否公平、公正和中立。非洲委员会在许多案件中都判决侵犯了上诉权。在“宪法权利项目诉尼日

---

[88] PEN v. Burkina Faso, Communication No. 22/88 (1994).

[89] Committee for the Defense of Human Rights (in respect of Ms. Jennifer Madike) v. Nigeria, Communication No. 62/91 (1995).

[90] See Abdel Hadi, Ali Radi & Others v. Republic of Sudan, Communication No. 368/09 (2014).

[91] See also Jean-Marie Antagana Mebara v. Cameroon, Communication 416/12 (2016).

[92] See Civil Liberties Organisation and Others v. Nigeria, Communication No. 218/98 (2001).

利亚案”中,[93]根据尼日利亚1984年第5号《抢劫和枪械(特别规定)法》的规定,瓦哈卜·阿卡姆(Wahab Akamu)、戈博拉罕·阿迪嘎(Gbolahan Adeaga)等人被判处死刑。该法令第11部分第4条规定,如果判决由依该法组成的法庭作出,或该法庭的判决已被州长确认或驳回,那么该判决不得上诉。该条款实际上剥夺了依该法被定罪的人的上诉权。非洲委员会判决指出,尼日利亚的该条款妨碍了上诉权,违反了《非洲宪章》第7条第1款第1项的规定,命令尼日利亚释放申诉人。在“肯尼斯·古德诉博茨瓦纳案”中,[94]非洲委员会得出了一个相似的结论。在该案中,古德先生是澳大利亚人,大学讲师,他与别人合作写了一篇批评博茨瓦纳政权交接程序的文章。博茨瓦纳总统动用《博茨瓦纳移民法》第7部分第6条赋予他的权力,宣布古德先生为不受欢迎的人,并将其驱逐出境。古德先生向博茨瓦纳法院起诉,结果被驳回。法院的理由是,总统在本案中行使权力不受司法监督。此案随后被提交给非洲委员会,非洲委员会判定《博茨瓦纳移民法》中有关禁止审查总统行为的内容违反了《非洲宪章》第7条第1款第1项的规定,甚至还威胁到《非洲宪章》第2条所保障的司法独立。

在某些案件中,非洲委员会也认定存在违反有关无罪推定的《非洲宪章》第7条第1款第2项规定的情况。在“安尼特·帕格诺雷(代表阿杜雷耶·马邹)诉喀麦隆案”中,[95]非洲委员会裁定,以推测“可能惹麻烦”为由将阿杜雷耶·马邹拘留两年,违反了《非洲宪章》第7条第1款第2项有关无罪推定的规定。同样地,非洲委员会在“媒体权利议程诉尼日利亚案”[96]中,也判定尼日利亚的行为违反了该条款。在该案中,一名尼日利亚记者在遭受长期拘禁后被秘密审判,随后被判处无期徒刑,在此期间他不被允 118

[93] See Constitutional Rights Project (in respect of Wahab Akamu, G. Adega and others) v. Nigeria, Communication No. 60/91 (1995).

[94] Communication No. 313/05 (2010).

[95] Communication No. 39/90 (1997).

[96] Communication No. 224/98 (2000).

许获取律师援助,不得就医,也不能会见家人。[97]

《非洲宪章》第7条第1款第3项旨在保证被告人的辩护权和由其选择律师辩护的权利。[98] 在一案件中,被告人未经辩护就受审,非洲委员会认为这违反了《非洲宪章》第7条第1款第3项的规定。此后,非洲委员会认定骚扰或殴打辩护律师也是对这项权利的侵犯。[99] 非洲委员会还认定,给被告指定军法律师、[100]歧视性地适用司法程序规则、不允许被告人但允许公诉人进行口头陈述都是违反第7条第1款第3项规定的情形。[101]

《非洲宪章》第7条第1款第4项规定了在合理时间内由公正的法院或法庭审判的权利,未经审判的拘禁显然违反了这一规定。在一案件中,被告人未经审判而被拘禁七年,非洲委员会认为这一做法剥夺了被告人在合理时间内受审的权利。[102] 非洲委员会认定,如果当局或总统对司法程序的组成、行为和结果实施较大管控,[103]国家没有为法院或法庭提供充足的人员以保障审判的公平公正,[104]法庭的组成可能造成"表象上(如非实际上)的欠缺公正性",[105]这些都违反了《非洲宪章》第7条第1款第4项的规定。非洲委员会还认为,如果制定法律的行政人员从一开始就在司法小组

---

[97] See also Haregewoin Gabre-Selassie and IHRDA (on behalf of former Dergue Officials) v. Ethiopia, Communication No. 301/305 (2012).

[98] Supra, Achutan (on behalf of Banda) and Amnesty International (on behalf of Orton and Vera Chirwa) v. Malawi. See also, Supra, Egyptian Initiative for Personal Rights and Interights v. Arab Republic of Egypt.

[99] See Media Rights Agenda and Others v. Nigeria, Communication Nos. 105/93, 128/94, 130/94 and 152/96 (1999).

[100] Ibid.

[101] See Avocats Sans Frontières (on behalf of Bwampamye) v. Burundi, Communication No. 231/99 (2000).

[102] See Alhassan Abubakar v. Ghana, Communication No. 103/93 (1996).

[103] See also, Supra, Egyptian Initiative for Personal Rights and Interights v. Arab Republic of Egypt.

[104] Ibid. See also Amnesty International and Others v. Sudan, Communication Nos. 48/90, 50/91, 52/91, 89/93 (1999).

[105] Supra, Constitutional Rights Project (in respect of Wahab Akamu, G. Adega and others) v. Nigeria.

中占据主导地位,那么也可能违反了《非洲宪章》第 7 条第 1 款第 4 项的规定。[106]

《非洲宪章》第 7 条第 2 款禁止事后法律(确立具有追溯效力的罪行) 119
和追溯性处罚,并规定刑事处罚个人化(个人刑事责任)。这一条款很重要,因为非洲各国政府普遍存在滥用权力和寻找政治“替罪羊”的现象。在“媒体权利议程诉尼日利亚案”中,[107]当时的尼日利亚军政府颁布了一项追溯性法令,后来该法令因违反《非洲宪章》而受到质疑。尼日利亚争辩说,由于没有人根据该追溯性法令被定罪,所以不能认为该法令违反了《非洲宪章》第 7 条第 2 款的规定。尼日利亚政府似乎暗示,除非该法令被实施,否则不能认定其违反了《非洲宪章》第 7 条第 2 款的规定。针对这一论点,非洲委员会指出:

> (委员会)必须就《非洲宪章》第 7 条第 2 款的公正性问题表明立场,谴责尼日利亚代表对宪章进行极其简单的字面解释。《非洲宪章》第 7 条第 2 款必须理解为不仅是对在实施谴责和惩罚时不构成犯罪的行为的禁止,而且也应被解释为禁止追溯性本身。人们被期望必须认真对待法律。如果法律具有追溯效力,那么法治就会受到破坏,因为个人在任何时候都不能知道自己的行为是否合法。

在“非洲人权和民族权委员会诉利比亚案”中,非洲法院受理了一项代表赛义夫·卡扎菲(Saif Gaddafi)的申请。赛义夫·卡扎菲是被推翻且为已故的利比亚独裁者穆阿迈尔·卡扎菲的儿子之一。据称,赛义夫·卡扎菲自 2011 年 11 月以来一直被拘禁,在卡扎菲政权被推翻后又被关押在

---

[106] Ibid.

[107] Supra, Media Rights Agenda and Others v. Nigeria.

一个秘密地点。他没有被交给法院,也不被允许出庭。在没有法院介入和本人缺席的情况下,他的拘禁被延长了数次。最终,他在一个特别法庭被提审,而该特别法庭后被裁定为违宪。非洲法院的结论是,利比亚对赛义夫·卡扎菲实施的行为违反了《非洲宪章》第6、7条的规定。

《非洲宪章》第7条在法律代理方面有一个重大缺陷,就是对国家法律援助或协助没有作出明确规定,而这在其他同级的超国家文件中是有的,例如《欧洲人权公约》第6条[108]和《美洲人权公约》第8条的规定。[109] 这一缺陷将可能造成权利人无法获得司法救济,从而剥夺其在国内法院和非洲区域机构获得公平审讯的权利。而且,《非洲宪章》第7条规定中有关
120 公平审判的内容也受到批评,理由是该条款没有明确规定该权利的某些方面,包括公开(而非秘密)审判的权利,需要时提供口译人员的权利,不得自证其罪的权利,禁止双重追诉的权利和在司法不公情况下获得赔偿的权利。[110] 就上述缺陷,非洲委员会试图通过若干决议予以弥补。在《关于申诉权和公平审判权的决议》中,[111]非洲委员会详述了《非洲宪章》第7条的范围,包括无罪推定和必要时免费获得口译协助的权利;2003年通过的《非洲有关公平审判和法律援助权利的原则和准则》[112]扩大了公平审判的内容,并涵盖了相关问题,如公开审判、法律援助和援助;非洲委员会还通过了《关于尊重和加强司法独立的决议》,以加强体制框架,为非洲的司法系统提供支持。[113] 值得赞扬的是,非洲法院已通过解释将法律援助与协助纳入《非洲宪章》第7条规定,这之前在宪章中是没有明确规定的。

---

[108] ETS No. 5.

[109] OAS Official Records, OEA/Ser. K/XVI/I/I.

[110] Supra, Mbondeyi, 76.

[111] The African Commission on Human and Peoples' Rights, meeting in its 11th Ordinary Session, in Tunisia, 2-9 March 1992.

[112] See *The Principles and Guidelines on the Right to a Fair Trial and Legal Assistance in Africa*, DOC/OS(XXX) 247, reprinted in (2005) 12 International Human Rights Reports 1180.

[113] See ACHPR/Res. 21 (XIX) 96, *Resolution on the Respect and the Strengthening on the Independence of the Judiciary* (1996).

"威尔弗莱德·奥尼安戈等诉坦桑尼亚案"[114]也涉及违反《非洲宪章》第7条的规定,特别是侵犯了公平审判权和法律援助权。本案申请人是肯尼亚人,他们声称于2005年被坦桑尼亚特工人员从莫桑比克绑架后运送到坦桑尼亚,在坦桑尼亚他们被指控犯有包括谋杀在内的各种刑事罪行。在拘禁期间,他们遭受了酷刑并受到不人道对待。其中2人在羁押期间死亡,5人被判犯有持械抢劫罪和共谋罪,并被判处30年徒刑,其中有3人最终获释。2013年,在该案被提交至非洲法院时,坦桑尼亚法院仍有一些对申请人的指控尚未结案。非洲法院认定,这些诉讼程序悬而未决至少6年。申诉人指称,对他们的检控的过分拖延构成对《非洲宪章》第7条公平审判权的侵犯。而且,在坦桑尼亚法院对他们的追诉过程中,他们的律师离职,申请人此后便没有了法律代理。非洲法院认为,该检控拖延没有正当理由,违反了《非洲宪章》第7条的规定。此外,非洲法院认为,根据《非洲宪章》第7条的规定,坦桑尼亚有义务确保申诉人在整个司法程序中都能获得法律援助,但是坦桑尼亚未能向申诉人提供法律援助,因此违反了该条的规定。[115]

同样地,在"穆罕默德·阿布巴卡里诉坦桑尼亚案"[116]中,非洲法院认 121
为,被指控犯有严重罪行的刑事被告人尤其应获得法律援助。但是,非洲法院建议,如果会员能证明它完全没有财政能力提供免费的法律援助,那么它也许可以证明未提供法律援助的合理性。应当指出,这是为会员设定的一个其很难达到的高标准。在该案中,非洲法院认定,坦桑尼亚追诉申诉人的许多程序都侵犯了后者获得公平审判的权利,包括不让申诉人查阅起诉书和证人证词,未能审核本案检察官存在利益冲突的指控。非洲法院还认为,未能及时向被告提供必要的文件也违反《非洲宪章》。在另一起

---

[114] Application No. 006/2013 (2016).

[115] See also, Christopher Jonas v. The United Republic of Tanzania, Application No. 011/2015.

[116] Application No. 007/2013.

涉及坦桑尼亚的“阿历克斯·托马斯诉坦桑尼亚案”中，[117]非洲法院认为，在申诉人因住院而缺席的情况下进行刑事诉讼违反了《非洲宪章》第7条的规定。它进一步裁定，上诉拖延了约8年违反了《非洲宪章》第7条第1款第4项的规定。在该案中，法院在确定不当拖延的构成要素时，采用了美洲人权法院和欧洲人权法院的方法，适用了这些法院在其裁决中所确定的因素，即案件的复杂性、所涉程序和司法当局的行为。在“已故诺伯特·宗戈的受益人等诉布基纳法索案”中，[118]法院裁定布基纳法索违反了《非洲宪章》第7条的规定。在该案中，申诉人是在布基纳法索被暗杀的4名记者的遗产受益人，他们声称，布基纳法索未能查明案件事实、未起诉暗杀事件的责任人并将其绳之以法。非洲法院认为，提交给法院的事实证明布基纳法索违反了《非洲宪章》第7条规定的公平审判权，因此也违反了《非洲宪章》第1条的规定。

《非洲宪章》第7条和第26条规定都与司法程序有关，因此这两个条款之间存在联系。《非洲宪章》第26条规定，各国有义务保证法院的独立性，并允许建立健全适当的国家机构，促进和保护《非洲宪章》所保障的权利和自由。在“人权律师诉斯威士兰案”中，[119]非洲委员会就《非洲宪章》第26条的适用问题发表了意见。该案涉及斯威士兰索伯胡赛(Sohbhuza)国王签发的一份授予国王自身立法、行政和司法权的声明。申诉人称，国王的行为让斯威士兰人民无法得到有效的司法救济，这违反了《非洲宪章》。非洲委员会指出：

> 122 1973年《宣言》将罢免法官在内的所有司法权授予国家元首，严重损害了斯威士兰的司法独立。推行三权分立的主要理由

---

[117] Application No. 005/2013.

[118] Application No. 013/2011.

[119] Communication No. 251/2002 (2005).

> 是确保任何政府机构都不会过于强大并滥用权力。三个政府机构——行政、立法和司法机构之间的权力分离，确保了三个政府机构之间的制衡。通过将三个政府机构的所有权力集中到一个人身上，三权分立原则就受到了破坏，并会被滥用。[120]

正如非洲委员会在其判决中所指出的那样，尽管非洲委员会给作为被告的斯威士兰发了若干信函，但斯威士兰没有作出回复。因此非洲委员会判决该国国王的行为违反了《非洲宪章》第 26 条的规定。[121]

《非洲宪章》第 8 条涉及良心和宗教自由。令人遗憾的是，根据《非洲宪章》第 8 条的规定，如果这些权利的行使被认为对法律和秩序构成威胁，那么它们就可能遭到限制，这就给政府当局一个可利用的侵犯被保护权利的借口。但令人鼓舞的是，在其判例中，非洲委员会和法院仅允许在有充分且可信证据证明法律和秩序遭受威胁的情况下，才能对这些权利进行限制。在"免费法律援助小组等诉扎伊尔*案"中，[122]非洲委员会认定，根据《非洲宪章》第 8 条的规定，扎伊尔应当对因宗教信仰而被其迫害的耶和华见证人宗教教派的成员承担责任。非洲委员会指出，扎伊尔政府没有提供任何证据证明该宗教活动威胁法律和秩序从而对其进行迫害是合理正当的。在涉及苏丹的另一项申诉中，非洲委员会同样认定苏丹对待基督徒的方式违反了《非洲宪章》第 8 条的规定。[123] 非洲法院也判决指出，强行驱逐土著群体导致其进入宗教场所受到限制的行为违反了《非洲宪章》第 8

---

[120] Ibid., paragraph 56.

[121] See also Tsatsu Tsikata v. Republic of Ghana, Communication No. 322/06 (2014); Supra, Egyptian Initiative for Personal Rights and Interights v. Arab Republic of Egypt.

* 现为刚果民主共和国，简称刚果(金)，下同。——译者注

[122] Communication Nos. 25/89, 47/90, 56/91, 100/93 (1995) 9th Activity Report.

[123] See Amnesty International, Comité Loosli Bachelard, Lawyers' Committee for Human Rights, Association of Members of the Episcopal Conference of East Africa v. Sudan, Communication Nos. 48/90 - 50/91 - 52/91 - 89/93 (1999).

条的规定。[124] 但是,在“盖瑞斯 · 安瓦尔 · 普林斯诉南非案”中,非洲委员会裁定支持了南非的法律。[125] 申诉人在该案中指控南非法学会,声称南非法学会因申诉人先前曾两次因持有大麻而被定罪所以拒绝其注册,这一行为违反了《非洲宪章》第 8 条的规定。申诉人主张,尽管使用大麻违反了
123 南非法律,但这是他所在的拉斯塔法教(Rastafarian religion)的一项要求。非洲委员会驳回了这一主张,判定南非没有违反《非洲宪章》第 8 条的规定。

就《非洲宪章》第 9 条有关知情权和言论自由的规定,非洲委员会宣布“言论自由是一项基本人权,对个人的自身发展、政治意识和参与本国公共事务至关重要”[126]。在“大赦国际诉赞比亚案”中,[127]非洲委员会认为赞比亚侵犯了“信息获取”的权利,因为赞比亚政府在该案中未能向申诉人提供将其驱逐出境的理由。在“肯尼斯 · 古德诉博茨瓦纳案”中,[128]非洲委员会认为,因一名在其境内合法居住的非本国公民的学者发表自身观点,博茨瓦纳就将其驱逐出境,这一做法“公然违反了《非洲宪章》第 9 条第 2 款的规定”[129]。非洲委员会还认定,尼日利亚军政府颁布法律禁止出版报纸剥夺了公众的信息获取权。[130] 重要的是,非洲委员会在该判决中指出,《非洲宪章》第 9 条没有规定任何可以克减的理由。多年来,非洲委员会为扩大《非洲宪章》第 9 条所规定的权利范围,通过了《关于言论自由权

[124] Supra, African Commission on Human and Peoples' Rights v. Kenya.

[125] See Gareth Anver Prince v. South Africa, Communication No. 255/2002 (2004), 18th Activity Report.

[126] Supra, Media Rights Agenda and Others v. Nigeria, paragraph 54.

[127] Communication No. 212/98 (1999).

[128] Supra, Kenneth Good v. Republic of Botswana.

[129] Ibid., paragraph 200.

[130] Supra, Constitutional Rights Project, Civil Liberties Organisation and Media Rights Agenda v. Nigeria.

的决议》(1992 年)[131]和《非洲言论自由原则宣言》(2002 年)[132],且详细阐述了《非洲宪章》第 9 条的内容。在评论《关于言论自由权的决议》在“盖兹·苏莱曼律师事务所诉苏丹案(二)”中的影响时,[133]非洲委员会指出:

> 在通过《关于言论自由权的决议》时,委员会强调各国政府应特别注意:
>
> ……(2)在规范这一权利的使用时,主管当局不应颁布限制行使这一自由的规定;(3)行使结社自由权利的规定应与《非洲人权和民族权宪章》所规定的国家义务相一致。[134]

在“洛和·以撒·科纳特诉布基纳法索案”[135]中,非洲法院也审议了 124
《非洲宪章》第 9 条的内容。在该案中,申诉人指称,其言论自由遭到了布基纳法索的侵害,后者不仅违反了《非洲宪章》第 9 条的规定,而且还违反了《公民权利和政治权利国际公约》第 19 条和《西非国家经济共同体条约》第 66 条第 2 款第 3 项的规定。申诉人作为一家杂志社的编辑,其撰写和发表的文章指称当地检察官涉嫌某些不当行为。随后,申诉人和另一名记者被指控犯有诽谤、公开侮辱和蔑视法庭等罪名。布基纳法索高等法院判处申诉人 12 个月监禁,杂志社停刊 6 个月,另外申诉人还被判处支付罚款和进行赔偿。申诉人认为,他被据以追诉的法律与《非洲宪章》、《公民权利和政治权利国际公约》和《西非国家经济共同体条约》不一致,特别是在诽谤入罪方面。在初审阶段,申诉人要求其应被许可采取临时措施从监

---

[131] Adopted at the 11th Ordinary Session of the African Commission, 2 – 9 March 1992.

[132] Adopted at the 32nd Session, 17 – 23 October 2002.

[133] See Law Office of Ghazi Suleiman v. Sudan, Communication 228/99 (2003).

[134] Supra, *Resolution on the Right to Freedom of Expression* (1992), paragraph 46. See also Monim Elgak, Osman Hummeida and Amir Suliman (represented by FIDH and OMCT) v. Sudan, Communication No. 379/09 (2014), paragraph 112.

[135] Application No. 004/2013 (2014).

狱释放出来和给予充分的医疗服务。非洲法院认为,言论自由权不是绝对的,对这一权利的限制可由国内法规定,但必须与可适用的国际规范相一致。而且,这种限制必须是为了合法目的,更重要的是,它必须与这一目的相称。在该案中,非洲法院承认,这些限制是法律规定的,而且十分明确。它进一步指出,实行这些限制是为了实现一个合法目的,即已声明的保护治安法官、陪审员和评审员在其履行职责时的荣誉和声誉。但是,非洲法院认为,这些限制与实现合法目的不相称,相称性要求在社会利益与个人自由之间取得平衡,任何限制手段都必须是最低限度的。此外,非洲法院认为,在涉及公众人物的公开言论中,言论自由必须受到更小程度的限制。它特别指出,对损害公众人物声誉的任何惩罚都不得超过对损害普通公民声誉的惩罚。因此,根据法律将诽谤某些公众人物的行为定性为刑事犯罪是不相称和不合理的。非洲法院还认为,布基纳法索未能证明为了保护检察官的声誉,对杂志社进行停刊是必要的和相称的。非洲法院认定,布基纳法索的行为违反了《非洲宪章》第 9 条、《公民权利和政治权利国际公约》第 19 条和《西非国家经济共同体条约》第 66 条第 2 款第 3 项的规定,下令该国修改其法律以符合《非洲宪章》的规定。

《非洲宪章》第 10 条保护个人的自由结社权。该条还规定,除非是
125 为加强社会和民族团结需要,否则禁止强迫加入社团。[136] 在“国际笔会等诉尼日利亚案”中,[137]非洲委员会判决尼日利亚违反了《非洲宪章》第 10 条的规定。该案涉及一个名为“奥戈尼人生存运动”(Movement for the Survival of Ogoni People)的组织。申诉人指称,因为他们在与该运动组织的合作中发表意见,所以受到尼日利亚法院的审判并被判犯有谋杀罪,尼日利亚因此违反了《非洲宪章》第 10 条第 1 款的规定。非洲委员会认为,没有证据证明申诉人与其被指控的谋杀有直接关系。对申诉人定罪的尼

[136] Supra, Mbondeyi, 87.

[137] Supra, International Pen and Others (on behalf of Saro-Wiwa) v. Nigeria.

日利亚法院认为，申诉人因其“奥戈尼人生存运动”的成员身份而对谋杀负有责任，换句话说，他们因属于这一组织而有罪。而且，根据所展示的案件事实，在尼日利亚法院正式判决前，尼日利亚政府官员就多次宣布该运动组织和申诉人有罪。非洲委员会认为，此案事实表明，尼日利亚政府官员对该运动组织及其成员持有明显的偏见，而尼日利亚政府对此拿不出正当理由进行辩解。因此，非洲委员会判决尼日利亚违反了《非洲宪章》第10条第1款的规定，[138]在“民权组织诉尼日利亚案”中，[139]非洲委员会指出：

> 结社自由被确定为一项个人权利，国家对此的首要义务是不得干涉结社自由。对公民而言，必须始终具有在没有国家干预的情况下加入社团以达到各种目的的一般能力。在规范这项权利的使用时，主管当局不应制定限制这种自由行使的条款，也不应凌驾于宪法规定之上或损害宪法和国际人权标准所保障的基本权利。[140]

非洲委员会认定，党禁、[141]禁止政治聚会[142]和因政治见解不同而逮捕政治活动家[143]等行为违反了《非洲宪章》第10条的规定。在“马拉维非洲协会等诉毛里塔尼亚案”中，[144]非洲委员会判定毛里塔尼亚的相关行为违反了该条规定。非洲委员会指出：

---

[138] Ibid. , paragraph 108.

[139] See Civil Liberties Organization v. Nigeria, Communication No. 101/93 (1995).

[140] Ibid. , paragraphs 15 and 16.

[141] See Dawda Jawara v. The Gambia, Communication Nos. 147/95 and 149/96 (2000).

[142] See Supra, Amnesty International and Others v. Sudan.

[143] See Kazeem Aminu v. Nigeria, Communication No. 205/97 (2000).

[144] See Malawi African Association and Others v. Mauritania, Communication Nos. 54/91, 61/91, 98/93, 164/97, 196/97 and 210/98 (2000). See also, supra, Monim Elgak, Osman Hummeida and Amir Suliman (represented by FIDH and OMCT) v. Sudan, paragraph 112.

126 一些阿拉伯社会复兴党的支持者,因被认为是该犯罪组织的成员而入狱。与《宣言》有关的第三个案件中的被告……因被认为是某一秘密运动成员而被指控。但政府没有提供任何证据确定这些团体的犯罪特征或性质。委员会认为,关于结社的法律应包括一个客观的描述,以便能够确定事实或组织的犯罪性质。在审议本案时,委员会认为这些简单的理性要求都没有得到满足,因此毛里塔尼亚违反了《非洲宪章》第10条第2款的规定。[145]

非洲委员会在《关于结社自由权利的决议》中阐述了受《非洲宪章》第10条保护的自由。[146] 该决议用以下条款阐述了这些自由:

(1)主管当局不应凌驾于宪法规定之上或损害宪法和国际人权标准所保障的基本权利;

(2)在规范这一权利的使用时,主管当局不应颁布限制行使这一自由的规定;

(3)行使结社自由权的规定应与《非洲人权和民族权宪章》规定的国家义务相一致。

就此而言,非洲法院在其合并审理的"坦噶尼喀法学会、法律与人权中心和克里斯托弗·姆提卡拉诉坦桑尼亚案"[147]中审议了《非洲宪章》第10条。该案涉及坦桑尼亚的宪法修正案,该修正案据指称有禁止独立候选人参加竞选的情形。申诉人主张,该修正案侵犯了他们享有的结社自由、参与公共事务、不受歧视和"法治"等权利。但坦桑尼亚认为,这种安

---

[145] Ibid., paragraph 107.

[146] See *Resolution on the Right to Freedom of Association*, ACHPR /Res. 5(XI)92, (1992).

[147] Application Nos. 009 and 011/2011 (2013).

排是促进民族团结统一所必需的。与其关于言论自由权的判决相似,非洲法院指出,对结社自由权的任何限制应当是必要的,且应与国家追求的合法目标相称,这就要求在社会需要和个人权利之间实现平衡。在审议本案事实之后,非洲法院认为,该修正案禁止独立候选人参加竞选与坦桑尼亚所表达的需要不相称。非洲法院进一步认定,本案的事实还表明,坦桑尼亚违反了《非洲宪章》第 13 条第 1 款参与政府管理的权利,而且,通过综合 127
考虑《非洲宪章》第 10 条第 2 款(不被强迫加入社团的权利)、第 27 条第 2 款(个人和集体权利)和第 29 条第 4 款(与社会和国家团结有关的个人义务)的规定,非洲法院认为,结社自由包含结社与不结社的权利。通过限制独立候选人参与竞选并暗示其寻求某政党的赞助,坦桑尼亚侵害了结社自由这一权利。非洲法院还判定,作出该安排的理由是个人的"政治或任何其他意见",这对个人具有歧视性,因此违反《非洲宪章》第 2 条禁止歧视和第 3 条法律的平等保护的规定。非洲法院命令坦桑尼亚采取必要措施改正其违法行为,并向非洲法院通报在这方面所采取的措施。

非洲委员会还审议了涉及《非洲宪章》第 11 条规定的案件,该条保障集会自由,规定该自由"仅受法律规定的必要限制,特别是那些为了国家治安、安全、道德及他人的权利和自由而制定的法律的限制"。非洲委员会在"国际法学家委员会诉多哥案"中认定,多哥军方在和平示威中开枪射击示威者的行为违反了该条规定。[148] 在"凯文·姆旺加·冈梅等诉喀麦隆案"中,[149]喀麦隆政府被指控任意逮捕、拘禁、采用酷刑、伤害并杀害了一些主张喀麦隆南部自决的人士。非洲委员会指出,已有足够的证据证明喀麦隆政府违反了《非洲宪章》第 11 条的规定。非洲委员会对《非洲宪章》第 11 条规定持以下立场:

---

[148] Communication No. 91/91 (1994).

[149] Communication No. 266/03 (2009).

> 委员会不能容忍个人或组织为政治目标而实施的非法行为,因为这种行为或其后果很可能违反《非洲宪章》的相关规定。委员会鼓励个人和组织的集会自由在国内法律框架内行使,但这一要求并不免除缔约国在维护法律和秩序的同时保障集会自由的义务。本案被申诉方承认,它拘禁了示威者,为执行法律、维护秩序过度使用了武力,并导致部分示威者丧生。因此,委员会认为其行为违反了《非洲宪章》第 11 条的规定。[150]

《非洲宪章》第 12 条保障迁徙和居留自由,规定了人们具有离开任何国家与返回原籍国或居住国的权利。该条还进一步规定了人们具有遭受
128 迫害时寻求和获得庇护的权利,并禁止法外驱逐和大规模驱逐,但该条一般受各国国内法的限制。与其他国际人权文件相比,寻求和获得庇护的权利在非洲法律秩序中具有独特性。[151] 该条款似乎已将 1969 年《非洲统一组织关于非洲难民问题某些特定方面的公约》纳入《非洲宪章》,该公约禁止将个人送回其生命、身体健康或自由可能受到威胁的国家。[152] 在"非洲保护人权会议诉赞比亚案"中,[153]塞内加尔的一个非政府组织代表 517 名据称被非法驱逐出赞比亚的西非人提出申诉。在被驱逐之前,这些人中的大多数人都已被行政拘留达两个月以上。在此过程中,这些西非人不仅失去了在赞比亚的所有财产,而且很多人还与其赞比亚家人分离。非洲委员会认为,将这些人员大规模驱逐出境,包括任意拘禁和剥夺其诉权,违反了《非洲宪章》第 12 条第 5 款的规定。非洲委员会还认定,公民被剥夺身份

---

[150] Ibid., paragraph 138.

[151] Supra, Killander, 396.

[152] See Organisation of African Unity, *Convention Governing the Specific Aspects of Refugee Problems in Africa*, 10 September 1969, U. N. T. S No. 14691. Available at: www.unhcr.org/uk/about-us/background/45dc1a682/oau-convention-governing-specific-aspects-refugee-problems-africaadopted.html, accessed 24 November 2017.

[153] Supra, Rencontre Africaine pour la Défense des Droits de l'Homme v. Zambia.

证件并因此受到公共当局的骚扰也违反了第 12 条的规定。[154] 此外,引起个人的恐惧以至于其不敢返回母国同样违反了第 12 条的规定。[155]

《非洲宪章》第 13 条保障了政治参与权。该条款保护“每个公民”“根据法律规定直接或通过自由选择的代表自由参加本国政府管理的权利”。它进一步规定了“每个个人”平等获得公共财产和服务的权利。但是,《非洲宪章》第 13 条将参与政府管理的权利主体限制为本国公民,而不包括非本国公民,尤其是非本国公民中的来自其他会员的永久居民。在“宪法权利项目和民权组织诉尼日利亚案”中,[156]当时的尼日利亚军政府在投票过程中宣布取消民主选举,并停止发布选举结果,非洲委员会认为该军政府的行为违反了《非洲宪章》第 13 条的规定。非洲委员会还认为,在军事政变后对前任部长和议员实行禁令,侵害了《非洲宪章》第 13 条第 1 款所规 129
定的自由参加本国政府管理的权利。[157] 在“公开社会正义倡议诉科特迪瓦案”中,非洲委员会认定,科特迪瓦的宪法条文和其作出的司法判决,导致迪乌拉群体无法获得科特迪瓦国籍,并被限制参与科特迪瓦的政治进程,因此违反了《非洲宪章》第 13 条规定。[158] 非洲委员会在“加丹加人民族议会诉扎伊尔案”[159]中提出,违反《非洲宪章》第 13 条可能是对规定人民自决权利这一更具争议权利的第 21 条作出判决的基础。但在此案中,非洲委员会没有对此推理并进行详细探讨。

《非洲宪章》第 14 条保护了财产权,这也被认为是一项经济、社会和文化权利。[160] 除非为了公共需要或者整个社会的利益并依照适当的法律

---

[154] Supra, Open Society Justice Initiative v. Côte d'Ivoire, paragraph 161.

[155] Supra, Osman Hummeida and Amir Suliman (represented by FIDH and OMCT) v. Sudan, paragraph 126.

[156] Communication No. 102/93 (1998).

[157] Supra, Dawda Jawara v. The Gambia.

[158] 参见第七章。

[159] Communication No. 75/92 (1995).

[160] 参见第七章。

规定，否则该权利不受侵犯。在“非洲人权联盟和国际人权联盟联合会等诉安哥拉案”中，[161]非洲委员会提出，安哥拉在未提供任何机会以对驱逐令提出异议的情况下，就将非本国公民大规模驱逐出境，导致其丧失财产，这违反了《非洲宪章》第 14 条规定。在另一案件中，非洲委员会指出，在没有搜查令的情况下搜查非政府组织的房舍，随后又在没有明显的“公共需要或群体利益”的情形下将其没收，这也违反了《非洲宪章》第 14 条规定。[162] 在“国际人权法律保护中心、非洲人权与发展研究所以及毛里塔尼亚人权协会诉毛里塔尼亚案”中，[163]非洲委员会指出，国家有责任证明，申诉人的财产是出于公共利益或根据任何既定法律而被没收的；如果国家不能证明这一点，那么其没收财产是一种违反《非洲宪章》第 14 条规定的任意行为。非洲委员会进一步认定，如果国家不能保护受害者不被驱逐出其房屋或不被民兵组织拆毁房屋，那么也违反了《非洲宪章》第 14 条规定。[164]同样地，在“迪诺·诺卡诉刚果民主共和国案”中，[165]刚果民主共和国当局接管了意大利人的财产并分配给第三方，虽然其接管行为符合其国内法的要求，但非洲委员会认定这违反了《非洲宪章》第 14 条规定。[166]

130 本章小结

综上所述，与《非洲宪章》保障的其他权利相比，公民权利和政治权利似乎产生了重大影响。非洲委员会在解释《非洲宪章》中有关公民权利和政治权利的条款并将其适用于会员活动方面发挥了关键作用。非洲委员

[161] Communication No. 159/96 (1997).

[162] See Huri-Laws v. Nigeria, Communication No. 225/98(2000).

[163] Supra, Interights, Institute for Human Rights and Development in Africa, and Association Mauritanienne des Droits de l'Homme v. Islamic Republic of Mauritania, paragraph 46.

[164] See Sudan Human Rights Organisation v. The Sudan, Communication 296/05 and Centre on Housing Rights and Evictions v. The Sudan, Communication No. 296/05 (2010), paragraph 205.

[165] See Dino Noca v. Democratic Republic of the Congo, Communication No. 286/04 (2012).

[166] Ibid.

会的做法对会员理解、实施和执行人权规范有重要影响,其判例有助于在非洲大陆内统一公民权利和政治权利的标准。虽然非洲委员会的判例有时不够有力,不足以明确《非洲宪章》条款的范围,但是非洲委员会的工作为非盟构建这一领域的新法律秩序奠定了基础。非洲法院的成立意义重大,因为该法院有可能在这一领域推动非盟法的发展。与非洲委员会不同,非洲法院拥有完全的司法权,其判决对会员具有约束力。迄今,非洲法院就实体问题作出判决的案件很少,但这些案件表明,非洲法院正在整合并逐步细化非洲委员会的判例。值得注意的是,与非洲委员会的判决相比,非洲法院的判决似乎更有约束力。非洲法院的设立是非盟法的一个可喜进展,但值得注意的是,非盟正逐渐地以一个大体相似但具有更广泛管辖权的法院取代该法院。

131

第七章　非洲联盟法中的经济、社会、文化权利和团体权利

本章着重讨论非洲法律秩序中的经济、社会、文化权利和特有的团体权利。一般认为,《非洲宪章》是首部同时规定和保护三代人权的国际人权条约,这三代人权即公民权利和政治权利,经济、社会和文化权利(economic, social and cultural rights)以及群体与民族权利。这些权利具有同等地位,这在非盟法律秩序内已形成共识。因此,这三代人权在可诉性与可执行性上并无区别。《非洲宪章》明确承认一些特定权利可以列入经济、社会和文化权利的范围,①这些权利包括财产权(第 14 条),在平等且良好条件下工作的权利(第 15 条),身心健康权(第 16 条),受教育权、家庭权和文化权(第 17、18 条和第 61 条)。《非洲宪章》第 19 条至第 24 条保护了群体权利,在某种程度上群体权利可被认为是群体的经济、社会、文化权利,包括自决权、自由处置财富与自然资源的权利、发展权、和平与安全的权利以及与环境有关的权利。与公民权利和政治权利相似,经济、社会和文化权利通过嗣后颁布的一些国际文件进行了细化补充。这些国际文件的保护对象是一些特定群体,通常是弱势群体。这些文件包括《非洲儿童权利和福利宪章》、《马普托议定书》、《非洲青年宪章》、《非洲联盟保护和援助国内流离失所者公约》、《委员会关于经济、社会和文化权利的准

① See M. Ssenyonjo ed., *The African Regional Human Rights System*: 30 *Years after the African Charter on Human and Peoples' Rights*, Martinus Nihoff Publishers, 2012, p.55.

则和原则》（以下简称《委员会准则》）。但必须承认的是，与公民权利和政治权利相比，这些权利的实现情况不容乐观。② 本章将探讨作为非盟法渊源的、与这些权利相关的且还在发展的司法判例及其对会员的影响。

一、非盟法律秩序下经济、社会和文化权利的形成 132

非洲委员会受理了大量主张经济、社会和文化权利受到侵犯的案件，因此非洲委员会有不少机会对经济、社会和文化权利进行审议并提出意见。但与公民权利和政治权利条款相比，案件当事人对经济、社会和文化权利条款的援引要少得多。这有很多原因，非洲委员会自身就是原因之一，它被指责在其宣传活动中更加重视公民权利和政治权利。③ 而且，因为经济、社会和文化权利所产生的附带责任及对国家预算的财政影响，会员通常没有多大兴趣行使经济、社会和文化权利。④ 还有，许多会员在相当长的时间内都认为经济、社会和文化权利是不可诉的。此外，在起草《非洲宪章》中的经济、社会和文化权利条款时使用了宽泛笼统的措辞，这也不利于对经济、社会和文化权利的保护。

经济、社会和文化权利条款的一个共同特点是，它们在内容、受益人和实施手段等方面规定得不够具体。不过有人指出，这种模糊的规定方式，也许是这些条款的起草者有意为之，目的是让会员在行使这些权利时有一定的灵活性。⑤ 这种模糊的规定方式，要求非洲委员会采取一种创新的方式处理与经济、社会和文化权利相关的事务。非洲委员会起初对胜诉方进行赔偿并没有多大兴趣，因为它更多地把自己定位为争端双方开展建设性对话的促进者。然而，这种做法被认为并不充分，因为它没有考虑到争端

② See M. Ssenyonjo, *The Protection of Economic, Social and Cultural Rights under the African Charter*, in D. M. Chirwa and L. Chenwi, The Protection of Economic, Social and Cultural Rights in Africa, Cambridge University Press, 2016, p. 91 – 121.

③ Ibid., p. 57.

④ Ibid., p. 60.

⑤ Ibid., p. 59.

中的国家与个人申诉方之间在谈判能力上的悬殊。[6] 在之后的案件中，非洲委员会更倾向于采取救济措施。从 2001 年之前的案例来看，非洲委员会起初并不愿对经济、社会和文化权利的内容、范围和适用进行充分发展。但是，研究其 2001 年之后的案例，可以发现非洲委员会的做法已经发生了转变，其开始有目的地对这些权利进行充分发展。例如，非洲委员会不断从国际人权司法实践中汲取灵感，以加深其在这些条款分析推理上的深度。[7]

除财产权外，经济、社会和文化权利的行使不受其他特定权利的限制，这一点也很重要。然而，这些权利仍然受《非洲宪章》第 27 条第 2 款的一
133 般性限制。非洲委员会宣称，第 27 条第 2 款是对《非洲宪章》所保护的权利进行限制的唯一合法依据；对《非洲宪章》权利的任何限制都不能以“公共意志”为由证明其正当性。[8] 此外，在司法判例中，非洲委员会认定，对受保护的权利施加任何限制，必须是基于合理需要，应达到“严格的相称性”和“绝对的必要性”，而且应采用限制性最少的措施，[9]并且不得对经济、社会和文化权利进行任何减损。[10]

在非洲，财产权的行使面临许多挑战，包括在会员内财产权普遍缺乏保障、在财产权上广泛存在性别歧视、政府干预频繁等。为应对这些挑战，《非洲宪章》规定了第 14 条。但如上所述，与其他经济、社会和文化权利

---

⑥ See M. Ssenyonjo, *The Development of Economic, Social and Cultural Rights under the African Charter on Human and Peoples' Rights by the African Commission on Human and Peoples' Rights* (2015) 4 (2) International Human Rights Law Review 147, 158.

⑦ Ibid., p. 157, 159.

⑧ See Legal Resources Foundation v. Zambia, ACHPR, Communication No. 211/98 (2001).

⑨ See Centre for Minority Rights Development (Kenya) and Minority Rights Group (on behalf of Endorois Welfare Council) v. Kenya, ACHPR, Communication No. 276/03 (2009).

⑩ Supra, M. Ssenyonjo (2015), 147, 152 – 153.

条款一样,《非洲宪章》第 14 条也使用了宽泛的语言。在《委员会准则》中,[11]第 53、54 条指出了财产权的这种宽泛性质。当非洲委员会终于有机会对这项权利进行审议时,它也只是对其规范性内容作了最低限度的解释。尽管如此,我们依然可以从非洲委员会的判例中获知财产权的构成要素。在“宪法权利项目、公民自由组织和媒体权利议程诉尼日利亚案”中,[12]非洲委员会指出,《非洲宪章》第 14 条所规定的财产权包括公民对自己财产的获取权和他人不得对其财产进行转移、侵犯和侵占。[13] 在“马拉维非洲协会等诉毛里塔尼亚案”中,[14]非洲委员会指出,根据《非洲宪章》第 14 条规定,“财产”包括“土地”。需特别指出的是,非洲委员会还认为,如果某个“民族”或集体是非洲的土著居民,那么他们可以成为财产的持有人。[15] 因此,根据非洲委员会的判决,《非洲宪章》第 14 条所规定的财产权包括集体或共有权利,但其受到与个人权利同样的限制。而且,土地上的 134
自然资源也可以成为“民族”所享有权利的客体。其理论依据是,非盟法律秩序承认一个民族传统上对土地可能形成的强烈依附关系。因此,若要胜诉,申述方须证明其为对土地有强烈依附关系的土著居民。[16] 例如,在

---

⑪ See *Guidelines and Principles on the Implementation of Economic, Social and Cultural Rights in the African Charter on Human and Peoples' Rights*, adopted 24 October 2011, ACHPR, available at: www. achpr. org/instruments/economic-social-cultural, accessed 11 April 2018.

⑫ See Constitutional Rights Project, Civil Liberties Organisation and Media Rights Agenda v. Nigeria, ACHPR, Communication Nos. 140/94, 141/94 and 145/95 (1999); See also, John K. Modise v. Botswana, ACHPR, Communication No. 97/93 (2000).

⑬ See Zimbabwe Lawyers for Human Rights & Associated Newspapers of Zimbabwe v. Zimbabwe, ACHPR, Communication No. 284/03 (2009); Also see Association of Victims of Post Electoral Violence & Interights v. Cameroon, ACHPR, Communication No. 272/03 (2009).

⑭ See Malawi African Association and Others v. Mauritania, ACHPR, Communication Nos. 54/91, 61/91, 98/93, 164/97,196/97 and 210/98 (2000).

⑮ See Front for the Liberation of the State of Cabinda v. Republic of Angola, ACHPR, Communication No. 328/06 (2013).

⑯ Ibid.

“肯尼亚努比亚社区诉肯尼亚共和国案”中,[17]有证据表明在肯尼亚居住的努比亚人(最初是英国殖民当局在军事行动中使用的苏丹士兵)是由英国人于1904年安置于基贝拉居民点的。安置于该居民点的每个人都被许可居住和建造房屋,虽然没有明确的法定所有权,但大家都认为基贝拉就是他们的家园,他们在这里已经生活了1个多世纪。然而,由于他们对基贝拉没有明确的法定所有权,所以基贝拉被政府和其他权贵所侵占。肯尼亚政府声称基贝拉的土地归其所有,因此它常常未经通知、补偿或赔偿就将努比亚人驱逐出基贝拉。而且,肯尼亚政府也未能为其行为提供任何令人信服的基于公共利益的理由。在该案中,非洲委员会依据所提供的事实作出判决,指出肯尼亚的努比亚人已经与基贝拉建立了不可分割的联系,基贝拉就是他们唯一的家园。基于《非洲宪章》第14条的规定,非洲委员会认为肯尼亚政府侵犯了努比亚人的财产权利。

在“非洲人权和民族权委员会诉肯尼亚案”中,非洲法院也采取了与非洲委员会类似的处理方式。在该案中,非洲法院同样认定肯尼亚政府违反了《非洲宪章》第14条的规定。[18] 由于该案是非洲法院关于土著居民权利的第一个判例,因而具有里程碑式的意义。该案与奥吉克人(Ogieks)有关,这是一个约由两万人组成的群体,位于肯尼亚中部裂谷的茂森林(Mau Forest)地区。肯尼亚的一个政府机构——肯尼亚林业局于2009年下达驱逐令,要求奥吉克人在30天内离开该地区。肯尼亚林业局给出的驱逐理由是,该森林属于储备集水区,奥吉克人在此生活会引发环境方面的问题。肯尼亚林业局还声称这片森林属于国有资产。奥吉克人主张,肯尼亚政府的驱逐决定是在未与其商议的情况下作出的,而且,肯尼亚政府在作出该决定时未考虑奥吉克人作为土著居民与这块土地之间已经形成的联系。

---

[17] See The Nubian Community in Kenya v. The Republic of Kenya, ACHPR, Communication No. 317/06 (2016).

[18] Application No. 006/2012 (2017).

在处理这一案件时，非洲法院首先要判断奥吉克人是否属于《非洲宪章》所保护的“土著居民”。受非洲委员会土著居民与群体工作小组、[19]联 135
合国少数群体问题特别报告员[20]的启发，并基于历史证据，非洲法院认为奥吉克人属于土著居民群体，他们“是肯尼亚人民的组成部分，具有特殊的地位，因其脆弱性需对其进行特别保护”[21]。根据奥吉克人长期且不受干扰地使用茂森林地区的事实证据，非洲法院认为奥吉克人有权对这片世代相传的土地进行占有。因此，除因《非洲宪章》第 14 条所规定的“公共需要”之外，奥吉克人的土地不应被剥夺。肯尼亚政府辩称其驱逐奥吉克人是基于保护森林自然生态系统的需要，但是非洲法院认为，肯尼亚政府并未提供令人信服的证据。因此，非洲法院判定其违反了《非洲宪章》第 14 条的规定。

在“姆比安科 · 热内维耶夫诉喀麦隆案”中，[22]申诉人是喀麦隆公民，同时也拥有法国国籍且居住于法国。申诉人及其丈夫在喀麦隆首都雅温得购买了一块土地，这笔交易在雅温得一家律师事务所的代理之下完成，喀麦隆当局也签发了证明这笔交易的文件。然而，当这对夫妇准备在这块土地上建房时，喀麦隆当局却出面阻止，声称这块土地归政府所有。申诉人指称，政府及其代理人随后当面对他们实施了数次恐吓、欺凌和破坏财产的行为。申诉人认为，政府实施这些行为是为了逼迫其离开这块土地。申诉人的丈夫试图将此事告知警方，却遭到警方的殴打。之后申诉人的丈夫被告知，他们夫妇对这块土地的所有权证书已被政府撤销，这块土地已被转让给他人。这对夫妇试图在喀麦隆寻求司法救济，但没有得到回应。

---

⑲ See *Advisory Opinion of the African Commission on Human and Peoples' Rights on the United Nations Declaration on the Rights of Indigenous Peoples*, adopted by The African Commission on Human and Peoples' Rights at its 41st Ordinary Session held in May 2007 in Accra, Ghana.

⑳ See *Report of the Special Rapporteur of the Sub-Commission on Prevention of Discrimination and Protection of Minorities*, E/CNA/Sub. 2/1986/7/AddA.

㉑ Paragraph 122.

㉒ See Mbiankeu v. Cameroon, ACHPR, Communication No. 389/10 (2015).

非洲委员会指出，根据本案当事人所提交的证据，喀麦隆当局没有以群体利益或公共需要为由否认申诉人的财产权，而群体利益或公共需要是《非洲宪章》第 14 条所允许的例外条件。因此，非洲委员会认为，本案有待决定的问题是，本案标的是否属于《非洲宪章》所规定的财产范畴，以及本案申诉人对该财产是否享有必需的法律权利。非洲委员会承认，在之前的判例中其未对《非洲宪章》第 14 条所规定的“财产”进行明确定义，但非洲委员会进一步说明，“财产权通常被理解为，对某物的排他性和绝对性的使
136 用、占有与处置的权利，其仅受法律规定的限制”。通过援引其对“马拉维非洲协会等诉毛里塔尼亚案”[23]的判决，非洲委员会认为，土地及其之上的任何建筑物都属于《非洲宪章》第 14 条所指的财产。之后，非洲委员会认定，依据国内法和国际法，有效的土地证书可以作为财产所有权的证明。最后，非洲委员会认为本案中申诉人的土地证书具有法律效力，喀麦隆政府撤销该证书的行为与《非洲宪章》第 14 条的规定不符，因此侵犯了申诉人的财产权。

在该案中，申诉人还提出了另一种有趣且巧妙的理由。他们主张，他们购买土地的目的是建造家庭用房，喀麦隆当局的行为构成了对《非洲宪章》第 14 条（财产权）、第 16 条（身心健康权）和第 18 条（家庭权）进行合并理解而得出的“住房权”的侵犯。非洲委员会指出，若要确定此权利是否存在，需要从三个角度对《非洲宪章》第 14 条进行解读。第一，财产权必然包含其他相关的权利；第二，此项权利还受到“从权利附属于主权利”的限制；第三，《非洲宪章》所规定的权利及其行使方式是相互依存的。非洲委员会在对先前判例进行审查之后认为，住房权在非盟法律秩序中是存在的，喀麦隆当局的行为构成了对此项权利的侵犯。

在解释《非洲宪章》第 14 条的规定时，非洲委员会引入了两项原则，对该条在规范内容上的空白进行了填补。第一项原则是所有权与和平享

---

[23] Supra, Malawi African Association and Others v. Mauritania.

有财产原则,第二项原则涉及国家以公共利益为由进行干涉时所需的条件。[24] 在“国际人权法律保护中心、非洲人权与发展研究所以及毛里塔尼亚人权协会诉毛里塔尼亚案”中,非洲委员会认为:

> 财产权主要包含两项原则,在对本条进行分析时应遵循这两项原则。第一项是所有权与和平享有财产原则,这是一项一般性原则。第二项原则规定了剥夺财产权的可能性与条件。《非洲宪章》第14条承认,国家在特定情况下,可以出于公共利益或一般利益的目的,通过实施为该目的所必需的法律,对财产权的行使进行限制。[25]

之后的非洲人权相关文件对财产权利进行了细化扩充。例如,《马普 137
托议定书》要求会员必须采取法律措施保障已婚妇女的财产权和自由管理其财产的权利。[26] 该议定书还规定,在分居、离婚或婚姻无效的情况下,夫妻双方有平等分割共同财产的权利。[27] 同样,该议定书第21条还规定了丧偶妇女的继承权应受到保护。[28]

《非洲宪章》第15条规定了“人人有权在平等良好的条件下工作,并享受同工同酬的待遇”。在《委员会准则》中,非洲委员会指出,《非洲宪

---

[24] See Interights, Institute for Human Rights and Development in Africa, and Association Mauritanienne des Droits de l'Homme v. Islamic Republic of Mauritania, ACHPR, Communication No. 373/2009 (2010); supra, Malawi African Association and Others v. Mauritania; Centre on Housing Rights and Evictions v. The Sudan, ACHPR, Communication Nos. 279/03 and 296/05 (2009).

[25] Supra, Interights, Institute for Human Rights and Development in Africa, and Association Mauritanienne des Droits de l'Homme v. Islamic Republic of Mauritania, paragraph 46.

[26] See African Union, *Protocol to the African Charter on Human and Peoples' Rights on the Rights of Women in Africa*, adopted on 11 July 2003, Article 6 and Article 19.

[27] Ibid., Article 7.

[28] Supra, Ssenyonjo, 2015, 147, 161.

章》第15条规定的工作权并非绝对且无条件的就业权利,国家在这方面的义务是“在保障个人尊严的前提下,通过创造有利于个人在社会中充分就业的环境,促进就业”[29]。按照非洲委员会的说法,《非洲宪章》第15条在广义上包含就业的权利和不得被不公平解雇的权利。在“津巴布韦人权律师和津巴布韦联合报业诉津巴布韦案”中,[30]津巴布韦没有正当理由关闭了申诉方的企业,非洲委员会认为津巴布韦的行为违反了《非洲宪章》第15条的规定。同样,在“莫尼姆·埃尔加克、奥斯曼·哈梅达和阿米尔·苏利曼诉苏丹案”中,[31]非洲委员会认为,苏丹关闭喀土穆人权和环境发展中心以及在没有正当理由的情况下冻结该中心的账户,造成了申诉人收入的损失。非洲委员会认定,这种不合理的干涉行为违反了《非洲宪章》第15条的规定。而且,非洲委员会在“安妮特·帕格努尔诉喀麦隆案”中,[32]判决本案所涉的工作权利遭到侵犯。在该案中,申诉人因涉嫌对其被指控参与针对本国政府政变的弟弟提供帮助,在未经正当程序的情况下被监禁了5年,虽然获得了特赦,但他作为治安法官的职务却未能恢复。非洲委员会认为拒绝恢复其职务的行为违反了《非洲宪章》第15条的规
138 定。与此相似,在“公开社会正义倡议诉科特迪瓦案”中,[33]非洲委员会认为,如果某一种族的人因其种族而被宣布不具有担任某些公职的资格,或因此职务得不到晋升,那么就会认定该行为违反了《非洲宪章》第15条的规定。

㉙ Supra (note 11), Commission's Guidelines, see paragraph 58; Also see Monim Elgak, Osman Hummeida and Amir Suliman (represented by FIDH and OMCT) v. Sudan, ACHPR, Communication No. 379/09 (2014).

㉚ See Zimbabwe Lawyers for Human Rights & Associated Newspapers of Zimbabwe v. Zimbabwe, ACHPR, Communication No. 284/03 (2009).

㉛ Supra, Monim Elgak et al. (represented by FIDH and OMCT) v. Sudan.

㉜ See Annette Pagnoulle (on behalf of Abdoulaye Mazou) v. Cameroon, ACHPR, Communication No. 39/90 (1997).

㉝ See Open Society Justice Initiative v. Côte d'Ivoire, ACHPR, Communication No. 318/06 (2015).

《非洲宪章》第16、17条保护健康权与受教育权。非洲委员会在许多案件中都发现这些权利受到了侵犯,但其对这两个条款的规范性内容却很少作出解释。《委员会准则》指出,健康权包括对个人健康和身体的控制权,此外还包括不被影响健康的行为干扰的权利。[34] 非洲委员会认定,当个人被国家监禁时,这项权利更应被遵守,而且国家有义务确保这一遵守。[35] 如果被监禁者健康状况不佳,又因医药不及时而导致其身体虚弱,则应当认定该国侵犯了此项权利。[36] 在"免费法律援助小组等诉扎伊尔案"中,[37]扎伊尔被指控对公共财政管理不善、政府提供基本服务不力、药品供应短缺和关闭教育机构等,非洲委员会认为这些行为违反了《非洲宪章》第16、17条的规定。[38]

值得指出的是,非洲委员会在"SERAC诉尼日利亚案"中,[39]对《非洲宪章》第16条和第24条采取了更加有力的解释方式。在该案中,两个非

---

[34] Ibid., paragraphs 64 and 65.

[35] See Media Rights Agenda, Constitutional Rights Project, Media Rights Agenda and Constitutional Rights Project v. Nigeria, Communication Nos. 105/93, 128/94, 130/94 and 152/96 (1999), paragraphs 68 and 69.

[36] Supra, Monim Elgak et al. (represented by FIDH and OMCT) v. Sudan, paragraph 137.

[37] See Free Legal Assistance Group and Others v. Zaire, ACHPR, Communication Nos. 25/89, 47/90, 56/91, 100/93 (1995).

[38] Also see International Pen and Others (on behalf of Saro-Wiwa) v. Nigeria, ACHPR, Communication Nos. 137/94, 139/94, 154/96 and 161/97 (1998); Union Inter Africaine des Droits de l'Homme, Federation Internationale des Ligues des Droits de l'Homme and Others v. Angola, ACHPR, Communication No. 159/96 (1997); International PEN, Constitutional Rights Project, Civil Liberties Organisation and Interights (on behalf of Ken Saro-Wiwa Jnr.) v. Nigeria, ACHPR, Communication Nos. 137/94, 139/94, 154/96 and 161/97 (1998).

[39] See D. Shelton, *Decision Regarding Communication* 155/96 (*Social and Economic Rights Action/ Center for Economic and Social Rights v. Nigeria*). *Case No. ACHPR/ Comm.* A044/1, (2002) 96 (4) The American Journal of International Law 937; F. Coomans, *Case Comment: The Ogoni Case before the African Commission on Human and Peoples' Rights* (2003) 52 (3) International and Comparative Law Quarterly 749; J. C. Nwobike, *The African Commission on Human and Peoples' Rights and Demystification of Second and Third Generation Rights under the African Charter: Social and Economic Rights Action Center (SERAC) and the Centre for Economic and Social Rights (CESR) v. Nigeria*, (2004 – 2005) 1 (2) African Journal of Legal Studies 129.

政府组织，即社会和经济权利行动中心、经济和社会权利中心，向非洲委员会提交了一份文件，该来文针对尼日利亚政府和壳牌国际的子公司壳牌石油开发公司（Shell Petroleum Development Corporation）提出指控，后者与尼日利亚国家石油公司（Nigerian National Petroleum Corporation）组成联
139 营企业。[40] 该来文声称，尼日利亚政府通过尼日利亚国家石油公司参与石油生产，并指控壳牌石油开发公司的行为给奥戈尼（Ogoni）地区带来了健康问题。来文进一步指控，在开采石油时，石油联营企业全然不顾当地社区的环境问题，违反国际标准将有毒废物排入自然环境和当地水道。该来文指出，壳牌石油开发公司的行为污染了水源、土壤和空气，在长短期内，都对健康造成了严重影响；尼日利亚政府通过将法律相关权力和军事权力交由这些石油公司支配，纵容并助长了这些违法行为。该来文还指控尼日利亚政府未对这些石油公司的行为进行监管，不进行环境影响评价，阻止独立科学家开展这类研究，也不向当地社区公开石油生产信息。

尼日利亚政府未对这一申诉的实体内容提出异议，它承认："这些石油公司在奥戈尼地区和尼日尔河三角洲，已经而且还在实施许多暴行，这是不可否认的事实。"[41]但尼日利亚政府声称，它正在采取补救措施以纠正这种情况。在其判决中，非洲委员会强调各国在保护人权方面负有首要责任，认为非洲各国政府有义务监督和控制国内公司与跨国公司的行为。[42]而且，非洲委员会还强调非洲各国应确保尊重经济、社会和文化权利。非洲委员会在参照其早先在"青年律师联盟诉乍得案"中的判决，[43]美洲人权

[40] See The NNPC is a Nigerian State-owned corporation created under the Nigerian National Petroleum Decree No. 33 of 1977.

[41] Social and Economic Rights Action Centre (SERAC) and The Centre for Economic and Social Rights (CESR) v. Nigeria, ACHPR, Communication No. 155/96 (2001), paragraph 42.

[42] See also, Supra, Shelton (2002) at 941.

[43] See Union des Jeunes Avocats v. Chad, ACHPR, Communication No. 74/92 (1995); *Ninth Annual Activity Report of The African Commission on Human and Peoples' Rights* 1995 – 1996, 32nd Ordinary Session, 7 – 10 July 1996, ACHPR/AHG/207 (XXXII).

法院在“维拉斯克斯·罗德里格斯诉洪都拉斯案”的判决,㊹以及欧洲人权法院在“X和Y诉荷兰案”的判决后,㊺指出各国政府有责任通过适当立法以及有效执法保护其公民,并保护他们不受私人主体破坏性行为的侵害。㊻

非洲委员会对尼日利亚政府处理其与这些石油公司关系的方式进行了谴责,指出尼日利亚政府并未根据实际情况采取必要的措施;㊼尼日利 140
亚政府还为侵害社区的行为提供了便利,也为私人主体,特别是为壳牌石油开发公司“开绿灯”,这严重影响了奥戈尼人的福祉。㊽ 非洲委员会认为:

> 尼日利亚政府违背其义务,为对奥戈尼地区的侵害行为提供了便利。尼日利亚政府无视国际公认的原则,为私人主体,特别是为壳牌石油开发公司“开绿灯”,这严重影响了奥戈尼人的福祉。不管以何种标准衡量,尼日利亚政府的行为都未达到政府应尽义务的最低行为标准,因此违反了《非洲宪章》。㊾

在“苏丹人权组织、住房权与回收中心诉苏丹案”中,㊿非洲委员会对《非洲宪章》第16条的规范性内容进行了补充解释。同时,非洲委员会借助国际法对此项权利作出类似解释。非洲委员会对健康权的规范性定义

㊹ See Inter-American Court of Human Rights, Velasquez Rodriguez v. Honduras, judgment of July 19, 1988, Series C, No. 4.

㊺ See European Court of Human Rights, X and Y v. Netherlands, judgment of March 26, 1985, Series A, No. 91, at 32.

㊻ Supra, Social and Economic Rights Action Centre (SERAC) and The Centre for Economic and Social Rights (CESR) v. Nigeria, paragraph 57.

㊼ Ibid., paragraph 59.

㊽ Ibid., paragraph 58.

㊾ Ibid.

㊿ Supra, Centre on Housing Rights and Evictions v. The Sudan.

在国际法上的重大发展表示了支持,认为健康权"既包括医疗保健又包括健康的状况"。非洲委员会提到了2000年通过的关于健康权的《联合国经济、社会和文化权利委员会第14号一般性意见》,该意见指出:"健康权不仅包括及时且适当的医护,而且还包括决定健康的一些基本要素,如获得安全的饮用水、充足的食品与营养物质和住房。"根据该意见,非洲委员会确定了健康权的四个基本要素,即可利用、可获取、可接受和高质量。而且,它还确定了国家在这方面的义务,包括尊重、实现和保护健康权。它还强调,国家有义务确保非国家主体不得对健康权进行侵害,指出"对于健康权的侵犯可能通过国家或未受国家充分管制的其他主体的直接行为作出"。参照其先前在"免费法律援助小组等诉扎伊尔案"中的判决,[51]非洲委员会确认,如果国家未能提供安全饮用水和电力等基本服务,甚至存在药品短缺问题,那么就违反了《非洲宪章》第16条的规定。最后,非洲委员会认定,在尼日利亚发生的损害房屋、牲畜和农场以及污染水源等行为,对受害者产生严重的健康风险,因此构成了对《非洲宪章》第16条的违反。

141 在其准则中,非洲委员会规定了会员根据《非洲宪章》第17条第1款应承担的受教育权方面的最低核心义务:

> (1)确保所有儿童享有免费的、义务的初等教育的权利。任何儿童不得因学费或相关的教育费用而被剥夺这一权利。为确保属于不利或弱势团体的儿童接受免费义务教育,可以采取特别措施。而为确保这一目标的实现,各国应当逐步提高国家资源在教育上的分配。
>
> (2)实施削减小学教育费用政策,包括提供津贴、提供免费的或有补贴的制服(或取消制服要求)、提供免费教材、提供免费

---

[51] Supra, Free Legal Assistance Group and Others v. Zaire.

> 的或有补贴的交通或者提供免费的学校膳食,以鼓励贫困儿童上学。[52]

在“凯文·姆旺加·冈梅等诉喀麦隆案”[53]中,非洲委员会审查了违反《非洲宪章》第 17 条第 1 款规定的情况,但是发现根据该案事实并不能认定喀麦隆违反了该条规定。值得注意的是,作为一个次区域法院,西非国家经济共同体法院认为《非洲宪章》第 17 条规定的受教育权可由该法院自行审理并执行。[54] 就《非洲宪章》第 17 条第 2 款规定的文化权,非洲委员会认定,“文化”包含“文化多样性”。在“少数族群权利发展中心(肯尼亚)和少数族群权利团体诉肯尼亚案”中,非洲委员会指出:[55]

> 《非洲宪章》第 17 条具有个人和集体双重性质,一方面保障个人参与其所在群体的文化生活,另一方面规定国家有义务促进和保护群体所承认的传统价值。因此,它把文化理解为一个复杂的整体,包括与人类祖先的土地、知识、信仰、艺术、法律、道德、习俗在精神和物质上的联系,以及人类作为社会成员所获得的任何技能与习惯,也即某一特定社会群体的物质和精神活动及其成果的总和,这将其与其他类似群体区分开来。它还将文化身份理解为包含一个群体的宗教、语言和其他确定性特征。

在实践中,为阐述此项权利的规范性内容,非洲委员会借助《联合国 142

---

[52] Ibid., paragraph 71; Supra, Commission's Guidelines.

[53] Kevin Mgwanga Gunme et al. v. Cameroon, ACHPR, Communication No. 266/03 (2009).

[54] See Socio-Economic Rights and Accountability Project (SERAP) v. Federal Republic of Nigeria and Universal Basic Education, ECW/CCJ/APP/0808 (2008).

[55] Supra, Centre for Minority Rights Development (Kenya) and Minority Rights Group (on behalf of Endorois Welfare Council) v. Kenya.

经济、社会和文化权利国际公约》，对“文化”这一概念进行了解释。[56]

在“非洲人权和民族权委员会诉肯尼亚案”中，[57]非洲法院就《非洲宪章》第17条第2、3款中与文化权相关的内容作出了一个重要判决。在该案中，奥吉克人认为肯尼亚限制其进入茂森林的行为是对其文化权利的侵犯，该森林是奥吉克文化场所所在地。肯尼亚政府对此回应指出，奥吉克人的生活已具有现代特征，不再适用原始的生活方式，因此不能对其独特文化身份提出请求。非洲法院驳回了这一说法，认为“生活方式的停滞或静止状态不是文化或文化独特性的决定性因素”[58]。非洲法院认为文化必然会随着时间的变化而产生某些变化，但是这些变化并不必然否定对文化权利的请求。

《非洲宪章》第18条规定对家庭进行保护，并将其视为道德和传统价值的管理者。该条第3款规定，国家在消除一切对妇女的歧视上负有特殊义务，应根据国际法保护妇女和儿童的权利。该条还规定老人和残疾人应享有特殊待遇。在“埃及个人权利倡议和国际人权法律保护中心诉埃及案”中，[59]申诉方代表四名妇女提出申诉，这四名妇女参与了欧洲变革运动（European Movement for Change）领导的抗议活动。据指称，在该抗议活动中，防暴警察将抗议者逼到墙角，并纵容政府支持者对其进行殴打。在当时的情况下，这些妇女（本案申诉人）被恐吓、侮辱和性骚扰。她们向官方投诉，但这却招致国家安全情报官员和其他身份不明人员的进一步威胁。非洲委员会认为这些行为违反了《非洲宪章》第18条第3款的规定，因为这些行为针对的是作为妇女的本案申诉人，其目的是压制或阻挠她们

---

[56] See UN General Assembly, *International Covenant on Economic, Social and Cultural Rights*, 16 December 1966, G. A. Res. 2200A (XXI), 21 U. N. GAOR Supp. (No. 16) at 49, U. N. Doc. A/6316 (1966), 993 U. N. T. S. 3, entered into force 3 January 1976.

[57] Supra, African Commission on Human and Peoples' Rights v. Kenya.

[58] Ibid., paragraph 185.

[59] See Egyptian Initiative for Personal Rights and Interights v. Egypt, ACHPR, Communication No. 323/06 (2011).

参与该国的政治事务。在“大赦国际诉赞比亚案”中，[60]非洲委员会认为，赞比亚政府的强制驱逐行为导致申诉人家庭分崩离析，这违反了《非洲宪章》第18条的规定。同样，在“公开社会主义倡议诉科特迪瓦案”[61]中，非洲委员会认为，科特迪瓦对申诉人行动的限制造成其探亲困难，因此该行为违反了《非洲宪章》第18条的规定。在1996年指控非法驱逐西非国民 143
的案件——“非洲人权联盟和国际人权联盟联合会等诉安哥拉案”中，[62]非洲委员会认定安哥拉违反了《非洲宪章》第18条的规定。

二、团体权利

一般而言，团体权利可以为集体所持有。这些权利也被称为民族权利、集体权利、群体权利或团结权利。[63] 在非洲，团体权利之所以重要，是因为如同本书第一章所言，团体权利体现了非洲哲学的核心原则——维护社区和群体，这正体现了《非洲宪章》赋予这些权利的卓越之处。团体权利是《非洲宪章》和非盟法律秩序基础性原则的组成部分。

团体权利在人权与国际法话语中存在争议，争议的根源在于该权利自身的性质。团体权利的反对者认为，“集体”或“团体”不可能成为一个“人”，因而不可能享有“人权”。他们还指出，人权这一概念所保护的是以个人身份存在的人。而且，团体权利这一概念可能会引起个人利益与群体利益之间的冲突，这将可能使（为集体而行动的）国家在无意中损害个人权利，同时也难以弄清楚团体权利及其性质。[64] 但是，正如我们将看到的

---

[60] See Amnesty International v. Zambia, ACHPR, Communication No. 212/98 (1999).

[61] Supra, Open Society Justice Initiative v. Côte d'Ivoire.

[62] Supra, Union Inter Africaine des Droits de l'Homme, Federation Internationale des Ligues des Droits de l'Homme and Others v. Angola.

[63] See M. Ssenyonjo ed., *The African Regional Human Rights System*: 30 *Years After the African Charter on Human and Peoples' Rights* (Martinus Nijhoff, 2011) 102.

[64] See D. M. Chirwa, *Group Rights and the Protection of Economic, Social and Cultural Rights in Africa*, in D. M. Chirwa and L. Chenwi, The Protection of Economic, Social and Cultural Rights in Africa, Cambridge University Press, 2016, p. 212.

那样,团体权利这一概念在非洲法律秩序中的形成,已经在合理范围内解决了这些问题。[65]

某些团体权利已经成为广泛公认的概念,包括少数群体的权利、土著民众的权利和狭义上的自决权。但是,其他类型的团体权利,诸如发展权、清洁环境权依然存在争议。如上所述,为了确定这一概念,《非洲宪章》第19条至第24条对团体权利进行了规定。这些权利包括民族平等权利和不受统治的自由(第19条)、生存权和自决权(第20条)、自由支配财富和自然资源的权利(第21条)、发展权(第22条)、和平与安全权(第23条)以及环境与发展权(第24条)。但是,《非洲宪章》并没有对团体权利作出
144 任何定义。[66] 考虑到这些条款所具有的争议性,没有对其下定义可能是故意为之,以避免在谈判时出现争议。鉴于该概念可能与主权和领土完整的概念发生冲突,所以没有给其下定义就更容易理解了。在非洲政治秩序中,主权和领土完整也是根本性的要求。而且,如前文所提到的,这类权利可能与个人权利产生冲突,因此会产生团体权利是否优先于个人权利的问题。避免与消除在这一概念上产生争议与冲突的一个建议是,将该权利视为一种自成一体的权利。[67] 这一建议与不断发展的非洲法律秩序自身所具有的自成一体的性质是相契合的。

与团体权利相关的另一问题是《非洲宪章》未对该权利的受益人即"人民"进行清晰界定,但是非洲委员会在其实践中试图对其进行阐明。非洲委员会提出了《非洲宪章》中"人民"这一受益人的三重主要含义。非洲委员会认为,"人民"可以指一个国家的全体人民或一个会员内的特定群体,这一群体认为自身具有独特性或属于土著居民。[68] 在"法律资源基

[65] Ibid., p. 214.

[66] See Antonie Bissangou v. Congo, ACHPR, Communication No. 253/02 (2006).

[67] Supra, Ssenyonjo, (2011) 107.

[68] Ibid., p. 108.

金会诉赞比亚案”中，[69]申诉人声称，赞比亚的《宪法》侵犯了包括该国第一任总统肯尼斯·卡翁达在内的35%的赞比亚人的权利。这部《宪法》要求赞比亚总统的潜在候选人需要清楚地证明其父母在血统上都是或曾经都是赞比亚人，这实际上造成35%的赞比亚人无权竞选总统职位。因此，申诉人主张该法违反了《非洲宪章》第2条（不受歧视的自由）和第19条的规定。这一主张具有重要意义，因为它要求考虑禁止个人歧视的第2条与第19条规定之间的区别，这两个条款存在一定的相似性，但后者中的“人民”是作为集体来考量的。在其裁决过程中，非洲委员会很快认定该案存在违反《非洲宪章》第2条规定的事实。但是，非洲委员会认为第19条在该案中无法适用，其理由如下：

> 委员会认为诉诸《非洲宪章》第19条规定的做法是错误的。该条与“人民”相关，这在本案中不适用。如果要适用，就需要证明相关措施对由其公民基于共同祖先、种族起源、语言和文化习惯形成的这个可确认团体造成了负面影响。1996年赞比亚《宪法》（修正案）中所谓的冒犯性的条款并没有这种意图。[70]

同样，在“马拉维非洲协会等诉毛里塔尼亚案”中，[71]因为所提交的信 145
息资料有缺陷，所以非洲委员会不认为《非洲宪章》第19条规定被违反，而是裁定毛里塔尼亚违反了《非洲宪章》第2条的规定。作出这一裁定的理由是，如果申诉人要根据《非洲宪章》第19条胜诉，那么就需要提供充足的证据证明是民族权利而非个人权利受到侵犯。“凯文·姆旺加·冈梅等诉喀麦隆案”[72]就成功证明了这一点。在该案中，申诉人主张，喀麦隆

[69] Supra, Legal Resources Foundation v. Zambia.

[70] Ibid., paragraph 73.

[71] Supra, Malawi African Association and Others v. Mauritania.

[72] Supra, Kevin Mgwanga Gunme et al. v. Cameroon.

决定将某些商业活动和经济项目从申诉人所在的喀麦隆南部利姆贝(Limbe)迁至该国的法语区,这对喀麦隆南部的经济生活产生了负面影响,因此违反了《非洲宪章》第19条的规定。喀麦隆对该指控并未直接回应,但是认为对这些商业活动与经济项目的重新规划是基于监管人员流动、保障安全和有效海关管制的需要。但是,非洲委员会驳回了喀麦隆的这一说法,认为:

> 依据国际法,每个国家都有义务维护其领土完整。在其领土内保障人员与货物的流动和安全也是其义务的一部分。被申诉国提出,如果不迁离利姆贝,就无法保障该港口的人员与货物的安全,这一说法等于承认其对于利姆贝没有控制权。委员会认为,即使港口还在利姆贝,安全与海关机构依然可以对人员与货物进行有效监控。委员会认为,将商业企业和经济项目迁往喀麦隆法语地区,对喀麦隆南部的经济生活产生了负面影响,因此违反了《非洲宪章》第19条的规定。[73]

《非洲宪章》第20条规定了生存权与自决权,这个条款只在少数案件中得到援引。自决问题之所以有争议,不仅是因为其敏感性,而且也是因为它与领土完整和主权之间的潜在冲突。因此,非洲委员会对于第20条的理解与适用十分谨慎。如果申诉由会员内的某个特定团体提出,那么非洲委员会通常不太可能认定存在《非洲宪章》第20条被违反的情况。[74] 在"凯文·姆旺加·冈梅等诉喀麦隆案"中,[75]申诉人主张,根据《非洲宪章》第20条的规定,喀麦隆南部的民众是一个"独立且独特的民族"的一份子。

---

[73] Ibid., paragraphs 161 – 162.

[74] See, for example, Katangese Peoples' Congress v. Congo, ACHPR, Communication No. 75/92 (1995).

[75] Supra, Kevin Mgwanga Gunme et al. v. Cameroon.

这一说法的依据是，在殖民时期，喀麦隆南部地区是英国的殖民地，并由英国管理，而当时喀麦隆的其他大多数地区都由法国殖民统治。这一历史经历使得这一地区的民族不同于该国其他地区的民族。例如，喀麦隆南部的民众说的是英语，遵循英国普通法传统，而该国其他大部分地区说的是法语，遵循的是法国的民法传统。非洲委员会承认，民族权利这一概念存在争议，《非洲宪章》的起草者为避免争议，有意不对这一概念进行界定。因此，非洲委员会借助联合国教科文组织专家组所描述的特点来界定这些权利，这些特点包括共同的历史传统、种族或族裔认同、文化同质性、语言统一、宗教和意识形态的亲缘关系、领土联系和共同的经济生活。另外，“一个群体还可以通过自我认识为一个民族的人而获得民族身份认同”[76]。基于这些，非洲委员会认为《非洲宪章》中有关民族权利的条款可以“由一个民族行使，该民族由历史、传统、种族、族裔、文化、语言、宗教、意识形态、地理、经济性质和亲缘关系或其他纽带联系在一起”[77]。非洲委员会认为，喀麦隆南部民众提供了充分的证据，证明他们作为“民族”的一份子应享有的特别权利，因此可以主张团体权利。非洲委员会指出：“他们体现了诸多特征与亲缘关系，包括共同历史、语言传统、领土联系和政治观点。更重要的是，他们视自己为一个独立且独特的民族的一份子。”[78] 146

非洲委员会简要审议了《非洲宪章》规定的民族权利和个人权利之间的关系。非洲委员会强调这两类权利同等重要且应当具有平等地位。依据非洲委员会的说法，群体中的每一个成员都应当将其个人权利纳入群体之中以创造集体权利。应注意到的是，对于这种关系的解释并未完全解决本章先前所强调的问题。尽管非洲委员会认同喀麦隆南部民众属于《非洲宪章》第 20 条规定所说的“民族”的一份子，但是它并不赞同喀麦隆南

---

[76] Ibid., paragraph 170.

[77] Ibid., paragraph 171.

[78] Ibid., paragraph 179.

部民众所提的喀麦隆违反第 20 条规定的理由,因为这一诉求具有分裂主义的性质,将破坏喀麦隆的领土完整。非洲委员会指出,申诉人不得援引本条以破坏会员的领土完整。非洲委员会声明:

> 委员会认为,分裂并不是喀麦隆南部民众行使自决权的唯一
> 147 途径。申诉人不得援引《非洲宪章》以威胁会员的主权与领土完整。但委员会允许在自主政府、邦联或联邦内,在保护会员领土完整的同时,允许喀麦隆南部民众依据《非洲宪章》在主权国家内进行自治。[79]

但在“道达·贾瓦拉诉冈比亚案”中,[80]非洲委员会认定冈比亚违反了《非洲宪章》第 20 条的规定,因为该案中的违法行为影响到冈比亚全体人民的权利。此外,在“刚果民主共和国诉布隆迪、卢旺达和乌干达案”中,[81]非洲委员会认为,非法占领另一会员的领土违反了《非洲宪章》第 20 条的规定。非洲委员会还指出,非法取消民主选举的行为构成对民族自决权的侵犯,因为这种行为干涉了人民在政治上进行自由选择的权利。[82] 与此相似,非洲委员会认为,对民选政府发动军事政变也违反了《非洲宪章》第 20 条的规定。[83] 因此,从上述内容可以得出一个合理结论,即非洲委员会只允许在极窄的范围内行使自治权。

《非洲宪章》第 21 条规定保障全体人民对其财富与自然资源进行自

---

[79] Ibid., paragraphs 191 – 192.

[80] See Dawda Jawara v. The Gambia, ACHPR, Communication Nos. 147/95 and 149/96 (2000).

[81] See Democratic Republic of Congo v. Burundi, Rwanda, Uganda, ACHPR, Communication No. 227/99 (2003), paragraph 77.

[82] See Constitutional Rights Project and Civil Liberties Organisation v. Nigeria, ACHPR, Communication No. 102/93 (1998).

[83] Supra, Dawda Jawara v. The Gambia.

由处置的权利。行使这项权利须是为了人民的排他性利益，而且该“人民”不得被剥夺此项权利。这项权利既适用于作为个体身份的会员，又适用于寻求非洲团结统一的作为集体身份的会员。特别是，该条款还涉及“外国剥削”，这可能会对如下第5款所规定权利的享有产生影响：

> 为了使本民族从本国所产生的资源中充分获益，本宪章缔约国承允消灭一切形式的外国剥削，特别是国际垄断公司所施加的剥削。

从“社会和经济权利行动中心、经济和社会权利中心诉尼日利亚案”来看，[84]这一条款可以追溯到非洲殖民时期对人力与物质资源的剥削。非洲委员会在“安东尼·比桑古诉刚果案”中指出，[85]鉴于本条规定的起源与措辞，只有当“人民”对其财富和自然资源进行处置的权利受到侵犯时才 148
可以援引本条规定。因此，就个人财产或不动产的争议，不得适用本条规定。[86] 在“刚果民主共和国诉布隆迪、卢旺达和乌干达案”中，[87]刚果民主共和国指控被申诉国的武装部队在占领其领土期间有计划地实施了劫掠行为。非洲委员会表示坚决反对该占领行为，并认为有关劫掠的证据足以支持其有关《非洲宪章》第21条规定遭到违反的裁决。在“非洲人权和民族权委员会诉肯尼亚案”中，[88]非洲法院认为只要族群或社区不以《非洲宪章》第21条规定为借口质疑会员的主权和完整，就可以主张《非洲宪章》第21条所规定的权利。

关于《非洲宪章》第22条的规定，非洲委员会在“公开社会正义倡议

---

[84] Supra, The Social and Economic Rights Action Centre and the Centre for Economic and Social Rights v. Nigeria.

[85] Supra, Antonie Bissangou v. Congo.

[86] Ibid., paragraphs 81 - 82.

[87] Supra, Democratic Republic of Congo v. Burundi, Rwanda, Uganda.

[88] Supra, African Commission on Human and Peoples' Rights v. Kenya.

诉科特迪瓦案”中指出,《非洲宪章》第 22 条是宣布和保障发展权的一份开拓性的国际文件。[89] 非洲委员会以实际适用而非纯粹概念化的方式对此项权利进行了定义。[90] 通过使用案例,非洲委员会认为:

> 对发展权有一种非常重要的趋于一致的理解,即发展权是一项不可剥夺的、参与各种形式发展的、全面实现所有基本权利的个人或集体权利,该权利的享有不受任何不合理的限制。

非洲委员会强调,发展权应当逐步实施,各国应创造有利于行使该权利的基本的机会与环境。在“公开社会正义倡议诉科特迪瓦案”的判决中,非洲委员会认为,科特迪瓦对承认迪乌拉族的国籍施加了限制条件,这侵犯了迪乌拉族根据《非洲宪章》第 22 条所享有的发展权,因为科特迪瓦的做法限制了迪乌拉族对这项权利的参与及享有。

在“苏丹人权组织、住房权与回收中心诉苏丹案”中,[91]苏丹政府军和“阿拉伯民兵”(the Janjaweed)袭击了达尔富尔地区的一些黑人部落,导致这些部落被迫迁离并无法参与经济、社会与文化活动。而且,迁离也损害
149 了部落儿童的受教育权和参与其他活动的权利。非洲委员会认为,就这些指控所提供的证据充足,足以证明申诉人陷入边缘化与落后的状况。因此,非洲委员会认定苏丹违反了《非洲宪章》第 22 条的规定。[92]

《非洲宪章》第 23 条将和平与安全的民族权利纳入非盟法律秩序。[93]《非洲宪章》第 23 条第 1 款规定,该权利在国内、国际层面上均可适用。根

---

[89] Supra, Open Society Justice Initiative v. Côte d'Ivoire, paragraph 181.

[90] Ibid., paragraph 182.

[91] See Sudan Human Rights Organisation & Centre on Housing Rights and Evictions (COHRE) v. Sudan, ACHPR, Communication Nos. 279/03 – 296/05 (2009).

[92] See also the African Court's decision in African Commission on Human and Peoples' Rights v. Kenya, Application No. 006/2012 (2017).

[93] 参见第五章中关于非盟法律秩序的更广泛的和平与安全架构。

据该条规定,任何民族均有权享有国内和国际的和平与安全。非洲委员会在几个案件中借机对此项独特的权利进行了审议。在"马拉维非洲协会等诉毛里塔尼亚案"中,[94]非洲委员会认为,毛里塔尼亚军队无端攻击他国的村庄,侵犯了该村庄人民依据《非洲宪章》第 23 条所享有的和平与安全生活的权利。非洲委员会进一步将国家承担责任的范围扩大至该会员领土上的非国家主体,如叛乱组织。非洲委员会认为,确保非国家主体不侵犯《非洲宪章》第 23 条所规定的权利,是会员责任的一部分。虽然非洲委员会并未回答《非洲宪章》第 23 条中"人民"的含义,但可以肯定的是,非洲委员会将本案中受到攻击的村民视为"人民"。虽然非洲委员会驳回了来文中有关毛里塔尼亚黑人作为"人民"受到歧视的指控,但非洲委员会认为这种歧视侵犯了《非洲宪章》规定的个人权利。[95]

在"刚果民主共和国诉布隆迪、卢旺达和乌干达案"中,[96]非洲委员会还考虑了《非洲宪章》第 23 条所产生的跨国影响。在这起案件中,刚果民主共和国指称,这些被申诉国无正当理由占领其领土,并对其领土和人民实施了一系列犯罪行为。非洲委员会的判决支持了申述方,指出会员有义务不以武力、武力威胁或其他侵略行为侵犯其他会员的领土完整。而且,非洲委员会就本案指出,《非洲宪章》第 23 条规定会员有义务寻求以友好方式解决争端,而不应诉诸武力。

正如前文对《非洲宪章》第 16 条讨论所指出的那样,非洲委员会在"SERAC 诉尼日利亚案"中,[97]审议了《非洲宪章》第 24 条所规定的享有普遍良好环境这一民族权。目前,对于此项权利的审议仅在此案中出现过。 150
非洲委员会就该案提出,该条规定会员有义务采取合理措施,防止环境污

---

[94] Supra, Malawi African Association and Others v. Mauritania.

[95] Supra, Sudan Human Rights Organisation & Centre on Housing Rights and Evictions (COHRE) v. Sudan.

[96] Supra, Democratic Republic of Congo v. Burundi, Rwanda, Uganda.

[97] Supra, Social and Economic Rights Action Centre (SERAC) and The Centre for Economic and Social Rights (CESR) v. Nigeria.

染和经济生态退化,促进保护并确保自然资源在生态上的可持续发展和利用。

本章小结

在发展与协调非盟法律秩序中的人权规范的进程中,非洲委员会起到了至关重要的作用。它不仅推动了《非洲宪章》所保障的各项权利的实现,而且不断增强了《非洲宪章》的独特性。《非洲宪章》关于经济、社会、文化权利和团体权利的条款,具有明显的独特性,这让非盟的人权法律秩序区别于其他具有可比性的超国家和国际文件。而且,非洲委员会通过在判决中使用未列举权利的概念以及国际法和国际人权法,细化扩展了第六章中所讨论的权利。非洲委员会的这种解释方法,在非盟法律秩序中推动形成了一套自成一体的人权体系。可以设想,非洲委员会已有的努力已经为人权领域的非盟法打下了坚实的基础,并将由新成立的非洲法院继续推进。

第八章 习惯、道德与非洲联盟法——非洲的性取向案件

在非洲大陆法律秩序的发展中，存在一个很大的挑战，就是如何协调好这一成长中的法律秩序和非洲多元习惯与道德观念之间的关系。这个问题很重要，因为正如本书第一章所讨论的那样，习惯法作为非洲法律的渊源之一，在历史上扮演了一个非常重要的角色。习惯法大体上反映了群体性的道德观。近期在非洲大陆引起广泛争议的一个问题是性取向或同性恋及其与非洲的习惯、道德和法律的相容性问题。本章将从性取向这一角度出发，分析习惯、道德与法律之间的紧张关系。由于许多非盟会员对此问题的处理方式和近期的一些国内立法似乎与非盟法律秩序相矛盾，所以，本章将讨论成长中的非盟法律秩序如何处理这种紧张关系，如何在协调各会员立场中发挥积极作用，使其与国际标准相一致。

一、背景

奇坦多(Chitando)和马特韦克(Mateveke)认为，在非洲，"同性恋引发了诸多问题和激烈讨论"①。在整个非洲大陆，人们曾经而且现在依然普遍认为同性恋与非洲并不相容，是西方的舶来品，是"非非洲的"。但从可查证的极有限的资料来看，在非洲有关性行为的实验在非洲被殖民之前就

---

① E. Chitando & P. Mateveke, *Africanizing the Discourse on Homosexuality: Challenges and Prospects* (2017) 9 (1) Critical African Studies, 124, 126.

已存在。例如,古埃及的两位高官尼扬赫·赫努姆(Nyankh Khnum)和赫努姆·霍特普(Khnum Hotep)的历史画作表明,他们可能曾有过同性交往关系。然而,埃及古物学家和历史学家对这些画作的理解不一。而且,从
152 对性行为的广泛研究来看,欧洲传教士、殖民官员和探险家都有对非洲同性恋例子的记载。[②] 因此,从传统来看,非洲前殖民时期的大多数群体似乎对同性恋或其他性取向问题至少存在一定的矛盾心理。需要特别注意的是,基督教和伊斯兰教的亚伯拉罕宗教和一神教的引入,明显重塑了非洲在其他性取向上的观念,非洲对其他性取向基本上持负面看法。随着亚伯拉罕宗教在非洲大陆的影响越来越大,其反对其他性取向的立场也日益强硬。最令人担忧的是,随着一些国家出台法律将同性恋与其他性取向定性为犯罪并施加限制,这一问题已经政治化。

这一普遍性的态度起源于殖民时期。颁布法律将同性关系定性为刑事犯罪并施以刑罚,是非洲殖民遗产的一部分。近期,这些法律被进一步扩展并变得更加严厉,其范围延伸至其他领域,如同性婚姻、社交活动与宣传。[③] 比如,尼日利亚在2013年颁布了《同性婚姻(禁止)法》,禁止同性婚姻并对任何参加、举办或见证同性婚姻的人员处以10年有期徒刑,还下令取缔尼日利亚的同性俱乐部与组织。同样值得关注的是,依据在尼日利亚北部一些州所适用的伊斯兰教法,对同性恋可执行石刑处死。

与尼日利亚相似,乌干达曾通过颁布《乌干达反同性恋法》(2014年)对其先前的同性恋相关法律进行扩展,该法律规定对所谓的“严重同性恋”处以无期徒刑。虽然乌干达宪法法院以程序问题为由撤销了这部法律,但是乌干达政府通过其行为与政策继续对同性取向的表达进行了限

---

② See M. Epprecht, *Heterosexual Africa? The History of an Idea from the Age of Exploration to the Age of AIDS* (Ohio University Press, 2008); S. O. Murray, *Boy-Wives and Female-Husbands: Studies in African Homosexualities* (Palgrave Macmillan, 2001).

③ See A. Rudman, *The Protection Against Discrimination Based on Sexual Orientation under the African Human Rights System* (2015) 15 (1) African Human Rights Law Journal 1, 3.

制。在冈比亚，依据《冈比亚刑法典》(经 2005 年《刑法典修正案》修正)第 144 条的规定，同性恋被定义为“非自然的”，会被判处 14 年有期徒刑。此外，2005 年的《冈比亚刑法典》引入了“严重同性恋罪”，该罪可被判处无期徒刑。在非盟 54[*] 个会员中，有 36 个国家的法律明确将同性恋规定为犯罪，只有 16 个国家直接或间接(默许)允许异性之外的性关系。[4] 目前，南非拥有非洲大陆在性取向方面最先进的法律。

二、《非洲宪章》与性取向问题 153

《非洲宪章》没有明确规定性取向的法律地位，[5]对性取向权也没有直接明确进行保护。然而，这一情况并非《非洲宪章》所独有，国际社会中的一些主要人权文件，如《欧洲人权公约》、《世界人权宣言》及其两个公约[6]，也均未明确保护性取向权。但在《世界人权宣言》框架下，性取向权已被纳入现有权利而得到保护。联合国人权委员会是联合国的一个机构，负责审查与《公民权利和政治权利国际公约》有关的个人申诉报告与规则。该委员会认为，性取向是《公民权利和政治权利国际公约》第 2 条第 1 款和第 26 条规定的禁止歧视的理由之一。尽管这些条款仅特别规定“性别”为禁止歧视的理由，但该委员会认为“性别”也包括“性取向”。联

---

* 非盟会员应为 55 个。——译者注

④ See K. Esom, B. Nibogora & R. Armstrong eds., *African Reflections on Sexuality and Equality*, Vol. 12 [African Men for Sexual Health and Rights (AMSHeR) Johannesburg: South Africa, 2015].

⑤ Supra, Rudman, 8.

⑥ See *European Convention for the Protection of Human Rights and Fundamental Freedoms* (213 U. N. T. S. 222 as amended); *Universal Declaration of Human Rights*, G. A. Res. 217A (Ⅲ), U. N. Doc. A/810 at 71 (1948); *International Covenant on Economic, Social and Cultural Rights*, 16 December 1966, G. A. Res. 2200A (XXI), 21 U. N. GAOR Supp. (No. 16) at 49, U. N. Doc. A/6316 (1966), 993 U. N. T. S. 3, entered into force 3 January 1976; *International Covenant on Civil and Political Rights*, G. A. Res. 2200A (XXI), 21 U. N. GAOR Supp. (No. 16).

合国人权委员会在“图能诉澳大利亚案”[7]和“乔斯林诉新西兰案”[8]中就采取了这种做法。然而，在随后的“爱德华·杨诉澳大利亚案”[9]和“X诉哥伦比亚案”[10]中，联合国人权委员会只是声明依据第26条不得对性取向进行歧视。在“图能诉澳大利亚案”[11]中，联合国人权委员会进一步声称澳大利亚塔斯马尼亚州将同性恋确立为犯罪行为是不合理的，是对《公民权利和政治权利国际公约》第17条第1款规定的个人隐私权的任意干涉。

此外，联合国经济、社会和文化权利委员会在其第20号一般性意见中指出，《联合国经济、社会和文化权利国际公约》第2条第2款所使用的“其他身份”包括禁止基于性取向的歧视。[12] 联合国儿童权利委员会、禁止酷刑委员会和消除对妇女歧视委员会表达了类似意见。

154 《非洲宪章》第2条也规定了“其他身份”，该条规定：

> 人人有权享有……本宪章所确认和保障的各项权利和自由，不因种族、种群、肤色、性别、语言、宗教、政治或其他任何见解、国内或社会出身、财富、出生或其他身份而受到歧视。

从表面上看，《非洲宪章》将权利无差别地赋予非洲大陆的每一个人。这一立场贯穿了《非洲宪章》的几个重要条款，包括第2、3、5～13、15～17条以及第28条。但是，由于《非洲宪章》并未明确规定性取向，所以问题

---

⑦ Toonen v. Australia, Communication No. 488/1992, U. N. Doc. CCPR/C/50/D/488/1992 (1994).

⑧ Ms. Juliet Joslin et al. v. New Zealand, Communication No. 902/1999, U. N. Doc. A/57/40 at 214 (2002).

⑨ Mr. Edward Young v. Australia, Communication No. 941/2000, U. N. Doc. CCPR/C/78/D/941/2000 (2003).

⑩ X v. Colombia, Merits, Communication No. 1361/2005, U. N. Doc. CCPR/C/89/D/1361/2005.

⑪ Supra, Toonen v. Australia.

⑫ See available at: www. refworld. org/docid/4a60961f2. html, accessed 3 January 2018.

是，是否可以将这些条款解释为包含性取向，或者是否可以将性取向纳入《非洲宪章》第 2 条所规定的“其他身份”之中，联合国人权委员会采取了后一做法。

有学者建议，根据《非洲宪章》第 60、61 条的规定，国际人权文件在宪章解释上具有相关性，因此《非洲宪章》第 2、3 条应被解释为包含禁止歧视性取向的意思。[13] 如前文所述，这是因为联合国人权委员会对联合国公约中的类似条款采取了这种解释方法。

《非洲宪章》第 2 条中的“其他身份”是否包含性取向这一问题，在 1994 年向非洲委员会提起的一项申诉中被提出。时至今日，这仍然是在非洲大陆层面直接涉及性取向问题的唯一案件。该申诉涉及同性恋在津巴布韦的法律地位问题。津巴布韦国内法规定，禁止成年同性恋者自愿发生性关系，且这种行为属于犯罪。除法律限制之外，申诉人还援引了津巴布韦总统和内政部长有关同性恋的声明。申诉方认为津巴布韦违反了《非洲宪章》，包括其第 1 条的规定，申诉方还援用了联合国人权委员会基于《非洲宪章》第 60 条对“图能诉澳大利亚案”所作的裁决。但是，这项申 155
诉在非洲委员会进行审议之前被撤回。尽管如此，担任本案特别报告员的委员认为，同性恋违背了非洲的道德与尊严。该特别报告员指出：

> 由于同性恋的危害性，委员会借此机会对其发表声明。尽管男女同性恋者在世界某些地区得到认可，但在非洲并非如此。同性恋侵犯了非洲的尊严感与道德观，并与非洲积极的价值观相悖。[14]

---

⑬ See R. Murray and F. Viljoen, *Towards Non-discrimination on the Basis of Sexual Orientation: The Normative Basis and Procedural Possibilities before the African Commission on Human and Peoples' Rights and the African Union*(2007) 29 (1) Human Rights Quarterly 86.

⑭ African Commission, 16th Ordinary Session 1994.

但在2006年“津巴布韦人权非政府组织论坛诉津巴布韦案”中,[15]非洲委员会似乎承认依据《非洲宪章》第2条的规定,性取向应受到保护。非洲委员会就该案提出:

> 法律面前人人平等,且人人受到法律的平等保护,宪章第2条所规定的不得歧视原则,为享有所有人权奠定了基础……这项原则的目的是确保个人受到平等对待,而不论其国籍、性别、种族、族裔、政治见解、宗教信仰、残疾、年龄或性取向。

尽管如此,非洲委员会承认,由于性取向并非本案主题,因此其意见并未直接针对性取向问题提出。由于非盟及其机构未在性取向上给出权威观点,所以穆雷和维尔乔恩(Viljoen)建议,应将“其他身份”解释为包括性取向,[16]或者将规定禁止性别歧视的《非洲宪章》第2条解释为包括“性取向”。[17] 值得一提的是,非洲法院在近期提出,“第2条中的‘其他身份’这一表述包括了那些涉及歧视的案件,而这在当年通过《非洲宪章》时是不可能预见的”[18]。

除第2条规定得模糊不清外,《非洲宪章》中的其他条款似乎限制或可以解释为限制了《非洲宪章》对性取向的保护。例如,《非洲宪章》第27条第2款规定“每个人行使其权利和自由时均须适当顾及他人权利、集体安全、道德和共同利益”。该条款表明,会员可以基于在其国内道德上是否可接受或出于共同利益的考量,对个人的权利和自由进行限制。因此,其他性取向可以成为限制理由之一。但值得赞扬的是,非洲委员会认为会员

---

[15] See Zimbabwe Human Rights NGO Forum v. Zimbabwe, Communication No. 245/02 (2006).

[16] Supra, Murray and Viljoen.

[17] Ibid.

[18] African Commission on Human and Peoples' Rights v. Kenya, Application No. 006/2012 (2017).

对《非洲宪章》规定的权利所施加的任何限制，必须“与可获得的益处严格相称且绝对必要”⑲。另外，“这种限制不得损害某项权利而导致其空有其名”⑳。非洲委员会进一步提出，大多数人所支持的特定道德观不能成为 156
施加限制的决定性理由。在“法律资源基金会诉赞比亚案”中，㉑非洲委员会认为“正当理由……不能仅仅产生于民意，正如民意不能用来限制缔约国依据《非洲宪章》所承担的责任一样”。

可与非盟人权保护机制当下状况相媲美的是美洲人权保护机制。这是因为，两者的文化与道德背景，特别是拉丁美洲与加勒比地区在性取向问题上与非洲存在一定的相似之处。㉒ 而且，非洲委员会和非洲法院在其以往的审判实践中曾援引美洲人权体系的判决。㉓ “卡伦·阿塔拉·里夫及其子女诉智利案”是美洲人权法院的一个里程碑式的判决，体现了美洲人权保护机制在性取向问题上的演变。㉔ 这一判决于 2012 年作出，它是该法院首次被要求依据《美洲人权公约》中的禁止歧视规定，就性取向和性别认同问题作出判决。在该案中，美洲人权法院首次承认基于性取向和

---

⑲ Interights, Institute for Human Rights and Development in Africa, and Association Mauritanienne des Droits de l'Homme v. Islamic Republic of Mauritania, Communication No. 373/2009 (formerly 242/2001) (2010), 28th Activity Report.

⑳ Media Rights Agenda and Others v. Nigeria, Communication Nos. 105/93, 128/94, 130/94 and 152/96 (1998); Civil Liberties Org. v. Nigeria, Communication No. 129/94 (1995).

㉑ See Legal Resources Foundation v. Zambia, ACHPR, Communication No. 211/98 (2001).

㉒ Ibid.

㉓ See, for example, Yogogombaye v. The Republic of Senegal, Application No. 001/2008, separate opinion of judge Fatsah Ouguergouz, available at: www1. chr. up. ac. za/images/files/documents/africancases/institution/africancourt/yogogombaye_v_senegal_separate_opinion_2008.pdf, accessed 3 January 2018; Majuru v. Zimbabwe (2008) AHRLR 146 (ACHPR 2008), paragraph 59; Mouvement Ivoirien des Droits Humains (MIDH) v. Côte d'Ivoire (2008) AHRLR 75 (ACHPR 2008), paragraph 48; Zimbabwe Lawyers for Human Rights & Another v. Zimbabwe (2008) AHRLR 120 (ACHPR 2008), paragraphs 64 - 65, 67, 69 and 79 - 80; Article 19 v. Eritrea (2007) AHRLR 73 (ACHPR 2007), paragraphs 51 and 75; Social and Economic Rights Action Centre (SERAC) & Another v. Nigeria (2001) AHRLR 60 (ACHPR 2001), paragraph 57.

㉔ See IACHR, Report No. 139/09 (merits), Case 12.502, Karen Atala and daughters v. Chile, 18 December 2009.

性别认同的歧视属于违法行为。

原告卡伦·阿塔拉·里夫女士是智利的一名法官。她是3个女孩的母亲,之前嫁给了女孩们的父亲。这对夫妻于2002年分居,当时双方同意由原告抚养3个女儿。之后,原告与一位女同性恋伴侣开始了同居生活。她的前夫为他们的女儿启动了监护程序,理由是卡伦·阿塔拉·里夫女士的性取向以及其与一名女同性恋伴侣同居的事实给这些孩子造成了严重的心理和社会伤害,危及她们的人身健康。他认为,使孩子们免受原告这种生活方式的负面影响符合她们的最佳利益。他还进一步提出,他和他的异性伴侣可以为孩子们提供一个更加良好安全的环境。

2003年,智利维拉里卡(Villarrica)少年法庭将临时监护权判给了原告的前夫。但在当年晚些时候,二审撤销了该临时监护权并驳回该监护权
157 诉讼。2004年3月,特穆科(Temuco)上诉法院支持了这一判决。于是,原告的前夫又上诉至智利最高法院第四法庭。同年5月,智利最高法院以3票赞成、2票反对的投票结果,将监护权判给了原告的前夫。智利最高法院在授予该监护权时指出:

> (1)抛开口头证词……考虑到未成年人所处社会、家庭和教育环境的恶化,在其母亲与同性伴侣开始同居之后,这些孩子们可能会因此而成为社会歧视的对象;(2)住所(原文如此),他们讨论了女孩们玩的游戏与表露的态度,这些情形表明,基于其母亲与新伴侣同居的事实,女孩们对其母亲的性取向存在困惑;(3)(阿塔拉女士)将自己的利益置于女儿们的利益之上,特别是她在与同性伴侣同居的住宅内,对父亲缺席的女儿们进行抚养照料;(4)由于另一女性替代了应由男性充当的父亲的角色,最终会造成性别角色的混乱,会对本应得到保护的未成年人的整体发展带来风险;(5)女孩们特殊的家庭环境与她们学校和邻里的朋

> 友有着明显差别,这会使她们成为被孤立和歧视的对象,这同样会对她们的个人发展产生影响。㉕

之后,卡伦·阿塔拉·里夫女士向美洲人权委员会寻求救济。该委员会于2009年认定智利侵犯了其不受歧视生活的权利。2010年,美洲人权委员会将该案提交至美洲人权法院审理。

美洲人权法院准确地指出,该案的核心问题并不是母亲或父亲是否能够提供更好的家庭环境或者是对监护权问题作出判决,该案的核心问题是,因智利最高法院基于原告与另一位女性的关系而剥夺原告对3个女儿的监护权,智利是否因此违反了《美洲人权公约》。美洲人权法院认定,智利侵犯了原告的平等权、不受歧视权和隐私权,因为父母的性取向并不是儿童监护权案件的影响因素。更重要的是,美洲人权法院承认性取向受到《美洲人权公约》第1条的保护,该条规定禁止因"种族、肤色、性别、语言、宗教、政治或其他见解、国籍或社会出身、经济地位、出生或其他社会条件"而受到歧视,这与《非洲宪章》第2条的规定相似。美洲人权法院认为,《美洲人权公约》第1条中的"其他社会条件"包括性取向和性别认同。 158
美洲人权法院认定,任何人不论其性取向如何都有权享有家庭生活。

另外,美洲人权法院也肯定在监护权案件中最有利于儿童原则的合法性。这一原则规定于《美洲人权公约》第19条和1989年《儿童人权公约》的序言之中。但是,美洲人权法院认为这一原则不能在监护权案件中作为对性取向进行歧视的理由。尤其是,美洲人权法院反对智利最高法院基于猜测、假设、固有印象和概括归纳来确定传统家庭的概念和非传统家庭结构对儿童的影响。依照美洲人权法院的说法,《美洲人权公约》并没有保

㉕ Official summary issued by the Inter-American Court of the Decision, 24 February 2012, available at: http://williamsinstitute. law. ucla. edu/wp-content/uploads/Summary-AtalaDecision-EnglishMar－2012. pdf, accessed 3 January 2018.

护任何特定形式的传统家庭,因此各国应当承认并保护多样化的家庭结构。美洲人权法院认定,未能保护多样化的家庭结构违背了国家应尽的保护义务。

美洲人权法院进一步指出,智利的歧视行为不仅违反了《美洲人权公约》第 1 条的规定,还违反了第 24 条的规定,该条规定法律面前的平等权和法律的平等保护权。美洲人权法院还认为,智利违反了尊重私生活与家庭生活的权利(第 11 条)、家庭权利(第 17 条)、公平审判权利(第 8 条)和儿童权利(第 19 条)。这些权利在很大程度上也受到非洲人权框架的保护。

除了作出上述判决之外,美洲人权法院还下令,首先,受影响的一方提出请求时,国家应立即提供免费、及时、充分、有效的医疗以及心理和精神治疗;其次,该判决应依照法院的指示公布,国家还应当组织公众活动,承认国家在此类案件中所应承担的国际责任;再次,国家应为公务员,特别是司法人员,实施、开设关于国家就此类问题所负责任的教育项目、课程;最后,国家应根据需要进行赔偿或补偿。

本案判决具有重要意义,其原因在于美洲人权法院对《美洲人权公约》第 1 条采用了创新性的解释方法,这有助于增加承认构成歧视的新的理由。这是美洲人权法院迈出的大胆的一步,表明美洲人权法院就性别问题作出决策时正在采取一种积极主动的做法。

在 2006 年“安琪儿 · 杜克诉哥伦比亚案”中,[26]美洲人权法院也采取了同样的做法。在该案中,一家私人养老基金会拒绝向杜克先生支付其已故伴侣 10 年的养老金,该基金会的理由是,依据哥伦比亚有关社会保障的
159 立法,两个性别相同的人的结合在法律上不受承认,这就导致这种伴侣关

---

[26] See IACHR, Report No. 5/14, Case 12.841, *Ángel Alberto Duque* (Colombia), 2 April 2014, available at: www.oas.org/en/iachr/decisions/court/12841FondoEn.pdf, accessed 3 January 2018.

系的遗属无法依据法律成为受益人。当该案被起诉至哥伦比亚的法院时，该法院将本案驳回，指出：

> 《宪法》规定的基本权利并未被侵犯……因为遗属的养老金可用于保障家庭生活……（家庭）是男性与女性的结合，这是通过繁衍来延续物种的唯一方式……同性恋的结合就其本身而言无法组成家庭。㉗

美洲人权法院推翻了这一判决，指出哥伦比亚法律允许异性伴侣可以获得遗属的养老金，但却在无客观正当理由的情况下否定同性关系中的遗属获取养老金，该法律具有歧视性且与平等权相悖。尽管美洲人权法院认同哥伦比亚政府所主张的保护家庭这一社会基础是其所追求的一个合法目标，但是它认为，哥伦比亚政府对家庭的定义过于局限且固守于传统印象，这会造成肆意排除诸如同性伴侣等其他家庭类型。美洲人权法院还指出，《美洲人权公约》会员未就同性关系权达成共识，并不是对此事作出决定的相关因素。

美洲人权法院的做法具有启示意义，可以为非盟及其机构就《非盟章程》第 2 条的解释和适用提供方法上的指导，这是因为该条款与《美洲宪章》第 1 条规定非常相似。如果借用美洲人权法院的创新性做法，那么非洲人权法院把《非洲宪章》第 2 条解释为包括性取向就会更加令人信服。

2012 年，墨西哥最高法院一致否决了瓦哈卡州的禁止同性婚姻的法律。㉘ 该案件也具有指导意义。这一判决受到了美洲人权法院对“卡伦 · 阿塔拉 · 里夫及其子女诉智利案”判决的部分影响，后者禁止任何基于性

㉗ Ibid. , paragraph 49.

㉘ See Human Rights Watch, *World Report* – 2014. *Events of* 2013, available at: www. hrw. org/sites/default/files/wr2014_web_0. pdf, accessed 20 November 2017.

取向的规则、法律或歧视性行为。同样,非洲委员会与非洲法院对相关人权条款的澄清,可能也会影响会员法院对性取向的处理方式。目前,非洲大陆在涉及性取向条款上还没有明确立场,这不利于会员内的诉讼当事人。例如,在 2013 年尼日利亚出台《同性婚姻(禁止)法》之后,一名居住在国外的尼日利亚公民向尼日利亚联邦高等法院就该法的有效性提出疑问。该法在该国内禁止同性婚姻、取缔同性恋组织和俱乐部并对违反该法的行为施以有期徒刑。原告认为该法同时违反了《非洲宪章》中的相关条款和《尼日利亚宪法》。但尼日利亚联邦高等法院并未准许该案进入审判
160 程序,理由是原告本人的权利未遭到该法的侵害,原告也不能代表其他尼日利亚公民提起诉讼。

相比于其他区域组织,欧盟保护其他性取向人群的法律框架更为先进,这是因为该框架以长期的司法判例和健全的法律框架为基础。《欧盟运行条约》(Treaty on the Functioning of the European Union)第 10 条和第 19 条赋予了欧盟广泛的权力,可以制定禁止性别和性取向歧视的法律。因此,欧盟在这方面有诸多的一、二级立法。更重要的是,2009 年《欧盟基本权利宪章》生效,其第 21 条规定了禁止以性取向等为由进行歧视。[29] 这一规定给会员国内带来了重大变化,在欧盟所有会员国内,同性活动至少已经合法。该框架为大多数领域提供保护,但社会保障、教育与食品供应除外。欧盟仍然在努力将欧盟法覆盖这些领域,欧洲法院和欧洲人权法院(European Court of Human Rights)也在通过判例法扩大欧盟框架的保护范围。

欧洲人权法院在性取向方面的判例很重要,这是因为这些判例根据《欧盟条约》第 6 条规定与欧盟法存在直接关系。欧洲人权法院原本是要

---

[29] See European Union, *Charter of Fundamental Rights of the European Union*, 26 October 2012, 2012/C 326/02, available at: www.refworld.org/docid/3ae6b3b70.html, accessed 3 January 2018.

通过《欧盟条约》第8条规定的隐私权对其他性取向人群进行保护。它废除了将同性活动入罪的法律，并将这种法律视为对隐私权的侵犯。[30] 但在《非洲宪章》中没有明确保护隐私权的条款，这意味着这种方法在非洲背景之下不具有重要价值。但之后，欧洲人权法院转而通过《欧洲人权公约》第14条禁止歧视的规定保护其他性取向人群。《欧洲人权公约》第14条规定：

> 应当保障人人享有本公约所列举的权利和自由，不得因任何理由，例如性别、种族、肤色、语言、宗教、政治或其他见解、民族或社会出身、与少数民族的联系、财产、出生或其他身份而受到歧视。

《欧洲人权公约》第14条规定所提供的保障，不能成为一种个别或独立的免受歧视的理由，它必须与《欧洲人权公约》中的其他实体性权利合 161
并使用提出请求。特别是，《欧洲人权公约》与《非洲宪章》第2条规定一样，都未直接提及“性取向”。实际上，已解散的欧洲人权委员会曾经指出，《欧洲人权公约》第14条所规定的“性别”或“其他身份”是否包含“性取向”并不明确。[31] 但在“萨尔盖拉·达席尔瓦·穆塔诉葡萄牙案”中，[32] 欧洲人权法院消除了这一模糊性。在该案中，欧洲人权法院认定《欧洲人权公约》第14条包括性取向，因为该条中所使用的“任何理由，例如……”的措辞表明没有将性取向排除在外。因此，性取向既不属于“性别”的一

---

[30] See Dudgeon v. United Kingdom, Application No. 7525/76, Council of Europe: European Court of Human Rights, 22 October 1981; Norris v. Ireland, Application No. 10581/83, Council of Europe: European Court of Human Rights, 26 October 1988; Lustig-Prean and Beckett v. United Kingdom (2000) 29 ECHR 548.

[31] See Sutherland v. The United Kingdom, 25186/94, Council of Europe: European Court of Human Rights, 27 March 2001.

[32] See Salgueiro da Silva Mouta v. Portugal, 33290/96, Council of Europe: European Court of Human Rights, 21 December 1999.

部分，也不属于“其他身份”的一部分，而是《欧洲人权公约》第 14 条中单独存在的一项理由。

三、非洲女同性恋联盟案

与本章相关的一个非司法性案例和非洲女同性恋联盟（Coalition of African Lesbians）有关。该组织自称是“一个女权主义者、积极行动者与泛非主义者网络，由撒哈拉以南 11 个非洲国家中的 14 个组织组成，致力于促进非洲大陆内外全体女性的自由、正义和身体自主权”[33]。非洲委员会有权授予非政府组织以观察员的身份，并允许其在一定程度上参与非洲委员会的活动。[34] 非洲女同性恋联盟于 2008 年申请非洲委员会的观察员身份，在 2009 年的申请公开听证会上，许多会员代表反对这一申请。据报道，乌干达威胁如果申请获得批准，它将退出该机构。[35] 由于意见不一，该申请被推迟至 2010 年的委员会会议。在该会议上，这一申请最终被驳回，其理由是，申请者的活动没有促进和保护《非洲宪章》所保障的任何权利。这一理由在真实可靠性上是存疑的。然而，在非洲女同性恋联盟于 2014 年提出新的申请后，非洲委员会于 2015 年投票同意授予其观察员身份。当时担任非盟执行理事会主席的是津巴布韦前总统罗伯特·穆加贝，他公然表露其偏见，反对授予非洲女同性恋联盟观察员身份。2015 年 7 月，非盟执行理事会通过决定，敦促非洲委员会撤销授予非洲女同性恋联盟的观察员身份，并要求其对授予观察员身份的标准进行审查，以体现“非洲的
162 基本价值观”。[36] 这一决定，是对非洲委员会工作和程序的直接干预，破坏

---

[33] www.cal.org.za/about-us/why-we-exist, accessed on 28 November 2017.

[34] See Rule 68, *Rules of Procedure of the African Commission on Human and Peoples' Rights*, 2010.

[35] See S. Ndashe, *Seeking the Protection of LGBTI Rights at the African Commission on Human and Peoples' Rights* (2011) 15 Feminist Africa 28.

[36] See *Decision on the 38th Activity Report of the African Commission on Human and Peoples' Rights*, EX. CL/Dec. 887 (XXVII).

了非洲委员会的独立性。[37] 作为回应,非洲委员会决定对此事进行详细的法律分析,该决定已列入非洲委员会第 39 次活动报告之中。[38] 在该报告的第 50、51 段,非洲委员会指出:

> 作为回应,经广泛审议,委员会决定对此事项进行详细的法律分析,包括审议委员会与利益攸关各方的关系、非洲价值观的概念、委员会授予观察员地位的法律依据,以及退出或保留非政府组织观察员身份的影响。
>
> 在这方面,委员会还了解到,撤回非洲女同性恋联盟登记的请求现已成为要求非洲法院发表咨询意见的一个主要议题。

上述引文中所提到的议题是由南非比勒陀利亚大学人权中心和非洲女同性恋联盟提交至非洲法院的。申请人要求依据《非洲宪章》第 59 条第 3 款的规定,就执行理事会审查非洲委员会报告的权限,以及能否推翻非洲委员会就"非洲女同性恋联盟案"所作的决定发表咨询意见。[39] 但令人失望的是,非洲法院没有就案件实体问题作出裁决,而是认为申请人没有请求发表咨询意见的资格,理由是他们并非《非洲法院议定书》第 4 条第 1 款规定所指的"非盟承认的非洲组织"。非洲法院先前就社会经济权利及问责项目(Socio Economic Rights and Accountability Project)[40]发表的咨询意见已经说明,只有与非盟签署谅解备忘录的非政府组织或具有非盟

---

[37] See M. Killander, *Human Rights Developments in the African Union during* 2015 (2015) 15 (2) African Human Rights Law Journal 532.

[38] See 39th *Activity Report of the African Commission on Human and Peoples' Rights*, available at: www. achpr. org/files/activity-reports/39/actrep39_2015_eng. pdf, accessed 3 January 2018.

[39] See Application No. 002/2015, *Request for Advisory Opinion by the Centre for Human Rights (CHR) University of Pretoria, and the Coalition of African Lesbians (CAL)*.

[40] See Application No. 001/2013, *Advisory Opinion on the Request for Advisory Opinion by the Socio Economic Rights and Accountability Project.*

(而非非洲委员会)观察员地位的组织才能向法院提请咨询意见。

本章小结

非盟及其机构在处理性取向问题时所面临的困难,体现了非盟这一新
163 的法律秩序所面临的持续性挑战。历史因素、殖民遗产与宗教传统的混合交织,使在非洲处理性取向问题的任务非常艰巨。但是美洲体系的经验表明,这些挑战并不是无法克服的。就非盟自身而言,非盟各机构给出的积极信号显示出未来所蕴藏的可能性。例如,非洲委员会撤销其先前裁决并授予非洲女同性恋联盟的观察员地位,就是一种可喜的发展。但令人失望的,非盟执行理事会反对这一决定并破坏非洲委员会在处理这一问题上的独立性。此外,非洲委员会在其第 275 号决议中特别呼吁:各会员制定

> 禁止和惩罚一切暴行的适当的法律,包括基于推测的或真实的性取向或性别身份而针对个人的暴行,确保对违法者进行合理调查并严肃起诉,并建立符合受害者需要的司法程序。

该决议也提到了《非洲宪章》,包括其第 2 条的规定。这些发展体现了非洲大陆通过采取措施处理性取向问题的意愿。

第九章　非洲联盟法的执行 164

非盟法的执行机制还在形成之中。诚然，法律的执行是削弱非盟法律秩序合法性的最大挑战之一。非统及其继任者非盟都意识到了这个问题，这可以解释为什么它们采取了诸如建立非洲大陆级别的法院体系等措施。在该法院成立之前，非洲委员会作为准司法机构在人权领域发挥了重要作用。法院的发展态势表明，与非洲委员会相比，其执行程序正在细化，执行效力也在加强。本章将对以下与执行程序有关的重大问题进行讨论：诉诸法院的权利、用尽当地救济和保密的要求、临时措施的采用、补偿与赔偿、法律援助与协助以及会员报告制度。值得注意的是，非盟法，特别是在人权领域，正在对会员产生影响，有望在未来推动相关标准的协调一致。

一、非洲法院

在非洲法院成立之前，非洲委员会依据其保护职责，对其接受的有关侵犯《非洲宪章》所保护权利的来文（案件）负有专属责任，并需就此向各国通报并进行调查，以促成各方达成和解。如果无法达成和解，就由非洲委员会行使其准司法职能，对案件作出裁决。依据程序作出的裁决将列入非洲委员会的年度报告之中。尽管《非洲宪章》仅直接提及国家的来文，

但是非洲委员会可以根据“其他来文”条款接受非国家主体的来文。① 这
165 一条款使个人和非政府组织可以向非洲委员会提起申诉,也为非盟人权法的纵向直接效力奠定了基础。然而,来文只能针对《非洲宪章》的会员,而不能针对个人或私人参与者,这就排除了非盟人权法的横向直接效力。② 因此,只有当国家对侵犯人权负有责任时,才会涉及个人或私人参与者。如上文提到的那样,非洲委员会是一个准司法机构,因此其裁决的约束力经常遭到质疑。而且,非洲委员会也没有独立的机制保障其裁决的执行。有人指出,在其大多数裁决中,非洲委员会都未阐述明确具体的救济办法,这可能会对裁决的执行产生影响。③ 此外,还有人提出,非洲委员会“更倾向于发布措辞宽泛、缺乏具体规定的救济办法,例如要求被申诉国通过订立相关法律,或者是用一种模糊的或‘未来主义’的方式,要求国家采取‘措施以确保充分尊重《非洲宪章》的规定’”④。因此,非洲委员会作为准司法机关的权限就出现了问题。⑤ 非洲委员会也因其缺乏独立性而受到指责,这源于它与非洲各个国家和政府首脑之间的紧密联系。⑥ 根据《非洲宪章》第 33 条的规定,非洲委员会的 11 名成员,由国家元首和政府首脑大会从会员提名的名单中通过无记名投票选举产生,这让会员对非洲委员会及其活动有极大的控制权。2015 年非盟执行理事会的决定就是一个例证。这一决定要求非洲委员会撤销其授予非洲女同性恋联盟的观察员身

---

① Articles 55 – 59, African Charter.

② Ibid. Article 47.

③ See R. Murray, *The African Commission on Human and Peoples' Rights and International Law* (Hart Publishing, 2000) 32.

④ G. M. Musila, *The Right to an Effective Remedy under the African Charter on Human and Peoples' Rights* (2006) 6 (2) African Human Rights Law Journal 441 – 464.

⑤ See R. Wright, *Finding an Impetus for Institutional Change at the African Court on Human and Peoples' Rights* (2006) 24 (2) Berkeley Journal of International Law 463, 471.

⑥ Ibid., p. 472.

份，并审查非洲委员会对会员施加临时措施的相关条款。[7]

非洲法院的设立是为了加强人权保障机制，并解决非洲委员会在执行程序上的局限性问题。非洲法院不仅补充了非洲委员会的保护职能，而且依照目前的安排，非洲委员会有责任将案件提交至非洲法院并做好准备工作。[8] 根据建立非洲法院的议定书（《非洲法院议定书》）的相关规定，非 166
洲法院有权对“相关国家批准的”所有人权文件行使管辖权，[9]这些人权文件可能包括区域性、次区域性、双边和多边条约。[10] 实际上，在“保护人权行动组织诉科特迪瓦共和国案”中，非洲法院就采用了这种方法。在该案中，非洲法院认为其可以对会员批准的次区域级人权文件行使管辖权。[11] 这意味着，如果个人不能依据《非洲宪章》充分保障其权利，那么他就可以援引会员所签订的其他条约。[12] 这一点与非洲委员会的管辖权不同，后者只限于对《非洲宪章》的解释和适用。非洲法院的管辖权所覆盖的人权领域十分广泛，包括对公民权利、政治权利、社会经济权利和人民集体权利的侵犯。

非洲法院兼具咨询管辖权和诉讼管辖权。在一般情况下非洲法院有权受理会员、非洲委员会、非洲政府间组织以及（受到特定限制的）非政府组织和个人指控人权受到侵犯的诉讼。[13] 它也有权对会员、非盟及其机

---

⑦ See *Decision on the* 38th *Activity Report of the African Commission on Human and Peoples' Rights*, EX. CL/Dec. 887 (XXVII). See also Chapter 8.

⑧ See Article 5 of the Protocol to the African Charter on Human and Peoples' Rights on the Establishment of an African Court on Human and Peoples' Rights, 1998, OAU Doc. OAU/LEG/EXP/AFCHPR/PROT (III); African Commission on Human and Peoples' Rights v. Kenya, Application No. 006/2012.

⑨ Ibid. Article 3(1).

⑩ See R. W. Eno, *The Jurisdiction of the African Court on Human and Peoples' Rights* (2002) 2 (2) African Human Rights Law Journal 223, 226; N. J. Udombana, *Towards the African Court on Human and Peoples' Rights: Better Late than Never* (2000) 3 (1) Yale Human Rights & Development Law Journal 45.

⑪ Application 001/2014 (2016).

⑫ Supra, Eno (n. 46) at 226.

⑬ See Article 5, *African Court Protocol*.

构、经区域组织承认的任何其他组织就《非洲宪章》或其他人权文件的相关事项发表咨询意见。[14] 非洲法院就社会经济权利和问责项目（Socio Economic Rights and Accountability Project）[15]征求咨询意见中指出，只有与非盟签署谅解备忘录的非政府组织或获得非盟（而不是非洲委员会）观察员地位的组织才可以向非洲法院请求咨询意见。如本书第八章所述，这种对《非洲法院议定书》第4条第1款的狭义解释进一步限制了非政府组织向法院提起诉求。[16] 值得一提的是，在非洲法院发表有关非洲儿童权利和福利专家委员会不能根据《非洲法院议定书》将案件提交至非洲法院的咨
167 询意见后，[17]非盟执行理事会于2016年7月建议修改《非洲法院议定书》第5条第1款，以允许该委员会将案件提交至非洲法院。[18] 在有请求的情况下，非洲法院也有权对自己的判决进行解释。[19] 非洲法院的属时管辖权可延长至《非洲法院议定书》在某个会员内生效时为止，但符合由非洲委员会在“人权律师诉斯威士兰案”[20]中所确立的持续违反原则中的“持续违反”情况的除外。特别是，非洲法院在其管辖权初步确立的情况之下，似

---

⑭ Ibid. Article 4.

⑮ See Application No. 001/2013, *Advisory Opinion on the Request for Advisory Opinion by the Socio Economic Rights and Accountability Project (SERAP)*.

⑯ See Application No. 002/2015, *Request for Advisory Opinion by the Centre for Human Rights (CHR) University of Pretoria, and the Coalition of African Lesbians (CAL)*.

⑰ See Application No. 002/2013, *In the Matter of Request for Advisory Opinion by the African Committee of Experts on the Rights and Welfare of the Child on the Standing of the African Committee of Experts on the Rights and Welfare of the Child before the African Court on Human and Peoples'Rights.*

⑱ See M. G. Nyarko & A. O. Jegede, *Human Rights Developments in the African Union during* 2016 (2017) 17 (1) African Human Rights Law Journal 294, 297.

⑲ See Application No. 001/2017, Interpretation of Judgment of 20 November 2015 – Alex Thomas v. United Republic of Tanzania; Application No. 003/2017, Interpretation of the Judgment of 18 November 2016 – Actions pour la Protection des Droits de l'Homme v. Republic of Côte D'Ivoire.

⑳ Lawyers for Human Rights v. Swaziland, Communication No. 251/2002; Application No. 002/2017, Interpretation of Judgment of 3 June 2016 – Mohamed Abubakari v. United Republic of Tanzania 5, 18th Activity Report.

乎已经将其管辖权扩大至依据《非洲宪章》,以对各会员法律的合宪性进行评估。[21]

二、个人与非政府组织诉诸法院的权利

为行使诉讼管辖权,非洲法院可以行使强制性(自动的)或任择性管辖权。根据其强制性管辖权,《非洲法院议定书》第5条第1款规定下列组织可以向非洲法院提交案件:

(1)非洲委员会;

(2)向非洲委员会申诉的会员;

(3)被诉至委员会的会员;

(4)其公民遭受人权侵犯的会员;

(5)非洲政府间组织。

另外,根据《非洲法院议定书》第5条第2款的规定,最初不涉及案件但与案件有利害关系的会员也可以将案件诉诸非洲法院。[22]

非洲法院的任择性管辖权适用于其他当事方,例如个人和在非盟委员会具有观察员地位的非政府组织。相比于诉诸非洲委员会的程序,非国家 168
主体诉诸非洲法院的程序受到严格限制。首先,非洲法院只有在会员明确声明接受非洲法院审理此类案件的管辖权时,才会受理由其他申诉方所提交的案件。[23] 尽管目前已经有30个会员接受了非洲法院的管辖权,但是

[21] See Application Nos. 009 &011/2011, Tanganyika Law Society and The Legal and Human Rights Centre v. The United Republic of Tanzania and Reverend Christopher Mtikila v. The United Republic of Tanzania; Application No. 003/2012, Peter Joseph Chacha v. The United Republic of Tanzania, Application, 114.

[22] See *Protocol to the African Charter on Human and Peoples' Rights on the Establishment of the African Court on Human and Peoples' Rights.*

[23] Ibid. Article 34(6).

只有 8 个国家作出了允许个人与非政府组织直接诉诸非洲法院的声明。这 8 个国家是：贝宁、布基纳法索、科特迪瓦、加纳、马拉维、马里、坦桑尼亚和突尼斯。不做这种声明的后果是，非洲法院不得对个人或非政府组织针对未做声明的会员提起的案件行使管辖权。㉔ 引人注意的是，会员可以撤回声明。实际上，在 2016 年，卢旺达就撤回了声明。声明的可撤回性被视为非洲法院将来合法性的一个缺陷和挑战。㉕ 其次，非洲法院保留了自由裁量权，在其认为合适的特定案件中，可以行使或拒绝行使管辖权。㉖ 朱马（Juma）将这些诉诸法院的障碍描述为“对非洲人权体系的攻击”㉗。

非洲人权法院体系要求会员作出声明的做法，与其他国际人权法院体系中的程序法相一致。㉘ 但是，美洲人权法院体系对受害者进行了限制，要求个人提起的案件只有在与美洲人权委员会干涉后才可提交至美洲人权法院。该体系不允许个人直接向美洲人权法院起诉，这被视为其最大的

㉔ See Application No. 002/2012, Delta International Investments v. Republic of South Africa; Application No. 004/2012, Emmanuel Joseph Uko and Others v. Republic of South Africa; Application No. 005/2012, Amir Adam Timan v. Republic of the Sudan; Application No. 007/2012, Baghdadi Ali Mahmoudi v. Republic of Tunisia; Application No. 001/2008, Michelot Yogogombaye v. The Republic of Senegal; Application No. 002/2011, Soufiane Ababou v. People's Democratic Republic of Algeria; Application No. 005/201, Daniel Amare & Mulugeta Amare v. Mozambique Airlines & Mozambique (ACtHPR, 16); Application No. 006/2011, Association Juristes d'Afrique pour la Bonne Gouvernance v. La Côte d'Ivoire; Application No. 008/2011, Ekollo Moundi Alexandre v. Republic of Cameroon and the Federal Republic of Nigeria; Application No. 012/2011, National Convention of Teachers Trade Union v. The Republic of Gabon.

㉕ Supra, Nyarko & Jegede (2017).

㉖ Supra (note 22), Article 5(3).

㉗ D. Juma, *Access to the African Court on Human and Peoples' Rights: A Case of the Poacher turned Gamekeeper* (2007) 4 (2) Essex Human Rights Review 1 at 3.

㉘ See Article 41 ICCPR [International Covenant on Civil and Political Rights, G. A. res. 2200A (XXI), 21 U. N. GAOR Supp. (No. 16) at 52, U. N. Doc. A/6316 (1966), 999 U. N. T. S. 171]; Article 21(1), *Convention Against Torture* (G. A. res. 39/46, [annex, 39 U. N. GAOR Supp. (No. 51) at 197, U. N. Doc. A/39/51 (1984)]); Articles 25(1) and 46(1) *European Convention for the Protection of Human Rights and Fundamental Freedoms* (213 U. N. T. S. 222 as amended); Article 44(1) of *the American Convention on Human Rights* (O. A. S. Treaty Series No. 36, 1144 U. N. T. S. 123).

缺点之一。[29] 这一点与欧洲人权保护机制不同。《欧洲公约》第 11 条规定：

> （欧洲人权）法院可受理由任何声称其被某一缔约方侵犯公约或议定书中所规定权利的受害者的个人、非政府组织或个人团体所提出的申请。[30] 169

《非洲法院议定书》第 5 条第 3 款可理解为鼓励各国签署该议定书，不用担心该法院被非国家主体利用以反对国家。伊诺（Eno）认为：

> 尽管《非洲法院议定书》第 5 条第 3 款的限制也许对各国批准议定书而言是必需的，但是该条款令人失望，这是对非洲法院地位和名誉的可怕打击。毕竟，非洲法院的主要受益者和使用者是个人和非政府组织，而不是非洲委员会、区域性政府间组织或缔约国。法院并不是用来保护国家权力的机构。人权法院的存在主要是为了保护公民权利免受国家和其他政府机构的侵害。[31]

对诉诸法院进行不合理限制的另一个方面，是规定只有"获得委员会观察员地位的相关非政府组织"才可以诉诸法院。[32] 伊诺准确指出，这是一种独特且危险的限制，[33]因为在确定相关非政府组织的含义时没有任何依据。因此伊诺认为，非洲委员会可以对此作出决定，它可以对定期向其提交报告的非政府组织进行审查，这也意味着没有获得非洲委员会观察员

---

[29] Supra, Wright, 478.

[30] Protocol No. 11, to the *Convention for the Protection of Human Rights and Fundamental Freedoms*, Article 34, which replaced Article 44 of the European Convention.

[31] Supra, Eno, 231.

[32] See Article 5(3), *African Court Protocol*.

[33] Supra, Eno, 231.

地位的非政府组织被完全排除在外。[34] 这与美洲体系大不相同。美洲委员会允许经由一个或多个会员在法律上承认的任何非政府组织向美洲委员会提起诉讼,必要时可将案件转送至美洲法院。[35] 如果非洲法院在其司法判例中就这些条款的解释采取一种开放的态度,那么这些条款也许并不必然成为其向前发展的阻碍。

170 ## 三、用尽当地救济

用尽当地救济要求是非盟法执行程序中的一个关键问题。根据《非洲法院议定书》第 6 条规定,非洲法院在裁定案件可否受理时必须考虑《非洲宪章》第 56 条。该条列举了非洲委员会和非洲法院审议和受理来文的标准。其中两项可受理标准至关重要,经常在非洲委员会和非洲法院的案件中被援引。这两项标准分别被规定在《非洲宪章》第 56 条的第 5、6 款中。第 56 条第 5 款规定,所提交的来文或案件须用尽当地救济办法,除非该国国内程序有明显不合理的拖延;第 56 条第 6 款规定,来文或案件须在用尽当地救济或在委员会了解此事之后的合理期限内提交。第二个标准中所涉及的合理期限,须依据事实并基于个案分析确定。例如,在"法鲁克·穆罕默德·易卜拉欣博士诉苏丹案"中,[36]非洲委员会认定,根据《非洲宪章》第 56 条第 5 款的规定,对来文不予受理。其理由是,基于所提供的证据,从用尽当地救济到向非洲委员会提交来文,用时达 15 个月,这不是一个合理的期间。两年的拖延时间也被视为不合理。[37] 同样,在"J·E·齐塔和 P·J·L·齐塔诉莫桑比克案"中,13 年的拖延时间也被视为

---

[34] Ibid.

[35] Ibid. Article 44, American Convention on Human Rights.

[36] See Dr. Farouk Mohamed Ibrahim (represented by redress) v. Sudan, February 2013, ACHPR, 386/2010, 13th Extra-ordinary Session.

[37] See Article 19 and Others v. Zimbabwe, Communication No. 305/05 (2010).

不合理的拖延。[38]

必须指出,提交至非洲委员会和非洲法院的许多案件都是因为没有用尽当地救济而败诉的。随着时间的推移,非洲委员会和非洲法院的判例极大地推动和影响了《非洲宪章》第 56 条规定的适用。通常,只有当原告确实经过了国内的各级审判之后,才可以说用尽了当地救济。如未遵守用尽当地救济规则,将导致该申诉不被受理。[39] 非洲委员会认为,国内人权委员会的程序不符合用尽当地救济要求,只有向法院提起诉讼才符合程序要求。根据非洲委员会在"库乔诉加纳案"中的判决,《非洲宪章》第 56 条第 5 款中的当地救济是指向具有司法性质的法院寻求救济,因而加纳人权委员会并不属于这种机构。[40] 因此,申述方必须将其诉讼提交至会员内独立 171
的司法机构受理,该司法机构还必须拥有提供救济办法的强制力与执行力。根据《非洲宪章》的相关规定,准司法机构不具有这些权力。[41] 非洲委员会还认为,向会员首脑、联合国特别报告员和大赦国际寄送信件,也不符合用尽当地救济的要求。[42]

而且,非洲委员会认定,申诉人所用尽的当地救济必须是"可利用的、有效的、充分的"。根据非洲委员会对"道达 · 贾瓦拉诉冈比亚案"的裁决:第一,当申诉人在寻求救济时不受阻碍,那么这种救济就是"可利用的";第二,当救济有合理胜算,那么它就是"有效的";第三,当救济能够提供所需要的补偿,那么它就是"充分的"。[43] 但是非洲委员会认为,仅仅对国内救济的有效性表示怀疑并不足以替代《非洲宪章》第 56 条的规定。

㊳ See Communication 361/08, paragraphs 95 – 116 (2011).

㊴ See Diakite Couple v. Republic of Mali, Application No. 009/2016.

㊵ See Alfred B. Cudjoe v. Ghana, Communication No. 221/98 (2000).

㊶ See Priscilla Njeri Echaria (represented by Federation of Women Lawyers, Kenya and International Center for the Protection of Human Rights) v. Kenya, Communication No. 375/09 (2011).

㊷ Supra, J. E. Zitha & P. J. L. Zitha (represented by Prof. Dr. Liesbeth Zegveld) v. Mozambique.

㊸ See Dawda Jawara v. The Gambia, Communication Nos. 147/95 & 149/96 (2000).

在“阿努克司法委员会诉埃塞俄比亚案”中，[44]非洲委员会声称：

> 申诉人仅仅是对国内救济的有效性提出疑问。委员会认为，每位申诉人必须用尽当地救济的每一个必要步骤，或者至少尝试用尽当地救济。申诉人不能因为某个孤立或过去的事件就诽谤国家的救济能力。对此，非洲委员会想援引人权委员会在“A 诉澳大利亚案”中的裁定，即“仅仅怀疑当地救济的有效性，并不能够免除申诉人寻求当地救济的责任”。因此，非洲委员会不能因为这种理由就宣布受理来文。哪怕救济办法只存在极小的有效可能性，申诉人也必须寻求这种救济。未尝试利用当地救济就认为它们不可能成功，这根本不可能说服委员会。

如果救济办法不能随时使用，而且只有在对申诉人造成损害的情况下才能使用，那么就不能适用用尽当地救济。[45] 如果救济不能在合理期限内
172 获得，那么这一要求也同样不再适用。在“尼克松·尼卡季诺诉津巴布韦案”中，[46]非洲委员会说明了这一要求背后的原理。非洲委员会指出：

> 非洲委员会已经通过判例清楚地表明，申诉人在诉诸委员会之前需用尽当地救济，其目的是让被申诉国有机会通过本国的组织机关自行纠正其被指控的侵犯人权的行为。这一做法产生于补充原则，该原则规定国际或区域机制不得也不能代替国内法

---

[44] See Anuak Justice Council v. Ethiopia, Communication No. 299/05 (2006). See also David Mendes (represented by Centre for Human Rights) v. Angola, Communication No. 413/12 (2013).

[45] See The Attorney General of the United Republic of Tanzania v. African Network for Animal Welfare, Appeal No. 3 of 2014, 61 - 62.

[46] See Nixon Nyikadzino (represented by Zimbabwe Human Rights NGO Forum) v. Zimbabwe, Communication No. 340/07 (2012).

> 院，只有当国内法院或法庭未能伸张正义时，国际或区域机关才可以行使管辖权受理案件。这也是非洲委员会严格适用用尽当地救济规则的原因，只有在少数基于正当理由的情况下才会放弃适用这一要求。

根据《非洲宪章》第56条规定，如果在用尽当地救济过程中存在“不合理的迟延”，那么就可以放弃该条的要求。虽然该条并未对“不合理的迟延”作出定义，但非洲委员会已经认定，提交至国内上诉法院的案件在上诉程序中处于待决状态达到18个月，它就可以受理这类案件。[47] 一个处于待决状态达12年的案件也得到了类似处理。[48] 非洲委员会也认为，对申诉人或其亲属的人身安全进行威胁也可作为对国内救济可利用性的相关考量因素。[49] 在“法鲁克·穆罕默德·易卜拉欣博士诉苏丹案”中，[50] 非洲委员会认定，对遭受迫害的恐惧属于用尽当地救济要求的例外情况。这一决定与非洲委员会在“吉弗莫尔·查里诉津巴布韦案”的裁决形成对比。[51] 在后一案件中，申述人提出他之所以没有用尽当地救济，是因为他担心如果返回津巴布韦会有生命危险。但非洲委员会没有被这一理由说服。此外，非洲委员会指出，诉至国内法院和用尽当地救济，申诉人本人并不需要亲自在该国内。非洲委员会还认定，如果会员的动乱状态妨碍了正 173

---

[47] See Odjouoriby Cossi Paul v. Benin, Communication No. 199/97 (2004).

[48] See African Commission, Enga Mekongo v. Cameroon, Communication No. 59/91 (1995).

[49] See Gabriel Shumba v. Zimbabwe, Communication No. 288/2004 (2012), 63, 74; Rights International v. Nigeria, Communication No. 215/98 (1999), 24; Alhassan Abubakar v. Ghana, Communication No. 103/1993 (1996), 31; John D. Ouko v. Kenya, Communication No. 232/99 (2000), 19, 39; Supra, Dawda Jawara v. The Gambia, 35; Institute for Human Rights and Development in Africa (on behalf of Jean Simbarkiye) v. Democratic Republic of Congo, Communication No. 247/02 (2006).

[50] Supra, Dr. Farouk Mohamed Ibrahim (represented by Redress) v. Sudan.

[51] See Givemore Chari (represented by Gabriel Shumba) v. Zimbabwe, Communication No. 351/07 (2012).

常的法律程序,并导致其宣布进入紧急状态,那么用尽当地救济的要求也不适用。[52] 如果会员制定法律或法令剥夺了法院的管辖权,使国内的救济机制不复存在,或是会员颁布赦免法律阻止申诉人向侵权人寻求救济,那么也不再适用此项要求。[53]

非洲法院还认为,用尽当地救济的要求不适用于"额外的"救济方法。在"昂亚齐和恩约克诉坦桑尼亚案"中,[54]被告辩称,经由坦桑尼亚司法机关定罪的原告在诉诸非洲法院之前,应首先向坦桑尼亚提请宪法复审。非洲法院依据其在"穆罕默德·阿布巴卡里诉坦桑尼亚案"中[55]的判决,认为这种宪法复审请求不是一般程序,而是一种在例外情况下的额外救济方式。因此,未寻求该救济办法不妨碍原告向非洲法院提交案件。[56]

展望未来,非洲法院的做法对申述人诉诸法院将产生重要影响。如果非洲法院严格适用《非洲宪章》第 56 条规定,那会给个人与非政府组织诉诸法院带来阻碍。有人认为,在非洲法院的议事规则中应明确要求国内救济应当有效且充分,否则就不需要用尽救济。[57] 这样的条款可以参照美洲人权委员会的议事规则,其规定如下:

---

[52] See Law Office of Ghazi Suleiman v. Sudan, Communication No. 220/98 (2003); Civil Liberties Organisation v. Nigeria, Communication No. 129/94 (2000).

[53] See Media Rights Agenda and Others v. Nigeria, Communication Nos. 105/93, 128/94, 130/94 and 152/96 (1998); Civil Liberties Org v. Nigeria, Communication No. 129/94 (1995); Law Society of Zimbabwe et al. v. Zimbabwe, Communication No. 321/06 (2013); Zimbabwe Human Rights NGO Forum v. Zimbabwe, Communication No. 245/02 (2006); Monim Elgak, Osman Hummeida and Amir Suliman [represented by International Federation for Human Rights (FIDH) and World Organization Against Torture (OMCT)] v. Sudan, Communication No. 379/09 (2014).

[54] See Application No. 003/2015.

[55] See Mohammed Abubakari v. The United Republic of Tanzania, Application No. 007/2013.

[56] See also Christopher Jonas v. The United Republic of Tanzania, Application No. 011/2015.

[57] Supra, Wright, 479.

1. 为决定某一事项是否可以受理,委员会应当依据公认的国际法原则,核实国内法律体系内的救济办法是否已经被使用而且用尽。

2. 有下列情形之一的,不适用前款规定:

(1)有关国家的国内立法未对被指控受到侵害的权利的保护提供适当的法律程序;

(2)根据该国的国内法,权利受到侵害的当事人被拒绝寻求 174
救济,或被阻碍用尽救济办法;

(3)无正当理由拖延依据上述救济方式作出的最终判决。

3. 当申诉人声称其无法证明履行了本条规定,那么除非有明确记录,否则应由有关国家证明其之前并未用尽国内法规定的救济办法。[58]

非洲委员会还以《非洲宪章》第56条第2款为由驳回了一些案件。该条款规定申诉或案件必须不能与《非洲宪章》矛盾。就"穆罕默德·阿卜杜拉·萨利赫·阿萨德诉吉布提案",非洲委员会声明对该来文不予受理,理由是申诉人未能提供确凿证据证明其权利是在吉布提内发生的。申诉人在该案件中主张,他被绑架到一个秘密地点,而这个秘密地点,他"确信"是在被申诉国即吉布提境内。[59]

四、保密要求

《非洲宪章》对保密要求进行了强调。其第59条规定,对于在本宪章

---

[58] *Rules of Procedure of the Inter-American Court of Human Rights*, *Annual Report of the Inter American Court of Human Rights*, 1991, O. A. S. Doc. OEA/Ser. L/V/Ⅲ. 25 doc. 7 at 18 (1992), *reprinted in Basic Documents Pertaining to Human Rights in the Inter-American System*, OEA/Ser. L. V/Ⅱ. 82 doc. 6 rev. 1 at 145 (1992).

[59] See Mohammed Abdullah Saleh Al-Asad v. The Republic of Djibouti, Communication No. 383/10 (2014).

规定范围内就相关事项包括来文所采取的一切措施,在国家元首和政府首脑大会另外作出决定之前,应始终处于保密状态。这一条款给予国家元首和政府首脑对处理程序施加不当影响的权力。但就法院而言,《非洲法院议定书》第10条第1款规定,法院应公开审判,但也可以依据议事规则不公开审理[60]。目前,法院的议事规则给予法院在不公开审理方面很大的裁
175 量权。该规则第43条规定:“基于公共道德、安全或秩序的需要,法院可以自行或应一方当事人的请求不公开审理案件。”[61]于是法院自成立以来,就一直行使其裁量权未公开审理过案件。[62] 有建议提出,该规则应规定,法院应只在极个别的情况下适用保密要求,如出于保护个人隐私的必要。[63] 鉴于公开是迫使会员遵守人权机构裁判规则的一种重要方式,所以上述保密条款在一定程度上减少了会员因法院的不利裁决对其产生的威慑力。

五、临时措施/命令

非洲委员会作为准司法机构,其最有影响力的执行机制也许是采用过渡性或临时性措施,如禁制令。非洲委员会有时会采用这类措施以避免不可挽回或无法弥补的损害。[64] 当申诉人提出请求时,非洲委员会会积极主动采取临时性措施。[65] 重要的是,在“国际笔会等诉尼日利亚案”中,非洲委员会认定这种临时措施具有约束力,如果会员无视或拒绝履行这类措

---

[60] Ibid.

[61] Rules of Court (2010), available at: http://en.african-court.org/images/Protocol-Host%20Agrtmt/Final_Rules_of_Court_for_Publication_after_Harmonization_-_Final__English_7_sept_1_.pdf, accessed 29 November 2017.

[62] Supra, Diakite Couple v. Republic of Mali.

[63] Supra, Wright, 482.

[64] See Rule 111 of the *Rules of Procedures of the African Commission on Human and Peoples' Rights*, adopted on the 6 October 1995, allows the Commission to grant interim provisional orders. See U. O. Umozorike, *The African Charter on Human and Peoples' Rights: Suggestions for More Effectiveness* (2007) 13 Annual Survey of International & Comparative Law 179, 186.

[65] Supra, Musila.

施，将被认定违反《非洲宪章》第 1 条的规定。[66] 随着非洲法院的设立，采用临时措施的权力进一步增强，非洲法院有权自行或应当事方申请准予采取临时性措施，以维护当事人的权利。根据《法院议事规则》第 51 条规定，非洲法院有权在特别严重、紧急和必要的情况下准予采取临时性措施，以避免不可弥补的损害。“非洲人权和民族权委员会诉利比亚案”就是一
个适例。[67] 在该案中，非洲法院主动发布了一个临时性命令。2011 年 3 176
月，鉴于卡扎菲政府对利比亚国内的抗议活动进行了高强度的镇压，非洲委员会向非洲法院提起了对利比亚的诉讼。[68] 在诉讼中，非洲委员会指称，在利比亚的班加西、艾拜达、艾季达比耶、扎伊瓦和德尔纳发生和平示威之后，利比亚安全部队进行了暴力镇压，随意开枪致使多人死伤。非洲委员会指出，利比亚安全部队过度使用武力且不成比例。它还指称，安全部队的行动严重侵犯了生命权和人身完整权、言论自由、示威和集会自由，侵犯了《非洲宪章》第 1、2、5、8、11、12、13 条和第 23 条所规定的权利。[69] 非洲委员会在向非洲法院提起申诉时，并未请求非洲法院采取临时措施。然而，非洲法院依据《非洲宪章议定书》第 27 条第 2 款和《法院议事规则》第 51 条第 1 款所授予它的权力，就该案中是否作出临时命令进行了审议。非洲法院认为，鉴于有初步证据表明利比亚人民可能受到无法弥补的伤害，所以需要作出临时命令。因此，非洲法院下令，利比亚应当“立即停止采取任何可能导致人员伤亡或人身安全受到侵犯的行动”[70]。它还通知利比亚政府在命令下达之日起 15 天内向非洲法院报告为执行命令而采取的

---

[66] See International Pen and Others (on behalf of Saro-Wiwa) v. Nigeria, Communication Nos. 137/94, 139/94, 154/96 and 161/97 (1998). See also, Supra, Wright, 463, 471.

[67] See In the Matter of African Commission on Human and People's Rights v. Great Socialist People's Libyan Arab Jamahiriya, Application No. 004/2011.

[68] Ibid.

[69] Ibid., paragraph 2.

[70] Ibid., paragraph 25.

措施。[71] 表面上看,这是非洲法院所采取的一项值得赞许的举动。不过,利比亚政府当时无视这一命令,并在命令下达后继续对抗议者进行镇压,这暴露了非洲法院判决执行程序的缺陷。迄今为止,非洲法院对大约 25 个不同的案件采取了临时性措施。[72]

177

六、补偿(赔偿)

对确有证据证明其宪章权利受到侵犯的申诉人进行补偿,《非洲宪章》本身并无条款对此加以明确规定。在实践中,非洲委员会显然并不鼓励申诉人提出具体的补偿或提交证据以支持其补偿请求。[73] 从提交至非洲委员会的案件来看,绝大部分都不包含具体补偿请求。[74] 然而,非洲委

---

[71] Ibid.

[72] See Application No. 004/2011-African Commission on Human and Peoples' Rights v. Great Socialist People's Libyan Arab Jamahiriya; Application No. 006/2012 – African Commission on Human and Peoples' Rights v. Republic of Kenya; Application No. 002/2013 – The African Commission on Human and Peoples' Rights v. Libya; Application No. 004/2013 – Lohe Issa Konate v. Burkina Faso; Application No. 001/2015 – Armand Guehi v. United Republic of Tanzania; Application No. 007/2015 – Ally Rajabu and Others v. United Republic of Tanzania; Application No. 003/2016 – John Lazaro v. United Republic of Tanzania; Application No. 004/2016 – Evodius Rutechura and Theobard Nestory v. United Republic of Tanzania; Application No. 015/2016 – Habiyalimana Augustino and Another v. United Republic of Tanzania; Application No. 017/2016 – Deogratius Nicolaus Jeshi v. United Republic of Tanzania; Application No. 018/2016 – Cosma Faustine v. United Republic of Tanzania; Application No. 021/2016 – Joseph Mukwano v. United Republic of Tanzania; Application No. 024/2016 – Amini Juma v. United Republic of Tanzania; Application No. 048/2016 – Dominick Damian v. United Republic of Tanzania; Application No. 049/2016 – Chrizant John v. United Republic of Tanzania; Application No. 050/2016 – Crospery Gabriel & Another v. United Republic of Tanzania; Application No. 051/2016 – Nzigiyimana Zabron v. United Republic of Tanzania; Application No. 052/2016 – Marthine C. Msuguri v. United Republic of Tanzania; Application No. 053/2016 – Oscar Josiah v. United Republic of Tanzania; Application No. 056/2016 – Gozbert Henerico v. United Republic of Tanzania; Application No. 057/ 2016 – Mulokozi Anatori v. United Republic of Tanzania; Application No. 012/2017 – Prof. Lèon Mugesera v. Republic of Rwanda.

[73] See REDRESS, *Reaching for Justice: The Right to Reparation in the African Human Rights System*, October 2013, available at: www.refworld.org/docid/528343bf4.html, accessed 4 January 2018.

[74] Ibid.

员会在面对补偿请求或其他具体个人救济时，其通常做法与美洲人权制度类似。[75] 非洲委员会在实践中往往让会员根据国内法就损害赔偿额作出最后决定，以对违反《非洲宪章》的裁决进行救济。但值得赞扬的是，非洲委员会曾有几次就个人具体赔偿请求下达明确命令。[76] 在"埃及个人权利倡议和国际人权法律保护中心诉埃及案"中，[77]非洲委员会首次下达了这样的命令。

在该案中，申诉人代表四位女性向非洲委员会提起申诉，这四位女性参加了埃及国内的抗议活动。申诉人指称，这些抗议者在被防暴警察逼到墙角后，被政府支持者攻击。当时，这些女性（申诉人）遭受了恐吓、侮辱和性骚扰。申诉人要求埃及向她们每人支付57,000埃及镑。非洲委员会认定，在该案中，申诉人受《非洲宪章》保护的几项权利都受到了侵犯。但更重要的是，非洲委员会进一步要求埃及对每一位原告进行赔偿，向每人支付57,000埃及镑，以对她们所遭受的身体与精神损害和其他创伤进行补偿。

与非洲委员会不同，非洲法院有权直接对受《非洲宪章》保护而受侵害的权利进行补偿。《非洲法院议定书》第27条规定："当法院发现存在侵犯人权或民族权的行为时，应当下达适当的命令进行救济，包括支付公平合理的补偿或赔偿费用。"在履行这一职能时，非洲法院似乎通常履行 178

[75] See Article 25, American Convention of Human Rights 1144 UNTS 123, Velasquez Rodriquez v. Honduras (Preliminary Exceptions) (1987) 1 Inter-Am Ct HR (ser C), paragraph 91, Genie Lacayo v. Nicaragua (1998) 30 Inter-Am Ct HR (ser C).

[76] See Malawi African Association & Others v. Mauritania (2000) AHRLR 149 (ACHPR 2000); Pagnoulle (on behalf of Mazou) v. Cameroon (2000) AHRLR 55 (ACHPR 1995); Mouvement Burkinabé des Droits de l'Homme et des Peuples v. Burkina Faso (2001) AHRLR 51 (ACHPR 2001).

[77] See Egyptian Initiative for Personal Rights and Interights v. Egypt, ACHPR, Communication No. 323/06 (2011).

的是保留给国内法院的职能。[78] 根据《马拉博议定书》的相关规定，与非洲法院有关的涉及补偿的条款得到了进一步的扩展，该议定书规定：

> 法院应在《法院议事规则》中确立有关对受害人进行赔偿或与受害人有关的原则，包括恢复原状、赔偿损失和恢复健康。在此基础上，法院在其判决中，可根据请求或在特殊情况下自行决定采取行动，确定受害人的任何损害、损失或伤害的范围和程度，并说明其行为所依据的原则。[79]

要注意的是，非洲法院可以下达命令，包括对会员法律秩序产生直接影响的命令。例如，在"洛和·以撒·科纳特诉布基纳法索案"中，非洲法院就下达了要求布基纳法索修改国内立法的命令，并告知其应如何修改。根据该判决，非洲法院要求布基纳法索：

> 修订有关诽谤的法律，废除对诽谤行为施加监禁的刑罚，并修改其立法以确保对诽谤的其他制裁符合必要性和相称性要求。[80]

七、法律援助与协助

如本书第六章所述，《非洲宪章》第 7 条有关法律代理的规定是执行程序中的一个主要缺陷。该第 7 条并未明文规定国家应当提供法律援助

---

[78] See G. Pecorella, *The African Court on Human and Peoples' Rights and its Case Law: towards a Supreme Court for Africa*?, available at: https://aninternationallawblog.wordpress.com/2015/06/22/the-african-court-on-human-and-peoples-rights-and-its-case-law-towards-a-supreme-court-forafrica/#_ftn5, accessed 4 January 2018.

[79] Article 45, Malabo Protocol.

[80] Lohé Issa Konaté v. Burkina Faso, Application No. 004/2013 (2014).

或协助，但在《欧洲人权公约》第6条、[81]《美洲人权公约》第8条中，[82]都规
定了国家应当提供这种法律援助或协助。《非洲宪章》第7条规定的这一
缺陷，可能会阻碍人们寻求司法救济，从而剥夺其在非洲法院和会员内部
法院接受公正审判的权利。《非洲宪章》第7条也因其未保障在需要时请
求译员的权利而受到诟病。[83] 非洲委员会试图通过一系列决议解决这些
问题。在“关于追索权和公平审判的决议”[84]中，非洲委员会扩大了《非洲
宪章》第7条规定的范围，增加了在需要时免费得到译员协助的权利。此 179
外，2003年通过的《非洲公平审判和法律援助权利原则和准则》[85]规定了
法律援助和协助事项。

八、未来：非洲正义、人权和民族权法院

本书第二章提到，在2008年7月的非洲首脑峰会上通过了一项议定书，旨在将非盟法院与非洲法院合并，并重新命名为“非洲正义与人权法院”。[86] 这项决定的背后动因是节约成本并减少人权机构在非洲大陆的扩散。《马拉博议定书》进一步对该法院作出了根本性变革，包括将法院的名称更改为“非洲正义、人权和民族权法院”。[87]

根据《马拉博议定书》的规定，该法院将由三个部分组成：一般事务

---

[81] See ETS No. 5.

[82] See OAS Official Records, OEA/Ser. K/XVI/I/I.

[83] See M. K. Mbondeyi, *Improving the Substance and Content of Civil and Political Rights under the African Human Rights System* (2008) 17 (2) Lesotho Law Journal 37, 76.

[84] The African Commission on Human and Peoples' Rights, meeting in its 11th Ordinary Session, in Tunisia, 2 – 9 March 1992.

[85] See *The Principles and Guidelines on the Right to a Fair Trial and Legal Assistance in Africa*, DOC/OS(XXX) 247, reprinted in (2005) 12 International Human Rights Reports 1180.

[86] See *Protocol on the Statute of the African Court of Justice and Human Rights*, Adopted by the 11th Ordinary Session of the Assembly of the African Union, Held in Sharm El-Sheikh, Egypt, 1 July 2008 (Statute of the African Court).

[87] See Protocol on Amendments to the Protocol on the Statute of the African Court of Justice and Human Rights (Malabo Protocol).

部、人权与民族权利部、国际刑法部。正如本书第二章所述，法院的一个重大改变是根据议定书，将管辖权的范围扩大至国际犯罪。一般事务部负责处理缔约国违反条约义务、非盟行使权力以及根据《马拉博议定书》修正后第 28 条提交的所有案件，但分配给法院其他部门的案件除外。人权与民族权利部专门负责人权与民族权利相关事宜，而国际刑法部负责审理与《马拉博议定书》所列罪行有关的案件。[88]

根据修正后的《非洲法院规约》第 29 条规定，会员、首脑大会、议会、非盟其他机关、非盟职员、和平与安全理事会和检察官办公室有权向法院提起诉讼。[89]《非洲法院规约》明确将不是非盟会员的国家和尚未批准议定书的会员排除在其管辖范围之外。

根据修正后的《非洲法院规约》第 30 条规定，会员、非洲委员会、非洲
180 儿童权利和福利专家委员会、经认可的非洲政府间组织、非洲各国内人权机构和个人可以提交与人权法律文件有关的案件。[90] 但必须指出，非政府组织与个人在诉诸法院时受到限制。法院只受理作为原告的非政府组织或个人所提交的针对已作出特别声明接受法院管辖权的案件。[91] 与《非洲宪章》第 55 条对非国家主体诉诸非洲委员会的限制相比，这项规定的限制性更强。会员可能并不太急于作出这种声明，因为这可能会使他们面临更多诉讼。原来的非洲法院议定书中的条款所获支持不多，事实上，只有两个国家（布基纳法索和马里）作出了同意诉诸法院的声明。此外，非政府组织只有得到非盟或其机构的认可才可以获准诉诸法院。

《非洲法院规约》中有一些条款可能使该法院相比于非洲法院和非洲委员会而言更有效。与非洲委员会或非洲法院，甚至欧洲人权法院和美洲人权法院这些只执行一部条约的机构相比，该法院的管辖范围十分广泛。

---

[88] Ibid. Article 7.

[89] See Article 29 of the Statute of the African Court as Amended by the Malabo Protocol.

[90] Ibid. Article 30.

[91] Ibid. Articles 8(3) and 30(f).

另外，如上所述，法院有权主动或应当事方请求，准予采取临时措施（如禁令），以维护当事人的权利。[92] 法院判决的执行也将比非洲法院和非洲委员会更有力，会员有义务遵守法院的判决。[93] 但是，如果会员不遵守判决，法院可应争端任意一方的申请，将此事提交至非盟大会，非盟大会可决定为执行判决需采取的措施。[94] 根据《非洲宪章》第 46 条第 5 款的规定，这些措施包括实施制裁。

九、其他机制

根据《非洲宪章》第 62 条的规定，各会员承诺自宪章生效之日起，每两年提交一份关于为实施该宪章所确认和保障的权利和自由而采取的立法或其他措施的报告。会员根据《非洲宪章》要求提交报告旨在监督会员遵守《非洲宪章》的情况，并在会员之间就促进及保障人权问题开展持续性对话。该报告机制还意在鼓励会员间互相学习各自执行《非洲宪章》条 181
款的经验。但实践中，报告机制的收效非常有限，会员不履行义务的情况很多。即使缔约国提交了报告，这些报告也普遍欠缺深度、质量和一致性。截至 2016 年，只有不到半数的会员定期提交报告。19 个会员提交了最新报告，2 个会员有 1 份报告逾期，7 个会员有 2 份报告逾期，5 个会员有 3 份报告逾期，14 个会员有 3 份以上报告逾期，而 6 个会员从未提交过报告。[95] 在 1998 年非洲委员会第四次常会上，通过了关于报告形式和内容的一般性指导规则，以鼓励各国履行报告义务。[96] 但由于其复杂性、重复性、篇幅

---

[92] Ibid. Article 35.

[93] Ibid. Article 46(1).

[94] Ibid. Article 46(3).

[95] Supra, Nyarko and Jegede, 298.

[96] See T. S. Bulto, *Beyond the Promises: Resuscitating the State Reporting Procedure under the African Charter on Human and Peoples' Rights* (2006) 12 *Buffalo Human Rights Law Review* 57 at 77.

过长并且缺乏连贯性,这份指导规则并没有任何帮助。[97] 非洲委员会试图通过对这份指导规则的 11 处修正案来解决这些问题,但这却走向了另一个极端。[98] 这份修正案由于过于简短因而没有任何意义,也没有改善对《非洲宪章》第 62 条规定的履行情况。

对于一些具体文件,还为其特设了其他管理体系,其中包括非洲儿童权利和福利专家委员会。该委员会负责接收和审查有关为执行《非洲儿童权利和福利宪章》而采取的措施和所取得的进展的国家报告。该委员会也有权对《非洲儿童权利和福利宪章》所覆盖的事项进行调查。基于《非洲宪章》第 46 条规定,该委员会也可以派遣特别报告员对某些具体事项开展调查并进行报告,这些具体事项包括:生命权和免受法外处刑的权利、妇女权利、被监禁者权利、新闻自由和知情权、难民和国内流离失所者权利以及人权维护者的问题。

十、非盟人权法律秩序及其对会员法律秩序的影响

非洲国家的法院正越来越多地直接适用《非洲宪章》中的条款,并把《非洲宪章》用作法律解释的辅助手段,这是非洲的一个显著进步。需特别指出的是,《非洲宪章》在国内法院适用的程度取决于《非洲宪章》在国
182 内法院的地位。[99] 如果《非洲宪章》尚未被纳入国内法,而国内立法有此要求,国内法院一般很少适用《非洲宪章》。[100] 但是,非洲各国法院对《非洲宪章》的直接适用情况正在增多。

---

[97] Ibid.

[98] See Guidelines to Periodic Reporting under Article 62 of the African Charter on Human and Peoples' Rights by U. O. Umozurike, adopted at the Commission's 23rd session in 1998.

[99] See F. Viljoen, *Application of the African Charter on Human and Peoples' Rights by Domestic Courts in Nigeria*(1999) 43 (1) Journal of African Law 1.

[100] See generally M. Killander ed., *International Law and Domestic Human Rights Litigation in Africa* (Pretoria University Law Press, 2010).

在加纳"新爱国党诉警察总督案"中,[101]原告对加纳 1972 年《公共秩序法》的相关条款提出了质疑。该法授权警察为所有游行、会议和公共庆祝活动颁发许可证。该法规定未经许可举行此类活动是违法行为,并授权高级警官即使已经颁发许可证,仍然可以停止或解散这类活动。原告主张,这些条款违反了加纳《宪法》关于结社自由的规定,应宣布为无效且不得执行。加纳最高法院在解释相关国内法时援引了《非洲宪章》的相关规定,认为:

> 加纳是《非洲宪章》的缔约国,非洲统一组织与《非洲宪章》的会员应当承认《非洲宪章》所规定的权利、义务和自由,并承诺通过立法和其他措施加以落实。本法院认为,虽然加纳并未制定具体法律以执行《非洲宪章》,但这并不意味着法院不能适用《非洲宪章》。[102]

加纳最高法院指出,即使《非洲宪章》并未被明确纳入国内法,会员也应尊重《非洲宪章》所保护的权利。因此,该法院指出,加纳 1972 年《公共秩序法》中的部分条款与加纳《宪法》的相关规定不符。同样,在涉及坦桑尼亚的"公诉部门负责人诉道迪・皮特案"中,[103]坦桑尼亚上诉法院负有根据坦桑尼亚《权利法案》解释宪法规定的保释权的职责,该法院认定,由于坦桑尼亚已批准《非洲宪章》,所以在解释该权利法案时应考虑《非洲宪章》的规定。

在"阿巴查诉法维辛米案"中,[104]尼日利亚最高法院阐释了《非洲宪章》在尼日利亚法律中的地位。法维辛米是尼日利亚的一名人权活动家

---

[101] See [1993 - 94] 2 GLR 459 (SC); 2001 AHRLR 138 (GhSC 1993).

[102] Ibid. paragraph 466 (Archer CJ).

[103] See Director of Public Prosecutions v. Daudi Pete [1993] TLR 22, 34 - 35.

[104] See Abacha v. Fawehinmi (2000) 6 NWLR (Pt. 660) 228.

和律师,在未收到逮捕令也未说明逮捕理由的情况下,他被逮捕并被隔离关押了一个星期。法维辛米对此提出异议,认为其基于《非洲宪章》第4、5、6条和第12条所享有的基本权利遭到了侵犯。尼日利亚最高法院审议
183 了《非洲宪章》在该国法律中的效力,认定《非洲宪章》已被纳入尼日利亚的国内法律体系,在该国具有约束力。该法院进一步认定,如果《非洲宪章》与国内法发生冲突,那么《非洲宪章》的条款优先于国内法,因为立法机关被推定不得违反国际义务。

尼日利亚的另一个值得关注的案件是由尼日利亚联邦高等法院判决的"格贝姆雷诉壳牌公司案"。[105] 该案由乔纳·格贝姆雷代表他本人和位于尼日利亚尼日尔三角洲地区的伊沃里肯社区,对壳牌石油开发公司尼日利亚有限公司、尼日利亚国家石油公司和联邦总检察长提起诉讼。原告依据尼日利亚宪法中的基本权利执行程序,指控被告同时违反了《尼日利亚宪法》和《非洲宪章》。原告声称,壳牌公司的石油勘探和生产活动导致天然气持续燃烧,侵犯了他们根据《非洲宪章》第33条第1款、第34条第1款以及《非洲宪章》第4、16、24条所享有的生命权和人格尊严权。原告还指称,该公司持续燃烧天然气已对环境造成毒害与污染,致使该社区面临过早死亡、呼吸道疾病、哮喘和癌症的风险;环境污染减少了他们的农作物的产量,从而给他们的食品安全带来不利影响;当地许多居民已经死亡,还有更多人患有各种各样的疾病。因而,该社区已处于极度不发达状态。被告提出了几项辩护理由,其中包括原告所援引的《非洲宪章》条款在尼日利亚基本权利执行程序中尚未成为可执行的权利。但是,由于程序性问题,被告在诉讼过程并未进一步论证其理由。因此,审判法官在未查明事实的情况下就作出判决,这使该判决缺乏可靠的法律分析。

---

[105] See Jonah Gbemre v. Shell Petroleum Development Corporation of Nigeria Ltd. and Others (Suit No: FHC/B/CS/53/05), Federal High Court, Benin Judicial Division, 14 November 2005.

在判决中,尼日利亚联邦高等法院认定,该国宪法所保护的权利包括享有"清洁、无毒、无污染与健康的环境"的权利,而壳牌公司在原告所在社区进行石油勘探与生产活动,其持续燃烧天然气的行为侵犯了原告基于《尼日利亚宪法》和《非洲宪章》享有的生命权和人格尊严权。尽管《尼日利亚宪法》没有明确规定"清洁、无毒、无污染与健康的环境"为可以裁判的权利,但法院借助于宪法条款与《非洲宪章》条款(特别是第 24 条的规定)的累积使用,承认并适用了"清洁、无毒、无污染与健康的环境"这一基本权利。[106] 这与非洲委员会对"SERAC 诉尼日利亚案"所作裁决一致,尽 184
管尼日利亚法院在本案中并未援引此案。[107] 这项判决意味着,当事人可以援用《非洲宪章》有规定而国内法尚未规定的权利。

必须说明的是,非盟法对会员的作用是有限的。例如,非洲委员会一般不会考虑并执行会员自身的法律,它强调自己的职权局限于解释并执行《非洲宪章》。在"战略司法档案工作组诉刚果民主共和国案"中,非洲委员会认定:

> 关于国内法,委员会认为它无权决定被告国的行为是否符合其国内法的规定。委员会只有权判断被告国的国内法及行为是否与《非洲宪章》相符。[108]

但正如上文所提到的那样,非洲法院的管辖权正在扩大,其不断演变

---

[106] See G. Fortman, *"Adventurous" Judgments: A Comparative Exploration into Human Rights as a Moralpolitical Force in Judicial Law Development* (2006) 2 (2) Utrecht Law Review 22.

[107] See The African Commission on Human Rights held in SERAC v. Nigeria, Communication No. 155/96, 2001, that the failure of the Nigerian government to prevent the escape of toxic waste from oil reserves violated the right to health (Article 16) and the right to a clean environment (Article 24) of the African Charter on Human and Peoples' Rights. The Nigerian government had argued that the rights are vague and incapable of legal enforcement.

[108] Groupe de Travail sur les Dossiers Judiciaires Stratégiques v. Democratic Republic of Congo, ACHPR, Communication No. 259/2002 (2013), paragraph 57.

的判例可能会推动非洲法院发挥更强的干预作用。实际上，在“昂亚齐和恩约克诉坦桑尼亚案”中，[109]非洲法院对提交给会员法院的证据和所判处刑罚适当性进行评估的职能受到异议，理由是这一职能要求非洲法院以“最高上诉法院”的身份审理案件。非洲法院认定，它有权如此行事，因为它有权审查会员法院的诉讼程序是否符合《非洲宪章》第 7 条有关公平审判的规定。但是，非洲法院承认自身不得直接适用会员的法律或审查国内立法的合宪性。[110]

本章小结

非盟的大洲级的司法体系一开始只具有准司法性，这对正在形成中的非盟法执行机制产生了消极影响。但应注意，尽管非洲委员会只是准司法
185 机构，但其判例有助于非洲法院的发展规划。尽管如此，设立这个大洲级的非洲法院，代表了非盟法律执行进程的重大转变。理论上，与非洲委员会相比，尚在发展中的非洲法院拥有更强有力的执行程序。特别是，从非洲委员会时期开始实施的临时性措施已被写入非洲法院的文件之中。而且，给予受害人补偿和赔偿也扩展了法院程序。非盟法律秩序对会员的影响进一步加速了这一发展。非盟会员的司法体系正越来越多地援用《非洲宪章》及其在国内问题上的相关判例。

---

[109] See Application No. 003/2015.

[110] Ibid. paragraphs 37 – 39. See also Mohammed Abubakari v. The United Republic of Tanzania, Application No. 007/2013.

结　　论

众所周知,非盟法律秩序尚未成为与欧盟一样成熟健全的共同体法律体系。但正如本书所述,一个新的非盟法律体系正在演化发展,其核心是《非盟章程》以及围绕该章程的相关规范与准则。乐观地看,非盟确实正以一种极其缓慢的速度实现非洲大陆全面一体化的理想。非盟及其机构的职能是在非洲大陆制定影响会员及其公民的规范准则,这也体现了正在形成中的非盟法律秩序的发展潜力。这方面的一个重要例子是作为对军事政变的直接回应,非盟法律秩序中引入了政府违宪变更原则。正如先前指出的那样,军事政变不仅破坏民主和法治,还会助长侵犯公民权利的恶劣治理。[①] 这一规范自非统时期逐渐发展,已成为《非盟章程》的一项基本原则,[②]并有制裁机制作为后盾。非盟的其他文件,如《关于非盟建立和平与安全理事会议定书》[③]和《马拉博议定书》[④]都吸纳了这一原则,并加以

---

① See S. A. Dersso, *Defending Constitutional Rule as a Peacemaking Enterprise: The Case of the AU's Ban of Unconstitutional Changes of Government* (2017) 24 (4) International Peacekeeping 639.

② See Article 4.

③ See African Union, *Protocol Relating to the Establishment of the Peace and Security Council of the African Union*, 9 July 2002, available at: www.peaceau.org/uploads/psc-protocol-en.pdf, accessed 24 November 2017.

④ See African Union, *Malabo Protocol on Amendments to the Protocol on the Statute of the African Court of Justice and Human Rights*, 27 June 2014, available at: https://au.int/en/treaties/protocolamendments-protocol-statute-african-court-justice-and-human-rights, accessed 27 November 2017.

细化补充。有人提出,非盟将政府违宪变更视为对和平与安全的威胁,这一做法比联合国还要更进一步。⑤ 近期,津巴布韦的军事政变直接导致其
187 前总统罗伯特·穆加贝下台,而且津巴布韦采用了确保以合宪方式替换总统的战略,这体现了该非盟规范对会员行为正在产生的影响。⑥

非洲正在形成的大洲级法院系统同样引人关注并具有重要意义。尽管才刚刚起步,但相较于在人权领域作为准司法机构的非洲委员会,非洲法院在效力和执行力方面的前景更佳。建立一个法院体系以填补并最终取代非洲委员会的司法职能,这一决定是非盟向实现超国家目标迈出的重要一步。而且,尽管尚有争论,但《马拉博议定书》进一步扩大了非洲法院体系在未来所能发挥的作用。

在一体化方面,在人权、国籍与公民资格、经济等领域也出现了显著进展。但随着一体化的推进,非盟法律秩序也需要应对一些重大挑战,如需要协调占据主导地位的道德与文化观念和正在形成的法律秩序之间的关系。本书第八章对具有争议的性取向问题和非盟及其机构的应对措施进行了讨论。完善制度以支持正在形成的法律秩序,是非盟及其机构所要应对的一项持续性挑战。尽管如此,在任何新的法律秩序出现时,这些挑战都会相伴而生。但只要非盟各会员有化解这些难题的政治意愿,那么这些难题就有可能被克服。

需要注意的是,非洲国家的领导人们已经意识到通过机构改革推进非洲大陆议程的必要性。在《非盟机构改革决定》⑦中,非盟大会指派卢旺达总统保罗·卡加梅就非盟机构改革问题开展研究工作,以便有效应对非盟面临的各种挑战。这一举措建立在先前的两个报告,即 2007 年《阿德德吉

---

⑤ Supra, Dersso.

⑥ See *Statement of the Chairperson of the Commission of the African Union on the Situation in Zimbabwe* (21/11/17), available at: https://au.int/en/pressreleases/20171121/statement-chairpersoncommission-african-union-situation-zimbabwe, accessed 5 January 2018.

⑦ See Assembly/AU/Dec. 606(XXVII) (2017).

报告》和 2016 年《默克莱报告》的调查和建议的基础之上。[⑧] 卡加梅提交
的报告指出,当前非盟所面临的关键挑战主要是:非盟决定不被执行、非盟
及其机构与会员公民的关联性有限、非盟机构的分散与重叠、问责问题、资
金问题以及非盟机构运行的专业化问题等。从非盟法律秩序的角度来看,
该报告建议为使非盟法院的地位更高,其作用应被更好地释明。卡加梅提 188
交的报告还建议,非盟应释明泛非议会的立法权和选举方式。卡加梅提交
的报告又建议加快实施非盟的大陆护照,将其作为促进非盟及其机构与各
国公民更加紧密战略的一部分。卡加梅提交的报告还强调,非盟应致力于
面对并克服对其新法律秩序产生重要影响的各种困难。

⑧ See A. Adedeji, *Audit of the African Union*, available at: http://osf. org. za/wp-content/uploads/2015/08/Audit-of-the-African-Union-Report-of-the-High-Level-Panel. pdf, accessed 11 December 2017.

附录1 《非洲联盟章程》

我们,即以下非洲统一组织成员的国家元首和政府首脑:

1. 阿尔及利亚民主人民共和国总统
2. 安哥拉共和国总统
3. 贝宁共和国总统
4. 博茨瓦纳共和国总统
5. 布基纳法索总统
6. 布隆迪共和国总统
7. 喀麦隆共和国总统
8. 佛得角共和国总统
9. 中非共和国总统
10. 乍得共和国总统
11. 科摩罗联盟总统
12. 刚果共和国总统
13. 科特迪瓦共和国总统
14. 刚果民主共和国总统
15. 吉布提共和国总统
16. 阿拉伯埃及共和国总统
17. 厄立特里亚国总统
18. 埃塞俄比亚联邦民主共和国总理

19. 赤道几内亚共和国总统
20. 加蓬共和国总统
21. 冈比亚共和国总统
22. 加纳共和国总统
23. 几内亚共和国总统
24. 几内亚比绍共和国总统
25. 肯尼亚共和国总统
26. 莱索托王国总理
27. 利比里亚共和国总统
28. 大阿拉伯利比亚人民社会主义民众国 9 月 1 日革命领导人
29. 马达加斯加共和国总统
30. 马拉维共和国总统 190
31. 马里共和国总统
32. 毛里塔尼亚伊斯兰共和国总统
33. 毛里求斯共和国总理
34. 莫桑比克共和国总统
35. 纳米比亚共和国总统
36. 尼日尔共和国总统
37. 尼日利亚联邦共和国总统
38. 卢旺达共和国总统
39. 阿拉伯撒哈拉民主共和国总统
40. 圣多美和普林西比民主共和国总统
41. 塞内加尔共和国总统
42. 塞舌尔共和国总统
43. 塞拉利昂共和国总统
44. 索马里联邦共和国总统

45. 南非共和国总统

46. 苏丹共和国总统

47. 斯威士兰王国国王

48. 坦桑尼亚联合共和国总统

49. 多哥共和国总统

50. 突尼斯共和国总统

51. 乌干达共和国总统

52. 赞比亚共和国总统

53. 津巴布韦共和国总统

受到我们大陆组织创始元勋(founding fathers)和泛非主义活动家们决意促进非洲国家和非洲人民统一、团结、凝聚与合作等伟大理想的启发;

考虑《非洲统一组织宪章》和《阿布贾条约》所阐述的原则和目标;

回顾非洲人民和各国为政治独立、人类尊严和经济解放而进行的英勇斗争;

考虑到非洲统一组织自成立以来,在大陆解放、共同身份的形成和实现大陆统一的过程中发挥了决定性的、不可估量的作用,为非洲的集体行动以及我们与世界其他地区的关系提供了独特的框架;

鉴于世界在社会、经济和政治等领域正在发生的变化,决定应对我们大陆和人民面临的多重挑战;

191 深信有必要加速执行《阿布贾条约》的进程,以促进非洲社会经济发展,更有效地应对全球化带来的挑战;

受建立统一强大的非洲的共同愿景所指引,受建立政府与公民社会各阶层的伙伴关系,特别是政府与妇女、青年和私营部门的伙伴关系,以加强各国人民之间的团结和凝聚的需求所指引;

意识到非洲冲突造成的灾难严重阻碍了非洲大陆的社会经济发展,意识到有必要促进和平、安全与稳定，以此作为实施一体化发展议程的先决条件；

决定促进和保护人权与人民的权利，巩固民主体制和文化，确保良治和法治；

进一步决定采取一切必要措施强化我们的共同机构，并为其提供必要的权力和资源，使其能够有效履行各自的职责；

回顾 1999 年 9 月 9 日我们在大阿拉伯利比亚人民社会主义民众国苏尔特第四次特别首脑会议上通过的宣言，建立非洲联盟的决定与大陆组织宪章以及《阿布贾条约》的最终目标一致；

兹签署协议如下：

第 1 条　定义

在本章程中：

“章程”指本章程；

“非经体”指非洲经济共同体；

“首脑会议”指国家元首和政府首脑会议；

“宪章”是指非洲统一组织宪章；

“秘书处”指非洲联盟秘书处；

“委员会”指非洲联盟专业技术委员会；

“理事会”指非洲联盟的经济、社会和文化委员会；

“法院”指非洲联盟法院；

“执行理事会”指非洲联盟部长执行委员会； 192

“成员”指非洲联盟的成员；

“非洲统一组织”指非洲统一组织；

“议会”指非洲联盟的泛非议会；

“非洲联盟”指本组织法设立的非洲联盟。

第2条　创建

根据本章程条款创建非洲联盟。

第3条　目标

非洲联盟的目标是：

(a)促进非洲国家和人民之间的团结；

(b)捍卫成员的主权、领土完整和独立；

(c)加速非洲大陆的政治和社会经济一体化；

(d)促进和捍卫关于非洲大陆及其人民利益的共同立场；

(e)根据《联合国宪章》和《世界人权宣言》规定，鼓励国际合作；

(f)促进非洲大陆的和平、安全与稳定；

(g)促进民主的原则和制度、民众参与和良治；

(h)按照《非洲人权和人民权利宪章》以及其他有关人权机构的规定，促进和保护人权与人民的权利；

(i)创造必要条件，使非洲大陆在全球经济和国际谈判中发挥应有的作用；

(j)促进经济、社会和文化以及非洲经济一体化的可持续发展；

193 (k)促进人类活动在各领域的合作，以提高非洲人民的生活水平；

(l)协调和促进现有和未来区域经济体的政策，逐步实现非洲联盟的目标；

(m)通过促进各领域，特别是科学技术的研究，推动非洲大陆的发展；

(n)与有关国际伙伴共同努力，消除可预防的疾病，促进非洲大陆的健康。

第4条　原则

非洲联盟应按照以下原则运作：

(a)非洲联盟成员之间主权平等，相互依存；

(b)尊重独立时既定的边界事实;

(c)非洲人民有权参加非洲联盟的各项活动;

(d)为非洲大陆制定共同的防务政策;

(e)和平解决非洲联盟成员之间的冲突,可借由首脑会议决定的方式妥善解决;

(f)非洲联盟成员之间禁止使用武力或威胁使用武力;

(g)任何成员不得干涉他国内政;

(h)在严重的情况下,即发生战争罪行、种族灭绝和反人类罪行等情况下,非洲联盟有权力根据首脑会议的决定干涉成员事务;

(i)成员和平共处,享有和平与安全生活的权利;

(j)成员有权要求非洲联盟实施以恢复和平与安全为目的的干预;

(k)在非洲联盟框架内促进独立自主;

(l)促进性别平等;

(m)尊重民主原则、人权、法治和良治;

(n)促进社会正义,确保经济平衡发展; 194

(o)尊重生命的神圣性,谴责和拒绝有罪不罚、政治暗杀、恐怖行为和颠覆活动;

(p)谴责和拒绝违宪的政府变更。

第5条　非洲联盟的机构

1. 本非洲联盟的机构有:

(a) 非洲联盟首脑会议;

(b) 执行理事会;

(c) 泛非议会;

(d) 法院;

(e) 委员会;

(f) 常驻代表委员会;

(g) 专门技术委员会;

(h) 经济、社会和文化委员会;

(i)金融机构。

2. 首脑会议可决定设立其他机构。

第6条　首脑会议

1. 首脑会议由国家元首、政府首脑或其正式授权代表组成。

2. 首脑会议是非洲联盟的最高机构。

3. 首脑每年至少召开一次例会。任何成员可提出要求,经成员三分之二以上多数同意,可召开特别会议。

4. 首脑会议主席办公室轮值期一年,主席由成员协商后选出的国家元首或政府首脑担任。

第7条　首脑会议的决定

1. 首脑会议应以协商一致的方式或三分之二以上非洲联盟成员多数同意作出决定,否则无效。但是,程序问题,包括界定是否是程序问题的事务,以简单多数原则决定。

2. 非洲联盟成员三分之二为任何非洲联盟首脑会议的法定最低参会数。

195 **第8条　首脑会议议事规则**

首脑会议应通过自己的议事规则。

第9条　首脑会议的权力和职能

1. 首脑会议的职能是:

(a) 确定非洲联盟的一般政策;

(b) 接受、考虑和决定非洲联盟其他机构提交的报告和建议;

(c) 审议申请加入非洲联盟成员的资格要求;

(d) 建立非洲联盟的任何机关;

(e) 监督非洲联盟政策和决定的执行情况以及所有成员的遵守情况;

(f) 通过非洲联盟的预算;

(g) 指导执行理事会处理冲突、战争、其他紧急情况以及恢复和平;

(h) 任命和终止法院法官的任命;

(i) 任命委员会主席、副主席、委员,并确定其职责和任期。

2. 首脑会议可以将其任何权力和职能委托给非洲联盟的任何机构。

第10条 执行理事会

1. 执行理事会由外交部长或由成员政府指定的其他部长或主管官员组成。

2. 执行理事会每年至少召开会议两次。任何成员提出要求,并得到全体成员三分之二以上多数同意后,执行委员会应举行特别会议。

第11条 执行理事会的决定 196

1. 执行理事会应以协商一致的方式或三分之二以上非洲联盟成员多数同意作出决定,否则无效。但是,程序问题,包括界定是否是程序问题的事务,以简单多数原则决定。

2. 非洲联盟成员三分之二为执行理事会的法定最低参会数。

第12条 执行理事会议事规则

执行理事会应制定自己的议事规则。

第13条 执行理事会的职能

1. 执行理事会应基于成员的共同利益来协调和决定各方面的政策,包括以下几点:

(a) 对外贸易;

(b) 能源、工业和矿产资源;

(c) 粮食、农业和动物资源、畜牧生产和林业;

(d) 水资源和灌溉;

(e) 环境保护、人道主义行动和救灾救援;

(f) 运输和通信;

(g)保险；

(h)教育、文化、卫生和人力资源开发；

(i)科学技术；

(j)国籍、居留和移民事宜；

(k)社会保障，包括制定母子保育政策以及有关残疾人的政策；

(1)建立非洲奖励、奖章和奖品的制度。

2. 执行理事会应对首脑会议负责。它应该考虑首脑会议提出的问题并监督首脑会议制定的政策的执行情况。

197 3. 执行委员会可将其中所述的任何权力和职能按照本条第 1 款规定委托给本章程第 14 条设立的专门技术委员会。

第 14 条　专门技术委员会

建立和组成

1. 设立以下专门技术委员会，向执行理事会负责：

(a) 农村经济和农业事务委员会；

(b) 货币和金融事务委员会；

(c) 贸易、海关和入境事务委员会；

(d) 工业、科学和技术、能源、自然资源和环境委员会；

(e) 运输、通信和旅游委员会；

(f) 卫生、劳工和社会事务委员会；

(g) 教育、文化和人力资源委员会。

2. 首脑会议认为有必要时，应重组现有的委员会或设立其他委员会。

3. 专业技术委员会由部长或职权范围负责相关领域的部门高级官员组成。

第 15 条　专业技术委员会的职能

每个委员会应在其职权范围内：

(a)准备非洲联盟的项目和方案，并提交给执行理事会；

(b)确保对非洲联盟各机构作出决定的监督、跟踪和执行情况进行评估；

(c)确保协调非洲联盟的项目和方案；

(d)主动或应执行理事会的要求向执行理事会提交关于本章程条款 198
的执行情况的报告和建议；

(e)为确保章程条款的实施，执行被分配的其他任何职责。

第16条　会议

根据执行理事会的指示，每个委员会应尽可能多地议事，应制定“议事规则”，并将“议事规则”提交给执行委员会批准。

第17条　泛非议会

1. 为确保非洲人民充分参与非洲的发展和非洲经济一体化，应建立泛非议会。

2. 泛非议会的组成、权力、职能和组织应在有关的议定书中加以界定。

第18条　法院

1. 应建立非洲联盟法院。

2. 法院的法令、组成和职能应在与之相关的协议中予以明确。

第19条　金融机构

本非洲联盟应有以下金融机构的规章制度，并应在与其有关的议定书中加以界定：

(a)非洲中央银行；

(b)非洲货币基金；

(c)非洲投资银行。

第20条　委员会 199

1. 应该建立非洲联盟委员会，作为非洲联盟秘书处。

2. 委员会应由主席、副主席、委员组成。为保证委员会的顺畅运作，他们应得到必要的工作人员的协助。

3. 委员会的结构、职能和规章由非洲联盟首脑会议决定。

第 21 条　常任代表委员会

1. 应设立常任代表委员会,由非洲联盟各成员常任代表和其他全权代表组成。

2. 常任代表委员会负责准备执行理事会的工作,并根据执行理事会的指示执行职责。必要时,可以设立分委员会或工作组。

第 22 条　经济、社会和文化委员会

1. 经济、社会和文化委员会是一个咨询机构,由非洲联盟成员不同的社会和专业团体组成。

2. 经济、社会和文化委员会的职能、权力、组成和机构由非洲联盟首脑会议决定。

第 23 条　实施制裁

1. 首脑会议应对任何违约缴纳其非洲联盟预算会费的成员采取以下形式的必要制裁:取消其在任何会议上的发言权、投票权、在非洲联盟内任何职务或职位的就职资格,或可由此受益的任何活动或承诺。

200 2. 此外,任何成员不遵守非洲联盟决定和政策可能会受到其他制裁,如拒绝与其他成员的交通运输和通信联系,以及其他首脑会议决定的政治和经济性质的措施。

第 24 条　非洲联盟总部

1. 非洲联盟总部设在埃塞俄比亚联邦民主共和国首都亚的斯亚贝巴。

2. 根据执行委员会的建议,首脑会议可决定在总部设立非洲联盟其他办公室。

第 25 条　工作语言

如有可能,非洲联盟及其所有机构的工作语言采用非洲语言、阿拉伯语、英语、法语和葡萄牙语。

第 26 条　解释

本章程的应用和实施所引起的解释事项由非洲联盟法院负责。

在非洲联盟法院成立之前,此类事宜应提交非洲联盟首脑会议,由其三分之二以上多数决定。

第 27 条　签署、批准和加入

1. 非洲统一组织各成员根据各自宪法程序,签署、批准本章程,加入非洲联盟。

2. 批准书应交由非洲统一组织秘书长保管。

3. 本章程生效后,任何非洲统一组织成员应将批准书转交非洲联盟委员会主席保管。

第 28 条　生效 201

自非洲统一组织三分之二以上的成员交存批准文书之日起三十日后,本章程生效。

第 29 条　成员申请

1. 任何非洲国家可以在本章程生效后的任何时间告知委员会主席其加入该章程的意愿,以便获得批准。

2. 委员会主席在收到通知后应转发给所有成员。申请加入的批准应由全体成员简单多数决定。每个成员的决定应告知委员会主席,一旦达到所要求的票数后,委员会主席应将决定转达给申请国。

第 30 条　暂停成员资格

以违宪手段上台的政府不得参加非洲联盟的各种活动。

第 31 条　成员身份终止

1. 任何欲放弃其成员资格的国家均应提交书面材料,通知委员会主席,委员会主席随即通知各成员。从通知之日起一年内,如果材料不撤回,本章程将不再适用于放弃成员身份的国家,其将不再属于非洲联盟的成员。

2. 本条第 1 款所述的一年期间内任何希望退出本非洲联盟的成员在退出之前,应遵守本章程的规定并有义务履行本章程规定的义务。

第 32 条　修改和修订

1. 任何成员均可提交修改或修订本章程的提案。

202 2. 修改或修订提案应提交给委员会主席,主席应在收到提案的三十天内将其转交给各成员。

3. 首脑会议应根据执行理事会的意见在各成员收到通知后一年内审查这些提案,执行程序按照本条第 2 款的规定进行。

4. 修改或修订案应根据章程规定由首脑会议协商一致通过,或经成员三分之二以上多数通过,否则无效。修订结果由三分之二多数的成员批准后,该批准书在交存委员会主席三十天后生效。

第 33 条　过渡安排和最终条款

1. 本章程将取代《非洲统一组织宪章》。但是,《非洲统一组织宪章》应保留一年,或在首脑会议中保证非洲统一组织或者非洲经济共同体将其资产和负债以及其他与此相关的事项向非洲联盟转交而决定的过渡期内仍然生效。

2. 本章程的规定若与非洲经济共同体的"条约"不一致或相反,应优先适用本章程的规定。

3. 本法生效后,在上述规定的过渡期内,应采取一切必要措施执行其规定、确保根据该章程规定建立机构,以及实施根据本章程规定通过的任何指令或决定。

4. 在设立该委员会之前,非洲统一组织总秘书处应为非洲联盟的临时秘书处。

5. 该章程原文以阿拉伯语、英语、法语、和葡萄牙语四种文字拟定。所有使用该四种语言的章程具有同样效力。四份章程应交存非洲统一组织秘书长,在其生效之后,将原件转交给非洲联盟委员会主席,由其将复印件转发给各签署国政府。非洲统一组织秘书长及委员会主席应将转交时间通知给所有签署国家,并应在本章程生效后向联合国秘书处登记。

我们见证了本章程的通过。

2000 年 7 月 11 日签署于多哥洛美。

203 附录2 《非洲联盟章程》修正议定书

非洲联盟成员同意对《非洲联盟章程》做如下修订：

第1条 定义

在本议定书中，除非另有说明，下列表述含义如下：

“章程”是指本章程；

“大会”是指非洲联盟国家元首和政府首脑大会；

“主席”是指首脑大会主席；

“法院”是指非洲联盟法院；

“联盟”是指非洲联盟。

第2条 序言

在“章程”序言的第一段中，用“创始人”（founders）替换“创始元勋”（founding fathers）。

第3条 目标

该章程第3条（目标）部分，增加三小段（i）、（p）和（q），重新编号。

204 非洲联盟的目标是：

（i）确保妇女有效参与决策，特别是在政治、经济和社会文化领域；

（p）制定和促进贸易、国防与对外关系的共同政策，以确保大陆防务，加强谈判立场；

（q）邀请并鼓励非裔海外人士作为非洲大陆的重要组成部分参与非洲联盟的建设。

第 4 条　原则

该法第 4 条(原则)部分,扩充(h)项内容,增加(q)和(r) 2 段:

(h)根据和平与安全理事会的建议,一旦成员发生如下严重情况,即战争罪、种族灭绝、反人类罪以及威胁重建和平与稳定合法秩序时,非洲联盟大会可作出决议,有权对该成员进行干预。

(q)限制任何成员加入与非洲联盟原则及目标相抵触的条约或联盟。

(r)禁止任何会员将其领土用作颠覆另一个会员的基地。

第 5 条　非洲联盟的机构

该章程第 5 条(非洲联盟的机构),新增一个(f)项,其后段落重新编号排序:

(f)和平与安全理事会。

第 6 条　首脑会议 205

在该章程第 6 条(首脑会议)以及章程其余部分,"主席"(chairman)一词全部用(chairperson)替代,删除第三小段中的第二句话,新增第 4、5、6 和 7 段。

3. 首脑每年至少召开一次例会。

4. 经与所有会员充分协商,或经三分之二多数会员要求,主席可提请大会召开特别峰会。

5. 每届常会开始时,大会应从国家元首或政府首脑中选出主席,轮流担任,为期一年。

6. 大会根据区域公平原则遴选代表组成部门协助主席开展工作。

7. 大会在总部举行时,主席的选举应考虑轮换原则。

第 7 条　大会主席的职能

新增第 7 条(之二):

1. 任职期间,主席应代表非洲联盟促进《非洲联盟章程》第 3 条和第 4

条所规定的非洲联盟的宗旨和原则。他或她还应在非洲联盟委员会主席的配合下，履行《非洲联盟章程》第 9 条(e)和(g)项规定的职能。

2. 主席可以通过各机构的主席或行政总裁，根据各自议事规则召集会议。

第 8 条　执行理事会

该章程第 10 条(执行理事会)中新增第 3 段：

206 3. 执行理事会主席由理事会根据区域平等原则选出的部门协助其开展工作。

第 9 条　和平与安全理事会

新增加第 20 条：

1. 成立非洲联盟和平与安全理事会，作为预防、管理和解决冲突的常设决策机构。

2. 和平与安全理事会的职能、权力、组成和组织由大会决定，由相应的议定书予以规定。

第 10 条　常任代表委员会

本章程第 21 条(常任代表委员会)新增第 3 段：

3. 常任代表委员会主席由根据区域公平原则选定的部门协助其开展工作。

第 11 条　官方语言

本章程第 25 条“工作语言”中，用“官方语言”替换“工作语言”，原有条款替换为：

1. 非洲联盟及其所有机构的官方语言为阿拉伯语、英语、法语、葡萄牙语、西班牙语、斯瓦希里语和其他任何非洲语言。

2. 由执行理事会确定采用何种官方语言作为工作语言。

第 12 条　终止会员资格

删除本章程第 31 条(成员身份终止)。

第13条 生效 207

本议定书应经三分之二多数会员的批准机构核准后三十天内生效。

本议定书由2003年2月3日在埃塞俄比亚的斯亚贝巴举行的非洲联盟第一届特别首脑会议通过。

本议定书由2003年7月11日在莫桑比克马普托举行的非洲联盟第二届首脑会议通过。

图书在版编目(CIP)数据

非洲联盟法：一个自成体系法律秩序的兴起 / (英)奥卢菲米·阿矛著；吴卡译. -- 北京：法律出版社，2023

(非洲法律翻译及研究丛书 / 吴卡主编)

书名原文：African Union Law：The Emergence of a Sui Generis Legal Order

ISBN 978 - 7 - 5197 - 8172 - 9

Ⅰ. ①非… Ⅱ. ①奥… ②吴… Ⅲ. ①法律-汇编-非洲 Ⅳ. ①D94

中国国家版本馆 CIP 数据核字(2023)第 158216 号

非洲联盟法：一个自成体系法律秩序的兴起
FEIZHOU LIANMENGFA：YI GE ZI CHENG TIXI FALÜ ZHIXU DE XINGQI

[英]奥卢菲米·阿矛 著
吴 卡 译

策划编辑 田亚飞
责任编辑 田亚飞
装帧设计 鲍龙卉

出版发行 法律出版社
编辑统筹 法律考试·职业教育出版分社
责任校对 王晓萍 王语童
责任印制 胡晓雅
经　　销 新华书店

开本 710 毫米×1000 毫米 1/16
印张 19 **字数** 200 千
版本 2023 年 12 月第 1 版
印次 2023 年 12 月第 1 次印刷
印刷 北京建宏印刷有限公司

地址：北京市丰台区莲花池西里 7 号(100073)
网址：www. lawpress. com. cn
投稿邮箱：info@ lawpress. com. cn
举报盗版邮箱：jbwq@ lawpress. com. cn
销售电话：010 - 83938349
客服电话：010 - 83938350
咨询电话：010 - 63939796

书号：ISBN 978 - 7 - 5197 - 8172 - 9
定价：98. 00 元

凡购买本社图书，如有印装错误，我社负责退换。电话：010 - 83938349